토브처치

토브처치

초판 1쇄 발행 2025년 6월 10일
저자 스캇 맥나이트 & 로라 베린저
역자 김광남
발행인 이성만
발행처 (주)칼라커뮤니케이션
등록번호 제2007-000306호
주소 서울특별시 강남구 강남대로 320, 1108호(역삼동)
이메일 colorcomuni@gmail.com
편집 이의현 최성욱
마케팅 이재혁 김명진
편집디자인 최건호
ISBN 979-11-990799-4-6 (03230)
값 22,000원

야다북스는 (주)칼라커뮤니케이션의 임프린트 브랜드입니다.

토브처치

권력에 저항하고 치유를 촉진하는
선한 문화 만들기

스캇 맥나이트 & 로라 베린저

김광남 옮김

야다북스

추천의 글

내가 자주 받는 질문 중 하나는 선한 교회를 어떻게 찾을 수 있느냐는 것이다. 나는 이 질문을 받을 때마다 감사한 마음이 든다. 왜냐하면 그만큼 내가 교회를 깊이 신뢰하고 있기 때문이다. 그래서 스캇 맥나이트와 로라 배린저가 지은 이 책, 『토브처치』를 통해 선한 교회의 모습이 어떠한 것인지를 깨닫게 해주신 하나님께 감사드린다.

_베스 무어(Beth Moore, 베스트셀러 작가이자 강연자)

오늘날 교회를 위해 꼭 필요할 뿐 아니라, 신학적으로도 깊이 있고 공감이 넘치는 책이다! 『토브처치』를 읽으면서 나는 내가 왜 교회를 사랑하는지, 그리고 어떻게 그 사랑이 교회의 잘못과 상처에 관해 진실을 말하는 것이 될 수 있는지 깨닫게 되었다. 교회가 세간의 이목을 끄는 실패와 스캔들로 가득 찬 세상에서, 이 책은 사도행전 2장에 등장하는 교회를 예언적으로 다시 상상하게 한다. 그것은 희망적이고, 지금 시대에 적절하며, 큰 격려를 주는 것이다.

_메리 디머스(Mary Demuth, *We Too: How the Church Can Respond Redemptively to the Sexual Abuse Crisis*의 저자)

이런 책을 써야 한다는 것이 비극이다. 그러나 만약 비극에서도 선한 것이 나올 수 있다면, 이 책이 바로 그 증거가 될 것이다. 이 책에서 스캇과 로라는 선한 문화가 있는 건강한 교회를 만들기 위해 우리의 사고를 재교육하는 방법, 곧 유해한 교회 문화를 식별하고, 명명하고, 나아가 이를 해결하는 방법을 제시한다. 이 책은 지혜와 통찰, 그리고 그 자체로 빛을 발하는 올바른 해석들로 가득 차 있다. 이는 교회의 리더들, 훈련 중인 목사들, 그리고 무엇보다 지지자가 절실하게 필요한 학대의 피해자들에게 좋은 선물이 될 것이다. 특히 교회에서 리더십 책임을 맡은 사람이라면 누구나 꼭 읽어야 할 책이다.

_**루시 페피엇**(Lucy Peppiatt, 영국 웨스트민스터 신학 센터 교장)

이 책은 유해한 교회 문화라는 매우 중요한 문제를 다룰 뿐 아니라, 이것을 어떻게 변화시킬 수 있는지에 대해서도 보여준다. 그래서 이 책은 용감하고, 사려 깊고, 변혁적인 책이다. 이 책이 제공하는 답은 토브(tov)라는 핵심적인 히브리어를 중심으로 짜여 있는데, 그 단어의 의미는 '선한, 좋은'—그리고 그 이상—이다. 만약 교회에서 상처를 받은 경험이 있다면, 반드시 이 책을 읽어야 한다. 그리고 만약 교회가 어떻게 사람들에게 상처를 주는지 상상하지 못하겠다면, 더더욱 이 책을 읽어야 한다. 이것은 심오하고, 긍휼이 가득하고, 무엇보다 (안타깝게도) 시의적절한 책이다.

_**폴라 구더**(Paula Gooder, 신약학자, 런던 세인트 폴 대성당의 캐논 총장)

교회가 본래 계획된 모습으로 변화되고자 한다면, 여성들이 모든 면에서 동등한 책임과 권위와 영향력을 가져야 한다. 만약 더 나은 이야기—토브(tov) 이야기—를 써가야 할 때가 있다면, 지금이 바로 그때다! 이 책에 실려 있는 깨진 이야기들은 앞으로 나아가는 아름다운 변혁의 길을 제시한다. 이 책이 필요하지 않았으면 좋았겠지만, 진실함과 더 나은 미래를 만들기 위해 헌신하는 지도자들이라면 꼭 읽어야 하는 필독서다.

_에이프릴 L. 디아즈(April L. Diaz, Ezer + Co.의 설립자)

『토브처치』는 지금 꼭 필요한 책으로, 우리의 눈을 열어주는 진리들로 가득하다. 교회는 해로운 곳이 아니라 선한 곳이 되어야 하며, 또 그렇게 될 수 있다. 스캇과 로라는 우리로 하여금 그 차이를 식별할 수 있도록 돕는다. 분명히 그들은 양쪽 모두를 경험하고 이해했기 때문에 우리에게 선한 것을 보고 악한 것을 피하는 방법을 안내할 수 있다고 생각한다. 이 책이 모든 교회에서 읽히기를 바란다.

_웨이드 뮬렌(Wade Mullen, *Something's Not Right*의 저자)

오늘날 교회에서 성장한 많은 사람들이, 교회가 사랑하며 따른다고 주장하는 예수의 모습을 드러내지 못하는 교회 문화에 상처를 입고, 환멸을 느끼며, 냉소주의에 빠져 교회를 떠나고 있다. 이러한 시기에 스캇 맥나이트가 우리에게 절실하게 필요한 희망을 가져다주었다. 그는 독자들이 오늘날 기독교 문화에 널리 퍼져 있는 독성을 만들어내고 조장하는 것이 무엇인지 진단하고 설명하도록 도와준다. 또한 여기서 멈추지 않고, 그는 문제를 진단한 후, 깊이 있는 통찰과 실용적인 지혜를 제시하여 냉소적인 우리로 하여금 교회가 어떻게 본래 창조된 모습으로 변화될 수 있는지, 즉 지치고 상처받은 사람들에게 교회가 어떻게 참으로 건강하고 안전한 피난처이자 진정한 희망의 공동체가 될 수 있는지 이해하도록 힘을 실어주고 준비시킨다. 다시 말해, 이것은 예수에 대한 성찰이다. 나는 『토브처치』가 교회에 관한 나의 냉소주의를 해체하도록 도와준 것에 진심으로 감사한다. 덕분에 나는 다시 시작한다. 고마워요, 스캇!

_보즈 치비지안(Boz Tchividjian, 피해자 인권 변호사, GRACE[Godly Response to Abuse in the Christian Enviornment]의 설립자)

목차

추천의 글 _4

들어가면서- 티쉬 해리슨 워렌 _13

서론: 우리가 처한 상황 _17

1부 교회 문화의 형성과 왜곡

1장 모든 교회는 문화다 _33

2장 유해한 문화의 조기 경고 신호 _49

3장 유해한 문화가 비판에 대응하는 방식 _71

4장 가짜 내러티브 _89

A CHURCH
CALLED
TOV

2부 토브 써클

5장 선한 문화 만들기 _129

6장 토브 처치는 공감을 키운다 _151

7장 토브 처치는 은혜를 키운다 _169

8장 토브 처치는 사람을 우선시하는 문화를 키운다 _181

9장 토브 처치는 진실을 키운다 _199

10장 토브 처치는 정의를 키운다 _233

11장 토브 처치는 섬김을 키운다 _255

12장 토브 처치는 그리스도 닮기를 키운다 _293

감사의 글 _323

주(主) _329

권력에 저항하고 치유를 촉진하는 선한 문화 만들기

• 상처 입은 저항자들을 위해 •

일러두기 ————————————————————————

1. 성경의 인용은 개역개정성경을 기본으로 했고, 역본이 바뀌는 경우에는 따로 표시했다.

2. 옮긴이가 첨부한 내용은 별표(*, **, ...)로 표기하여 각주로 처리했다.

3. 원서에 '미주(尾註)'로 표기되어 있는 성경구절들을 본문 안에 표기하고, 미주는 삭제했다.

교회는 예수의 복음의 한 부분이다. 예수의 사명은 단순히 개인들을 구원하는 것이 아니었다. 그분은 자신의 영속적인 빛과 진리, 평화, 선을 온 세계와 인간 사회의 모든 영역에 전하기 위해 하나의 백성, 하나의 공동체, 하나의 기관을 만드셨다. 그분은 교회를 세우셨고, 그것을 자신의 것, 곧 자신의 신부요, 몸이며, 백성이라고 부르셨다. 바로 그것이 우리가 니케아 신경에서 하나의 거룩하고 보편적이며 사도적인 교회를 믿는다고 고백하는 이유다. 고인이 된 캔터베리 대주교 마이클 램지(Michael Ramsey)는 이렇게 썼다. "그분의 교회와 그분의 삶의 일부인 교회의 삶을 알지 못한다면, 우리는 육신을 입으신 그리스도에 관한 사실을 온전하게 알 수 없다."[1]

그럼에도 나는 교회 리더들의 실패 때문에 깊은 회의와 신앙적 위기에 빠진 적이 있다. 또한 권력을 가진 어느 남성 목사가 자신을 열렬히 따르는 소수의 측근들로 둘러싸여, 자신의 애정을 줄 만한 가치가 없다고 판단한 사람들에게는 누구에게든 거칠게 반응하는 것을 보면서 쓰라린 눈물을 흘린 적도 있다.

교회가 정기적으로 우리의 마음을 아프게 하고, 우리를 실망시키며, 심지어 상처를 주고 있음은 분명하다. 역사는 물론, 오늘날 언론의 헤드라인도 교회가 불의, 부패, 학대, 여성혐오, 억압 등으로 훼손되고, 심각한 결함과 죄가 많고, 건강하지 못한 기관일 수 있다는 사실을 알려준다. 오늘날 미국 교회는 언쟁과 분열, 셀럽 숭배와 무책임한 리더, 거짓되고 얕은 가르침, 그리고 탐욕과 허영심을 중심으로 형성된 기독교 산업 단지 등으로 말미암아 난파 상태에 빠져 있다.

분명히 교회는 예수의 복음의 한 부분이다. 그리고 교회는 예수의 복음을 선포한다. 그러나 그동안 사람들이 목격한 것이 건강하지 않은 권력, 셀럽, 경쟁심, 비밀주의, 자기 보호로 형성된 교회뿐이라면, 기업화된 우리의 교회 생활은 복음의 진리가 거짓임을 나타낼 뿐이다. 교회는 정의를 추구하고, 겸손하게 섬기고, 투명하게 운영되고, 실패를 고백하고 탄식함으로써만 예수의 진리를 증거할 수 있다.

그러면 우리는 어떻게 해야 하는가? 우리는 어떻게 교회를, 매우 인간적이고 연약한 제도 안에서 발견되는 그것의 실제적인 어둠과 위험을 부인하지 않으면서도, 예수께서 지으신 신성한 유기체로 받아들일 수 있을까?

이 책은 이 핵심적인 도전, 즉 어떻게 우리가 선함을 특징으로 하는 교회 문화를 육성할 것인가에 초점을 맞춘다.

교회로서 우리는 성령의 능력으로 우리의 죄와 허물에 대해 솔직하게 말하고, 적극적으로 회개하고, 진리와 은혜와 투명성에 뿌리를 둔 교회 문화를 재건하려고 노력해야 한다. 그런 우리에게는 이 어려운 일을 위한 가이드가 필요한데, 이 책에서 스캇 맥나이트와 로라 배린저가 바로 그 가이드 역할을 해준다.

그들은 그들 자신의 삶과 피해자들의 증언을 통해 교회가 실패했던 구체적인 방식은 물론, 학대와 권력의 남용을 허용(심지어 조장)하는 교회 문화가 어떤 것인지 우리에게 알려준다.

그러나 그들은 여기서 멈추지 않는다. 이 책의 가장 큰 장점은 저자들이 우리에게 번영과 건강, 선함으로 이어지는 교회 문화를 확립하는 데 도움이 되는 방법을 제시한다는 것이다. 그들은 우리가 21세기 기독교 리더십의 지형을 탐색하도록 돕는 한편, 교회 생활에서 마주하게 되는 위험과 난관에 대해서도 능숙하게 짚어낸다. 하지만 동시에 우리에게 더 나은 길도 제시하는데, 그 길이란 우리가 **은혜의 분배자**가 되는 것이다. 즉, 고통받고 소외된 사람들에게 자비를 실천하고, 여성의 재능과 소명을 존중하고, 정의와 용서를 모두 추구하는 사람들이 되는 것이다.

이 책이 지닌 또 다른 매우 유익한 점은 신학적 비전을 유지하면서도 무엇이 교회가 아닌지 혹은 교회가 어떤 것이 되어야 하는지에 관해 자칫 거만하게 말할 수 있는 함정에 빠지지 않는다는 것이다.

이 책은 또한 매우 개인적이면서도 매우 실용적인데, 이것이야말로 아주 큰 선물이다. 이 책은 사람들과 공동체의 실제 이야기들을 포함한다. 그로 인해 우리는 이 책에서 우리 자신과 삶, 그리고 교회를 발견하게 된다.

그 이야기들을 읽으면서 나 역시 그리스도인으로 살면서 영적 학대와 유해한 리더십을 경험했던 순간들을 떠올렸다. 그리고 나의 사역과 교회의 문화가 우리가 부름 받은 거룩함과 건강함을 더 잘 반영하도록 어떻게 변화하고 형성될 수 있을지에 대해서도 많은 도전을 받았다.

교회의 학대를 순전히 개인적인 문제로 치부하기는 쉽다. 그것은 몇 안 되는 '썩은 사과'에 불과하다고 말이다. 그러나 『토브처치』가 보여주는 것은 교회 안에 다양한 지역, 전통, 교회적 상황에서 끊임없이 반복되는 학대의 패턴을 만들어내는 문화적인 문제가 존재한다는 것이다. 문화를 변화시키는 일은 어려운 일이다. 그것을 위해서는 의도적인 노력이 요구된다. 그러나 자크 엘룰(Jacques Ellul)이 "진리를 육화하는 극도의 어려움"[2]이라고 부른 것을 열망하는 교회와 교회의 리더들에게 스캇 맥나이트와 로라 배린저는 치유와 변화의 아름다운 여정에 나서라고 과감하게 도전한다.

티쉬 해리슨 워렌
(『오늘이라는 예배(Liturgy of the Ordinary)』의 저자)

서론

: 우리가 처한 상황

2018년 3월 23일, 남편과 나(로라)는 어느 식당에서 저녁 식사 비용을 지불하다가 부모님에게서 온 문자 메시지를 받았다. 거기에는 「시카고 트리뷴(Chicago Tribune)」에 실린 속보가 링크되어 있었다. 내가 마크에게 "윌로우 크릭 목사, 수년간의 조사 끝에 비행 혐의 부인"이라는 헤드라인을 읽어 주었을 때, 우리는 둘 다 누군가가 윌로우 크릭 커뮤니티 교회의 창립자이자 담임목사인 빌 하이벨스를 성적 비행을 문제 삼아 고발했다는 사실을 믿을 수 없어서 눈이 휘둥그레졌다. 그 기사에서 「트리뷴」은 여러 여성이 제기한 "암시적인 언급, 긴 포옹, 원치 않는 키스와 호텔 객실로의 초대", 그리고 "나중에 자신의 주장을 철회한 어느 기혼 여성과의 장기간에 걸친 합의된 불륜 관계"[1]에 대한 혐의를 보도했다.

나는 마크에게 "이게 사실일 리 없어"라고 말했다. 우리는 거의 20년 동안 윌로우 크릭 교회에 다녔고, 항상 빌 하이벨스의 리더십을 존경해 왔다. 물론 윌로우 크릭만한 규모의 교회에서 회중이 막후에서 일어나는 일에 대해 거의 알 수 없다는 사실은 인정했지만, 그렇다고 그의 행동에 무언가 온당치 못한 것이 있을 거라고는 전혀 예상하지 못했다. 그 20년 동안 나는 딱 한 번, 어느 저녁 예배 후에 그와 인사하려고 다른 사람들과 함께 줄 서 있다가 그와 이야기를 나눴을 뿐이다. 그때 그는 이렇게 말했다. "내 딸이 당신네 가족을 알아요. 그 아이는 당신들을 높이 평가하더군요."

나는 마크가 식당에서 우리 집으로 차를 운전하는 동안 계속 그 기사를 큰소리로 읽었다. 그 기사가 윌로우 크릭의 보컬 사역 책임자였던 본다 다이어에 관해 언급했을 때, 마크와 나는 믿기지 않는 표정으로 서로를 바라보았다. 그때 나는 내 속 깊은 곳에서 두려움이 일어나는 것을 느꼈다. 본다가 「트리뷴」에 말한 바에 따르면, "하이벨스는 1998년 스웨덴 여행 중에 그녀를 자신의 호텔 스위트룸으로 불렀고, 갑자기 그녀에게 키스한 뒤 자기와 함께 윌로우 크릭을 이끌자고 제안했다."[2]

"오, 이건 아니야." 마크가 말했다. 그는 잠시 침묵하더니 이렇게 말했다. "나는 본다와 20년 가까이 알고 지냈어. 이것은 사실이야. 그녀는 진실을 말하고 있어."

나는 계속 읽었다. 기사에 언급된 다음 여자는 낸시 비치였는데, 그녀는 "자신이 지난 수년간 하이벨스와 둘만 있을 때 부적절하다고 느꼈던 대화나 접촉이 여러 차례 있었다고 말했다."[3]

낸시 비치는 인격과 성실을 겸비한 여자였다. 나의 아버지는 낸시를 여러 해 알고 지냈다. 나는 계속 기사를 읽어나갔는데, 기사에 등장하는 이름들 모두가 익숙한 이름들이었다. 존과 낸시 오트버그, 레안 멜라도, 베티 슈미트. 그들은 우리가 신중하며 정직하다고 믿는 이들이었다. 그들 대부분이 가족처럼 가까운 친구들이었고, 윌로우 크릭과도 오랜 인연이 있는 사람들이었다. 그들이 왜 거짓말을 하겠는가? 그들에게는 빌 하이벨스가 「트리뷴」 기사에서 암시한 것처럼, 그의 명성을 허물기 위해 "공모할"[4] 이유가 전혀 없었다. 그런데 만약 그녀들이 진실을 말하는 것이었다면, 빌 하이벨스는 진실을 말하지 않았다는 뜻이 된다. 그 뉴스를 붙들고 씨름하는 동안, 우리는 상충하는 이 두 생각이 서로 양립할 수 없다는 것을 알게 되었다.

✝ ✝ ✝

그날 저녁 로라와 마크는 집에 도착해 내(스캇)게 전화해서 어떻게 생각하냐고 물었다.

"그 이야기는 사실일 가능성이 커." 나는 전화로 그들에게 말했다.

"아빠가 그걸 어떻게 아세요?" 로라가 물었다.

"나도 내가 틀렸기를 바래." 내가 말했다. "하지만 이것은 예측 가능한 패턴이야. 그리고 본다 다이어, 낸시 비치, 레안 멜라도, 베티 슈미트, 낸시 오트버그가 이야기를 꾸며낼 가능성은 거의 없어."

목사가 위법 행위로 고발당할 때 그에 대한 초기 반응으로 부인, 방향 바꾸기, 당혹감이나 분노 표출, 그리고 고발자에 대한 악마화가 포함되는 것은 아주 흔한 일이다. 대개 그런 의혹은 목사나 장로, 또는 다른 리더들에 의해 강력하게 부인되고, 곧이어 "진짜로 일어난 일"에 관해 다른 대안적인 설명이 뒤따른다. 그 새로운 이야기는 고발자의 진실성, 안정성 및 동기에 의심의 씨앗을 심고, 혐의의 심각성을 최소화하며, 무심코 한 말이나 행동이 오해되거나 잘못 해석되었음을 암시한다. 또한 종종 비난의 대상을 넓혀 거기에 목사만이 아니라 장로나 교회 제직회, 사역 전체, 심지어 교회 자체로까지 확대하려고 시도한다. 마치 목사의 진실성이나 행동에 의문을 제기하는 것이 곧 교회 전체를 공격하는 것인 양 말이다. 교회 지도부가 그 문제는 이미 내부적으로 조사되었고, 다뤄졌으며, 해결되었다고 단언하며 안심시키는 경우도 흔한 일이다. 이런 패턴이 윌로우 크릭에 관한 「트리뷴」의 이야기 안에서 그대로 나타나는 것을 보았을 때, 나는 직감적으로 **그녀들**이 진실을 말하고 있음을 알았다.

"교회가 [그녀들에게] 공격적으로 대응하지 않았으면 좋겠어." 나는 로라에게 그렇게 말했다. "교회가 이런 주장들을 긍휼을 가지고 다루지 않는다면, 그 여파가 엄청날 거야."

유감스럽게도 그들은, 내가 나중에 <예수 신경(Jesus Creed)>이라는 내 블로그에 상세하게 썼듯이, 긍휼을 가지고 대응하지 않았다.

윌로우 크릭 지도부는… 말도 안 될 만큼 현명하지 못한 결정을 내렸다. 그들은 그 의혹을 거짓말로, 그 여자들을 거짓말쟁이들로, 그리고 그 여자들에 대해 증언한 자들을 공모자들로 해명하는 쪽을 택했다. 고발하는 이야기 옆에… 그들은 또 다른 이야기를 늘어놓았다. 빌 하이벨스는 무고하다, 윌로우 크릭에서 하나님의 역사는 계속될 것이다, 그리고 우리는 이 시련을 통과할 것이다. 그들은 이 어려운 도전을 하나의 '시즌'이라고 불렀다. 여자들을 비난하고 빌을 옹호하는 이 복합된 이야기는 하나의 이야기이기도 하고 전략이기도 하다.[5]

주류 언론, 온라인 언론, 그리고 소셜 미디어는 빌 하이벨스와 윌로우 크릭 지도부가 시도한 이런 초기 반격의 여파로 어떤 일이 일어났는지 광범위하게 검토했다. 그러나 여기서 우리의 목적은 윌로우 크릭의 소용돌이에 휘말리는 것이 아니라, 그것을 교회의 문화가 유해하게 될 때 어떤 일이 일어날 수 있는지를 보여주는 몇 가지 예들 중 하나로 사용하는 것이다.

우리는 이 책을 윌로우 크릭 교회의 이야기로 시작한다. 그것은 그 이야기가 우리 가족, 즉 로라와 마크, 그리고 스캇과 크리스에게 중요하기 때문이다. 우리는 여러 해 동안 윌로우 크릭 교회에 참여했고, 마크와 로라는 그곳의 청년 사역 과정에서 만났다. 우리는 그 이야기에 직접 관여된 이들을, 비록 대부분은 아닐지라도, 많이 알고 있다. 우리는 윌로우 크릭을 깊이 사랑하고, 그곳에서 온전한 화해가 일어나기를 기도한다.

그러나 이것은 단순히 윌로우 크릭에 관한 책이 아니다. 유감스럽게도, 그리고 별로 놀랍지 않게도, 우리는 유해하고 역기능적인 교회의 다른 예들을 그리 먼 곳에서 찾을 필요가 없었다. 윌로우 크릭의 이야기가 계속 진행되는 동안에 시카고랜드의 대표적인 교회들 중 하나인 하베스트 바이블 채플이 설립 목사인 제임스 맥도널드(James MacDonald)와 결별했다. 그때 그 교회의 장로회는 맥도널드가 수십 년간 "중대한 죄악의 반복적인 행위"를 보였는데, 그중 일부로서 "다른 이들을 모욕하고, 경멸하고, 말로 괴롭히고… 자신의 이익을 위해 다른 사람들에게 자신의 지위와 영적 권위를 부적절하게 사용하고… 교회의 자원을 과도하게 사용해 개인적 이익을 취함으로써" "성경적으로… 사역할 자격을 박탈당했다"라고 판단했다.[6]

그런데 이런 문제는 비단 시카고의 대형교회들에만 국한되지 않는다. 우리가 직시해야 할 가슴 아픈 진실은 학대에 **저항하고** 치유, 안전, 영적 성장을 촉진하는 문화가 없다면, 어떤 형태나 어떤 규모의 교회든 권력 남용, 성적 학대, 그리고 영적 학대에 취약할 수밖에 없다는 것이다.

지난 몇 년간 우리는 소버린 그레이스 미니스트리(Soereign Grace Ministires; SGM)*와 그 단체의 창설자 중 하나인 C. J. 마하니(Mahaney)가 SGM 소속 교회들에서 발생한 학대를 처리한 방식에 의혹이 제기되는 것을 지켜보았다.[7] 또한 앤디 새비지(Andy Savage)와 웨스 펠트너

---

* 주로 북미 지역에 위치한 개혁주의, 신은사주의, 복음주의, 고백주의 등을 지향하는 기독교 교회 그룹이다.

(Wes Feltner) 같은 전직 청소년 목사들이 그들의 사역에 참여했던 젊은 여자들을 성적으로 학대했다는 의혹 때문에 그들의 교회에서 물러나는 것을 보았다.[8] 대형교회 목사인 마크 드리스콜(Mark Driscoll)이 자신이 설립한 교회 개척 네트워크에서 쫓겨나는 것도 보았는데, 그것은 그 네트워크 이사회가 그의 행동을 "불경건하고 부적격하다"고 판단했기 때문이다.[9] 우리는 사우스웨스턴 침례신학교에 대해 제기된 혐의도 접했다. 텍사스 주에 제출된 법적 소장에 따르면, 그 학교에서는 페이지 패터슨(Paige Patterson) 총장 재임 때, "남학생 직원들에 의한 성적 학대와 스토킹 행위에 대해 여학생들이 제기한 불만을 무시하는 관습과 관행이 있었다."[10] 이 외에도 로마 가톨릭 교회 내에서 계속되는 성적 학대 혐의에 관한 이야기도 지난 수십 년간 헤드라인 뉴스로 보도되어 왔다.

하지만 우리는 너무나 쉽게 직접적인 가해자만 희생양으로 삼은 채, 이러한 행동이 대개 진공 상태에서 일어나는 것이 아님을 무시하곤 한다. 그보다 이런 행동은 한 기관이나 조직의 문화를 표현하는 경우가 많다. 가령, 이런 이야기들을 비롯해 훨씬 더 많은 이야기들에서 목격되는 비극은, 대부분의 기관들이 상처 입은 자들, 피해자들, 그리고 학대의 경험자들*이 아니라, 그들과 그들의 리더들, 그리고 그들의 이익에만 초점을 맞춘다는 것이다. 그들은 죄를 지은 자들을 보호하고, 책임을 회피하고, 상처 입은 사람들을 침묵

---

* survivors: '생존자', 곧 학대의 피해를 겪고도 살아남은 사람들을 뜻한다. 이 책에서는 이를 위해 '경험자'라는 용어를 사용한다.

시키는데, 사실 이는 문제의 일부분에 불과할 뿐이다.

그로 인한 영향은 매우 심각하다. 삶에서 교회가 중심적인 역할을 하는 수많은 선량한 사람들은 그동안 목사를 그리스도인으로서, 또는 경건한 남편이자 아버지, 할아버지, 목사, 리더, 운동 창시자로서 본받아야 할 모범적인 역할 모델로 여겨왔는데, 이제 그런 그들에게서 순수함이 사라지고, 환멸만 커지고 있다. 그리고 이런 모습은 자신들의 교회를 성공의 전형으로 여겼던 다른 많은 사람들에게서도 마찬가지로 나타난다. 교회의 리더십을 보호해 왔던 막이 걷혔을 때, 어떤 사람들은 믿기 어려울 정도의 위선과 부패를 발견했고, 그래서 실제로 **믿음 생활을 포기했다.** 또 다른 많은 사람들은 목사, 장로, 대형교회 법인들, 교회 일반, 그리고 기독교와 관련된 모든 조직의 리더들에 대한 신뢰를 잃었다. 이들은 모두 현실 속에서 살아가는 사람들이다. 그들이 받은 상처에는 치유가 필요하다.

상처받은 사람들과 저항자들에게 전하는 말

만약 당신이 교회에서 상처받은 사람들 중 하나라면, 당신은 무엇보다 먼저 예수께서 당신에게 관심이 있으시다는 것을 알아야 한다. 그분은 당신을 보신다. 그분은 당신이 어떤 일을 당했는지 아신다. 그리고 그분은 당신을 고통에서 치유하실 수 있다.

만약 당신이 '하나님이 어떻게 이런 일이 일어나도록 놔두셨을까?' 하고 의아해한다면, 마태복음 9장 끝부분에 당신에게 들려주고 싶은 구절이 하나 있다. 그 구절은 쉽게 간과되곤 하는데, 이는 그 구절이 예수께서 기적적인 치유 능력을 사용하시어 상처받은 삶을 구원하고, 변화시키고, 재생시키며, 회복하시는 10가지 이야기와, 치유 및 구원 사역을 위해 열두 제자를 "이스라엘 집의 잃은 양에게로" 파송하시는 이야기(마10:5-6) 사이에 끼어 있기 때문이다. 그러나 이런 전환의 한가운데서 우리는 다음과 같은 아름다운 구절을 발견한다.

> [예수께서] 무리를 보시고 불쌍히 여기시니 이는 그들이 목자 없는 양과 같이 고생하며 기진함이라(마9:36)

마태가 무리를 묘사하는 방식에 주목하라. **"고생하며 기진함이라"**. 또 그는 그들이 "목자 없는 양과 같"았다고 말하는데, 이것은 목사와 교회에 의해 상처받은 많은 사람들이 느끼는 감정일 수 있다. 예수께서 그분의 긍휼, 사랑, 은혜, 그리고 구속을 집중하셨던 대상은 이스라엘의 강력한 리더들에 의해 무시당했던 사람들이다.

그러나 여기에 당신이 놓치지 말아야 할 것이 하나 있다. 이 절박하고 상처받은 사람들에게 긍휼을 베푸신 직후, 예수께서는 제자들에게 이렇게 말씀하셨다. "추수할 것은 많되 일꾼이 적으니 그러므로 추수하는 주인에게 청하여 추수할 일꾼들을 보내 주소서 하라"(마9:37-38). 상처받은 사람들이 너무 많기에, 예수께서는 우리에게 상처받은 치유자들의 무리가 필요하다고 말씀하신다. 다시 말해, 만약 당신이 예수의 제자라면, 당신은 상처받은 사람들을 보고, 듣고, 믿을 뿐만 아니라, 그들을 돌보고, 그들의 상처를 싸매고, 그들의 고통을 치유하도록 보내심을 받은 것이다.

이 책은 상처받은 치유자들과 상처받은 저항자들에 관한 책이다. 옳은 일을 행하고, 진실을 말하고, 거절과 위협, 재가해를 당하면서도 진실을 알리기 위해 끈기 있게 진실을 말하는 여성들과 남성들에 관한 책이다.

이 책은 교회 안에서 실패하고 타락한 사람들—목사와 다른 리더들을 포함해—이 때때로 부끄럽고 해로운 방식으로 죄를 짓는다는 진실을 받아들이는 동시에 교회의 구속적 가치를 옹호하는 책이다.

이 책은 신뢰했던 리더들에 맞서 의혹을 제기하고 자신들이 속한 교회 문화에 슬퍼하는 여자들과 다른 사람들, 그리고 가족과 믿을 만한 친구들, 상담자들 외에 아무에게도 자신의 이야기를 하지 못했던 수많은 남자와 여자들, 소년과 소녀들을 위한 책이다. 비록 그들이 공개적으로 말하지 못했을지라도, 그들에게 용기나 기독교적 성품이나 선함이 부족했던 것은 아니다. 여러 이유로 그들은 계속해서 침묵 속에서 자극을 받고, 침묵 속에서 고통을 받고, 침묵 속에서 치유를 위해 노력하고 있다. 그러나 하나님은 그들의 기도에 귀를 기울이시는 분이고, 궁극적으로 정의를 실현하시는 분이다.

무엇보다도 이 책은 **희망**에 관한 책이다. 다시 말해, 더 나은 방식, 곧 우리가 토브*써클(the Circle of Tov)이라고 부르는 방식에 관한 책이며, 또한 우리 교회 안에서 권력의 남용에 저항하고, 치유를 촉진하고, 수많은 기독교 기관들을 감염시키는 해로운 잔재들을 제거하는 선한 문화를 형성하는 데 무엇이 필요한지에 관한 책이다. 그밖에 무슨 말을 하든, 우리는 이런 파괴적인 사건들이 다른 교회와 사역들에서 반복되지 않도록 하는 방법을 배워야 한다. 지금 우리에게는 현재 우리가 있는 곳에서, 세상에 존재하는 그리스도의 몸으로서 마땅히 우리가 있어야 할 곳으로 인도해 줄 지도가 필요하다.

우리가 제시하는 지도는 '토브'라는 단어 안에 들어 있다. 우리는 이 책 전체에서 이 단어를 사용할 것인데, 이는 이 책 제목의 핵심이기도 하다. 성경의 첫 페이지를 살피면 세 글자의 히브리어로 된 이 작은 단어, '토브'의 넓이와 깊이를 이해할 수 있다.

빛은 [하나님이 보시기에] '토브(tov)'고(창1:4),

땅과 바다도 '토브'고(1:10),

식물도 '토브'고(1:12),

낮과 밤도 '토브'고(1:18),

바다의 생물과 새들도 '토브'고(1:21),

육지의 생물도 '토브'다(1:25).

그리고 이어서 일곱 번째가 등장한다. "하나님이 지으신 그 모

---

* '토브'는 히브리어이며, 영어로 'good', 곧 '좋은', '선한'을 의미한다.

든 것을 보시니 보시기에 심히 '토브'였더라"(창1:31). 그러므로 하나님이 지으신 모든 것이 '토브'다. 그리고 모든 것이 말해지고 성취되었을 때, 모든 복잡한 조화가 이루어졌을 때, 모든 창조물을 통해 하나님의 영광이 메아리쳤다. '토브 메오드(tov me'od).' 심히 좋다! 아주 잘 되었다! 완벽하다! 조화롭다! 걸작이다! 이 모든 영어 표현들과 그 이상의 것들이 '토브'라는 단어에서 발견된다. 이 책에서 우리는 하나님이 보시고 "오, 이것이야말로 '토브'다!"라고 말씀하실 만한 문화를 형성하는 것에 초점을 맞출 것이다.

먼저 우리는 교회 문화가 어떻게 형성되고, 또 종종 어떻게 **왜곡**되는지 살필 것이다. 그러나 좋은 것에 관해 말하기 전에 이런 책이 필요하도록 만든 몇 가지 유해한 교회 문화에 관해 먼저 살펴볼 것이다. 다음으로 유해한 문화에서 공통으로 나타나는 징후들과 경고성 신호들에 관해 논할 것이며, 마지막으로 우리가 토브 써클이라고 부르는 것을 통합하는 선한 문화를 만들어내는 방식에 관해 설명할 것이다.

✝ ✝ ✝

이 책을 시작하면서 간단하게 기도하고자 한다. 하나님이 우리에게 은혜를 베푸시고, 우리를 용서하시고, 우리를 치유하시고, 우리를 자신은 물론 서로와 화해하게 하시고, 그리고 우리의 교회들 안에 '토브'가 넘치게 해주시기를 바란다!

A CHURCH CALLED

TOV

1부

교회 문화의
형성과 왜곡

그ꞮꞂ 토브: 선함

당신이 소속되어 일하는 환경이 당신을 점진적으로 변화시키는 힘을 과소평가하지 말라. 당신이 어떤 회사에서 일하기로 선택하는 것은 그 회사에서 일하기에 적합한 사람으로 당신을 만들어가는 것이다. … 더욱이 실용적이고 효율성을 중시하는 방식으로 살아가다 보면, 결국 당신도 실용주의적이고 효율성을 중시하는 사람이 될 것이다.

_데이비드 브룩스(David Brooks), *The Second Mountain*

좋은 사람들과 나쁜 사람들이 있다. 나쁜 사람들은 불법적인 방법으로 사악한 상황을 일으키려고 한다. 이런 상황은 좋은 사람들이 그들의 힘을 사용해 (나쁜 사람들에게 유혹당할 위험에 처한) 사람들을 위험지대에서 구해내고 영광스러운 승리를 향해 전진할 때만 역전될 수 있다.

_로저 C. 생크(Roger C. Schank) & 로버트 P. 아벨슨(Robert P. Abelson), *Knowledge and Memory: The Real Story*

학대를 영속시키는 조직이나 문화는 질문하는 사람의 동기에 의문을 제기하고, 문제에 관한 토론을 문제 삼고, 비난하는 사람을 비난하고, 침묵을 깨는 사람을 침묵시키고, 반대하는 사람을 공격할 것이다.

_웨이드 뮬렌(Wade Mullen)

악한 자는 그 그릇이 악하여 악한 계획을 세워 거짓말로 가련한 자를 멸하며 가난한 자가 말을 바르게 할지라도 그리함이거니와

_이사야 32장 7절

A CHURCH CALLED

TOV

1장
모든 교회는 문화다

문화는 중요하다. 사람들이 소속되어 살아가는 문화는 그 소속된 이들에게 행동하는 방법과 사고하는 방법을 가르친다. 우리는 옳은 것과 그른 것, 선한 것과 악한 것을 그런 것들을 규정하는 문화 안에서 살아감으로써 배운다. 우리는 우리의 도덕적 직관, 신념, 확신—당신이 이와 관련해 어떤 용어를 사용하고 싶어하든지—을 공동체 안에서, 즉 다른 이들과의 관계 속에서 배운다. 문화는 우리를 **사회화함으로써** 우리로 하여금 적절한 행동으로 간주되는 것을 하게 만든다. 이것은 사회에서뿐 아니라 교회에서도 마찬가지다.

당신이 과거 어린아이였을 때 정상적이고 옳고 선한 것이라고 믿었던 것에 관해 생각해 보라. 그리고 현재 당신이 그리스도인이 된 후 예수의 제자로 성장하면서 정상적이고 옳고 선하다고 믿고 있는 것에 관해 생각해 보라. 당신은 그런 직관들을 어디에서 얻었는가? 가정의 문화와 교회의 문화에서다. 예컨대, 나(스캇)는 내가 성장한 교회의 문화에서 극장에 가는 것은 잘못이라고, 흠정역(KJV)이 아닌 다른 성경은 하나님이 원하시지 않는다고, 감리회, 장로회, 성공회, (특히) 가톨릭의 신앙은 의심스러운 것이라고 배웠다.

문화는 모두에게 영향을 미친다. 세상 어디에도 문화에 영향을 받지 않는 사람은 없다. 아무것에도 관련되지 않거나, 연결되지 않거나, 어디에도 끼지 않거나, 조직에 포함되지 않는 사람은 존재하지 않는다. 우리는 모두 다른 이들과의 상호작용을 통해 형성되며, 그런 형성을 통해 서로 관련되고, 연결되고, 내포되고, 얽히고, 조직적으로 연결된 하나의 문화가 만들어진다.

다른 조직과 마찬가지로, 교회도 리더들과 회중의 지속적인 상호관계에 의해 형성되고, 육성되고, 영속되는 독특한 문화다. 덧붙이자면, 모든 교회 문화는 고유한 생명력을 지닌다. 교회가 어떻게 조직되어 있든—원로목사, 담임목사, 교육목사, 교구목사, 혹은 신부, 동사목사, 부목사, 장로, 집사, 부장, 그리고 사역 책임자들을 포함해—결국 그 조직을 어떤 특정한 문화를 **향해** 나아가도록 이끄는 것은 리더들이다. 하지만 그들만이 그 문제에 관해 책임 있는 유일한 사람들은 아니다. 회중 역시 교회 문화의 형성에 참여한다. 그러므로 비록 리더들이 문화 형성을 이끌고 그 과정에서 결정적으로 때로는 과도하게 큰 목소리를 내는 것이 사실일지라도, 리더들과 회중이 **함께** 교회 문화를 형성한다고 말하는 것이 더 정확할 것이다.

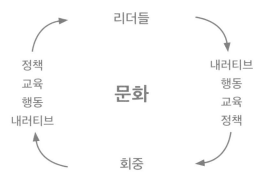

이렇게 생각해 보라. 목사와 다른 리더들은 교회의 **내러티브**를 형성하고 전하는 일에서 예비적인 목소리를 내며, 다른 이들이 볼 수 있도록 그리스도인의 삶을 **행동으로 보이고**, 기독교 신앙과 그것을 살아내는 방법을 **가르치고**, 교회의 **정책**을 분명하게 설명하는 역할을 한다. 그들은 교회 문화를 만들고 유지하기 위해 공식적인 권위와 힘을 행사한다. 이상적일 경우, 그들은 이런 일을 선한 방식으로 수행한다. 그러면 회중은 개인적으로나 집단적으로 그 문화를 수용할 뿐 아니라, 그 내러티브를 나름대로 **재형성하고**, 다른 이들이 볼 수 있도록 기독교적 삶을 **살아내고**, 기독교 신앙을 **다시 가르치고**, 교회의 정책들을 **다시 분명하게 표명한다**. 그러므로 회중 또한 그 문화를 형성하고 유지하는 데 있어서 그들 나름의 권위와 힘을 행사한다. 시간이 지남에 따라 교회 문화는 리더와 회중, 회중과 리더의 상호작용으로 형성된다. 그런 의미에서 교회에 속한 모든 사람들은, 좋든 나쁘든, 그것이 형성하는 문화에 '공모한' 것이다.

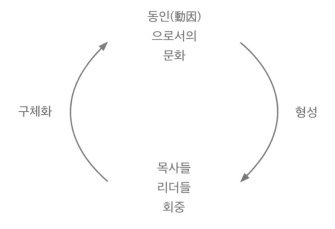

동인(動因)
으로서의
문화

구체화

형성

목사들
리더들
회중

모든 교회 문화는 고유한 생명력을 지닐 뿐만 아니라, 그 생명력은 **강력하고, 자체적으로 지속되며, 끊임없이 변화한다**. 즉, 목사와 리더, 회중에 의해 생성되고 육성되는 교회 문화는 **변화**와 **순응**—형성하고 다듬어가며, 또한 다듬어가며 형성하는—을 계속 반복하면서 자기를 강화하는 동인(動因)이 된다. 「뉴욕 타임즈」의 칼럼니스트인 데이비드 브룩스(David Brooks)가 관찰한 바와 같이, 문화는 우리에게 영향을 주며 그것에 우리 자신을 맞추도록 만든다. 그것은 보이지 않으나 영향력이 있는 어떤 사람이 막후에서 일하면서 우리를 통제하는 것과 같다. 그의 책『두 번째 산(The Second Mountain)』에서 브룩스는 문화가 우리를 그 자신의 형상을 따라 만들어 가기에 충분할 만큼 강하다고 설명한다.

당신이 소속되어 일하는 환경이 당신을 점진적으로 변화시키는

힘을 과소평가하지 말라. 당신이 어떤 회사에서 일하기로 선택
하는 것은 그 회사에서 일하기에 적합한 사람으로 당신을 만들
어 가는 것이다. …

더욱이 실용적이고 효율성을 중시하는 방식으로 살아가다 보면,
결국 당신도 실용주의적이고 효율성을 중시하는 사람이 될 것이
다. "내가 어떻게 성공할 수 있는가?"라는 질문이 "내가 왜 이 일
을 하는가?"라는 질문을 재빨리 가려버린다.[1]

사람들이 당신의 교회와 접촉하면서 경험하는 것—예배, 리더,
교인, 프로그램 등—이 곧 당신의 교회 문화를 정의한다. 만약 당신
이 어떤 교회에서 가장 부지런한 사역자들의 행동을 관찰한다면,
당신은 그 교회의 문화가 실제로 어떻게 작동하는지를 알게 될 것
이다. 그 충실한 종들은 그 교회의 **삶**을 구현한다. 그러므로 교회
의 문화는 부차적인 것이 아니다. 당신의 교회가 곧 그 문화이고,
그 문화가 곧 당신의 교회이다. 문화가 변형시키는 능력을 과소평
가하지 말라. 만약 당신이 선한(tov) 문화를 만들어내고자 한다면,
지금 당신의 교회가 가진 문화의 유형을 이해하는 것이 매우 중요
하다.

어떤 교회의 회중과 리더들이 지속적으로 긍휼의 방식으로 상
호작용하고, 그래서 긍휼의 임계점이 현재의 균형을 무너뜨리고 결
국 긍휼의 문화를 낳게 된다면, 그 교회의 문화의 특징은 자연스럽
게 **긍휼**이 될 것이다. 교회의 문화가 긍휼에 뿌리를 둘 경우, 그것

은 안전함, 보호, 그리고 개방성이 넘치는 환경을 만들어낸다. 반면, 어떤 교회의 회중과 리더들이 유해하고 역기능적인 방식으로 상호작용하고, 그래서 현재의 균형이 무너져 유해한 방향으로 기울어진다면, 그 교회의 문화에는 **유해함**이 뿌리를 내리게 될 것이다. 교회의 문화가 유해할 경우, 그것에 맞서기 위한 도전은 그만큼 어려워진다. 유해한 문화—특히 그것이 사역, 리더, 영향력으로 잘 알려져 있는 경우—에 맞서기 위해서는 용기와 희망과 인내가 필요하다. 문화의 힘을 과소평가하지 말라.

문화에 관한 나쁜 소식과 좋은 소식은 다음과 같은 동일한 진술로 요약될 수 있다. 뿌리를 내린 문화에 대해서는 거의 **저항할 수 없다**. 자기를 강화하고 있는 문화가 유해하다면, 그것은 구조적으로 부패한 것이 되고 그 안에 속한 사람들까지 부패시킨다. 인종차별, 성차별, 정치적 이데올로기, 성공 만능주의적 사업 같은 부패한 문화는 그것과 함께 모든 사람들을 나락으로 끌어내린다. 반면, 자기를 강화하고 있는 문화가 **구속적이고, 치유적이고, 선하다면**(tov), 그것은 구조적으로 선한 것이 된다. 선한 교회 문화는 본능적으로 사람들을 치유하고, 구속하고, 회복시킬 것이다.

데이비드 브룩스는 시간이 지남에 따라 우리를 변화시키는 점진적인 습관 및 관행에 대해 다음과 같이 강하게 진술한다.

사람들이 관대함을 그들의 일상의 습관이 되게 할 때, 그들은 자신이 누구인지를 새롭게 형성하게 된다. 당신의 인격, 당신의 본

질에 관한 흥미로운 사실은 그것이 당신의 다리뼈만큼이나 영구
적이지 않다는 것이다. 당신의 본질은 당신의 마음만큼이나 변
화할 수 있다. 당신이 하는 모든 행동과 당신이 하는 모든 생각
은, 비록 아주 조금씩이기는 하지만, 당신을 좀 더 고양하거나
아니면 좀 더 타락시키거나 하면서 당신을 변화시킨다. 만약 당
신이 일련의 선한 행위를 한다면, 점차 당신의 삶 속에 타자 중
심적인 습관이 새겨질 것이다. 그러면 선한 일을 하기가 매우 쉬
워진다. 만약 당신이 거짓말을 하거나 누군가에게 냉담하게 혹
은 잔인하게 행동한다면, 당신의 인격은 타락하게 되고, 나중에
더 나쁜 무언가를 더 쉽게 하게 될 것이다.[2]

조직도 개인과 동일한 방식으로 작동한다. 즉, 조직의 습관이
그것의 성격을 형성한다. 우리는 어떤 교회에 참석했을 때, '그곳의
분위기를 느꼈던' 경험이 있다. 엄격한 군대 조직처럼 보이는 교회
들이 있었는가 하면, 어떤 교회들에서는 혼란스러움을 느끼기도 했
다. 또 어떤 교회들에서는 미술품 갤러리, 콘서트장, 연극 제작소,
혹은 그랜드 쇼 같은 느낌을 받기도 했다. 어떤 교회들에서는 모든
사람이 설교자나 강사의 말을 듣기 위해 (심지어 그들을 흠모하기 위해) 모이
고, 그 밖의 모든 것은 단지 예배를 마무리하기 위한 것일 뿐이라는
느낌을 받았다. 반면 다른 교회들에서는 설교나 강론이 성만찬 예
식으로 이어지는 일련의 과정 중 하나로만 여겨졌다. 지난 20여 년
동안 나(스캇)와 아내 크리스는 수백 개의 교회를 방문했다. 우리가

방문했던 교회들을 떠올릴 때면 크리스는 종종 이렇게 말하곤 한다. "만약 우리가 그 도시에 살았더라면, 꼭 그 교회의 지체가 되고자 했을 거야."

최근에 나(로라)는 셀럽 중심이라는 표현이 가장 적절해 보이는 문화를 지닌 어느 교회에 참석한 적이 있다. 단상에 올라온 모든 사람들이 회중석에 앉아 있는 이들로부터 존경을 받는 것 같았다. 예배 시간에 가장 먼저 일어난 일 중 하나는 담임목사의 선하고 충실한 사역을 치하하는 것이었다. 이는 곧바로 담임목사에 대한 기립박수로 이어졌다. 예배가 계속되는 동안 나는 회중이 단상 위에 있는 사람들에게 박수를 보내는 횟수에 충격을 받았다. 과장 없이 말하는데, 적어도 열 차례 이상 박수가 나왔다. 생각나는 것은 그 교회에 관해 무언가 좋은 말이 나올 때마다 사람들이 박수를 쳤다는 사실이다. 하지만 결국 그것은 자화자찬이었을 뿐이다. 그 교회의 칭찬하는 문화는 내가 평상시에 예배를 드리는 교회의 문화와 극명하게 대조되었다. 내가 다니는 교회에서는 어떤 이유에서든 박수가 매우 드물었다. 내가 지금 말하고자 하는 것은 어느 것이 옳다거나 더 낫다는 게 아니라, 교회들의 문화가 분명하게 서로 다르다는 것이다.

우리가 교회의 문화를 형성하지만, 동시에 우리는 우리가 형성한 그 문화에 **의해** 형성되기도 한다. 그것은 결혼생활과도 비슷하다. 누군가와 결혼해 보라. 그러면 머지않아 당신과 당신의 배우자는 서로가 서로를 형성하게 될 것이다. 그런 상호 형성에서 사랑의 문화가 자라난다. 그러면 다시 그 사랑과 관심, 헌신의 문화가 당신과 당신의 배우자를 형성하게 되고, 이러한 과정이 끊임없이 반복된다. 이것이 성경에서 말하는 "둘이 한 몸이 될지라"가 의미하는 한 측면이다.

그런데 안타깝게도 동일한 과정이 나쁜 결혼에도 적용된다. 다만 그 경우 당신과 당신의 배우자는 서로를 부정적인 방식으로 형성하게 된다. 사랑이 문화를 형성하는 대신, 어떤 커플들은 긴장, 비난, 회피, 빈약한 소통, 그리고 수동적이고 공격적인 행동으로 가득한 유해한 문화를 형성한다.

어느 쪽으로든, 사람들이 함께 모이는 곳에서는 불가피하게 문화가 형성된다. 그리고 그렇게 형성된 문화는 불가피하게 그 안에 속한 모든 사람들을 다시 형성하게 된다.

문화는 또한 교회 내 관계의 기본적인 방향에 관해서도 말해준다. 그것은 매일의 삶을 지배하는 가치와 우선순위들에서 발견된다. 교회 문화는, 그것의 대의가 아무리 고귀하더라도, 누군가가 긍휼이나 정의, 친절, 선함과 같은 주제로 프로그램을 시작한다고 해서 형성되는 것이 아니다. 자원봉사도 문화를 만들지 않는다. 프로그램들은 자원봉사자들을 모집할 수 있고, 그들은 그런 프로그램들을 통해 변화될 수도 있다. 하지만 프로그램들만으로는 문화가 세워지지 않는다. 프로그램을 이끄는 리더의 설득력으로도 되지 않는다. 문화를 형성하는 데는 시간이 필요하다. 거기에는 시간의 흐름과 더불어 발전하는 관계가 필요하고, 또한 지속적으로 이루어지는 상호작용이 필요하다.

때로 우리는 교회 안에서 무언가가 잘못되었다고 생각될 때 변화를 원한다. 그래서 어떤 프로그램을 시작한다. 예를 들어, 회중 대부분이 백인인 교회에서 어느날 갑자기 그들의 공동체에서 라틴 아메리카의 문화를 무시해 왔음을 깨달았다고 생각해 보자. 그래서 그런 문화에 투자하거나 '접근하는' 프로그램을 시작했다고 하자. 하지만 그런다고 해서 그 교회의 문화가 바뀌지는 않을 것이다. 그것이 변화의 시작이 될 수는 있으나, 진정으로 통합된 교회를 만들기 위해서는 지속적인 헌신과 많은 시간이 필요하다. 거기에는 관계, 장시간의 대화, 그리고 조정과 변화가 요구된다. 이 문제에 대해 좀 더 말할 수도 있지만, 요점은 분명하다. 문화는 시간의 흐름과 함께 형성되며, 문화를 바꾸기 위해서도 시간이 필요하다는 것이다.

『컬처 메이킹(Culture Making)』의 저자 앤디 크라우치(Andy Crouch)는 우리에게 문화가 단순히 **세계관**, 즉 우리가 삶을 이해하고, 분석하고, 생각하는 방식과 동의어일 뿐이라고 생각하지 말라고 경고한다. 그는 문화를 "인간이 세상에 대해 **만들어내는 것**"[3]이라고 정의하기를 좋아한다. 이는 우리가 세상을 어떻게 **인식하는지**는 물론, 그 세상에서 우리가 무엇을 **하는지**—즉, 우리가 어떤 관행과 습관을 가지는지, 또 그것으로 무엇을 만들어내는지—라는 두 가지 의미 모두를 포함한다. 이런 정의는, 우리가 논의해 왔던, 문화가 우리의 삶에서 끊임없이 변화하며, 강력하고, 자기 영속적인 **동인**(動因)으로서 상호적으로 형성되고 영향을 주고받는다는 개념들과 아주 잘 들어 맞는다. 크라우치는 계속해서 이렇게 말한다. "세계관이라는 언어 는… 우리가 새로운 행동 방식을 **생각**으로 배울 수 있다고 암시하 는 경향이 있다. 그러나 문화는 그렇게 작동하지 않는다. 문화는 우리가 **행동**을 통해 새로운 사고방식으로 나아가도록 돕는다."[46] 즉, 문화는 우리의 행동을 통해 우리의 사고를 형성한다. 선한(tov) 문화 는 우리가 선하게 행동하도록 가르치고, 선한 행동은 우리의 사고 를 선함으로 향하도록 형성한다. 그러므로 크라우치가 암시하는 것 은 교회 문화가 우리에게 능동적으로 영향을 미치는 동인이라는 것 이다.

다음은 어느 교회의 리더가 설명해준 한 예시로, 유해한 문화가 어떻게 초기의 저항을 극복하고, 상황을 합리화하며, 결국 사람들 의 행동을 유해하게 변화시키는지를 보여준다.

대도시의 어느 교회에서 사역하는 동안… 나는 [교회 직원들 중] 어 떤 사람들이 담임목사에게, 그리고 그의 호의를 얻고 있는 다른 이들에게 비열하고 거칠게 다뤄지는 것을 일상적으로 목격했다. … 직원들은 종종 연합이나 팀워크, 형제애 대신 질투와 건강하 지 않은 경쟁을 해야만 했다. 이는 모든 사람을 불안하게 만들 며, 불안정하게 하고, 담임목사의 '블랙리스트'에 오르지 않기 위 해 애쓰도록 만들었다. 사람들은 대부분 두려움 때문에 동기부 여를 받고 있었다.

직원들에 대한 그런 학대를 처음 보았을 때 나는 어떻게 했을까?

- 나는 충격을 받았다.
- 나는 그것이 나를 향하고 있지 않음에 기뻐했다.
- 나는 이 말도 안 되는 행동이 아마도 '참된 제자도'와 관련이 있을 거라고 합리화했다.
- 나는 이런 유형의 훈련이 효과적인 사역자가 되는 데 필요한 것이라는 리더들의 말을 믿었다.
- 나는 그 사람들이 어느 정도 그런 학대를 받아도 된다고 생각했다.
- 나는 만약 내가 반대한다면, 다음은 내 차례가 되리라는 것을 두려워했다.

더 나쁜 것은 나도 그런 행동을 따라 하기 시작했다는 것이다. …

어느 날 우리 가정교회 모임이 아파트 단지 안에서 배구 경기를 하고 있었다. 나는 한 형제에게 내 선글라스를 빌려주었다. 날이 어두워졌을 때, 그는 선글라스를 어디에 벗어 두었는지 몰라 찾을 수가 없었다. 그가 내게 다가와 그 사실을 말했다. 당시는 밤이 깊었고 평일 밤이었는데도, 나는 그에게 거칠게 말했다. "가서 찾아오세요."

또 다른 날, 우리 모임이 소풍을 갔다. 한 젊은 자매가 장난스럽게 내 등에 얼음을 던졌고, 나는 그것을 그녀가 리더인 내게 마땅한 존경심을 보이지 않는다는 증거로 받아들였다. 그래서 모든 사람 앞에서 그녀를 꾸짖고 무시했다. …

나는 내가 한 일에 대해 다른 이들을 탓하려는 것이 아니다. 다만 학대의 문화는 자연스럽게 퍼져나가는 경향이 있다는 것이다. 나는 그것을 배웠고, 실천했고, 그 후에는 다른 이들에게 그것을 전수했다.[5]

나는 그것을 배웠고, 실천했고, 그 후에는 다른 이들에게 그것을 전수했다. 문화는 강력하게 형성하는 동인이다. 위에 제시한 예시처럼, 어떤 문화가 유해할 경우, 학대적 습관이 강화되고 되풀이된다.

문화의 중요성과 영향력에 관해 생각하는 것은 새로운 것이 아니다. 성경은 좋은 것이든 나쁜 것이든 그에 대한 예들로 가득하다. 또한 성경은 문화 형성에 대한 우리의 이해에 매우 중요한 한 가지 요소를 덧붙인다. 그것은 문화가 그 문화를 형성하는 사람들의 **인격**(character)에서 비롯된다는 것이다.

예수, 인격, 그리고 문화

우리가 사역들의 연속적인 붕괴를 통해 보았듯이, 인격은 교회의 문화를 형성하고, 유지하고, 뒷받침하는 데 필수적인 역할을 한다. 리더십에 인격적 자질이 부족하면, 수십 년간의 노고와 비전과 성장이 눈 깜짝할 사이에 무너질 수 있다.

예수께서는 인격의 중요성에 관해, 그리고 좋은 인격과 나쁜 인격을 식별하는 법에 관해 가르치셨다.

> 나무도 좋고 열매도 좋다 하든지 나무도 좋지 않고 열매도 좋지 않다 하든지 하라 그 열매로 나무를 아느니라(마12:33)

나쁜 인격에 관해 이런 말씀도 하셨다.

> 독사의 자식들아 너희는 악하니 어떻게 선한 말을 할 수 있느냐 이는 마음에 가득한 것을 입으로 말함이라(마12:34)

그리고 좋은 인격에 관해 상응하는 말씀도 하셨다.

> 선한 사람은 그 쌓은 선에서 선한 것을 내고 악한 사람은 그 쌓은 악에서 악한 것을 내느니라(마12:35)

인격은 안에서 밖으로 작용한다. 좋은 인격은 선한 것을 낳지만, 나쁜 인격은 악한 것을 낳는다.

사도 바울 역시 인격에 초점을 맞춘다. 하지만 그는 나무와 열매 대신 **육**과 **영**이라는 은유를 사용한다. 갈라디아서 5장 19-23절에서, 그는 "육체의 일"과 "성령의 열매"를 대조한다(갈5:19, 22). 육체와 영이 모두 한 사람의 인격의 핵심을 표현한다는 점은 주목할 만하다.

육체가 주도하는 유해한 문화는 권력, 성공, 명성에 대한 욕망, 두려움을 통한 통제, 권위에 대한 강조, 그리고 충성에 대한 요구를 길러낸다. 이런 가치들은 명시적으로 드러나지 않거나 겉으로 인식되지 않을 수도 있다. 하지만 그것들이 어느 리더의 마음속에서 곪아가면 결국 쓰디쓴 열매를 맺게 되어 교회의 문화를 해치고, 방해가 되는 사람을 파멸시키게 된다.

반면, 성령에 의해 형성된 그리스도를 닮은 문화는 상처받은 사람에게 치유를 제공하면서 진실을 키우고, 구속적 은혜와 사랑을 보여줄 기회를 찾고, (섬김을 받는 것 대신) 다른 사람을 섬기는 것에 초점을 맞추고, 일상에서 정의를 실천하는 방법을 찾는다. 그리스도를 닮은 문화는 늘 사람에게 초점을 맞춘다. 왜냐하면 교회의 사명은 전적으로 사람에게 베푸시는 하나님의 구속적 사랑과 깊이 연관되어 있기 때문이다.

이 책은 그리스도를 닮은 문화를 형성하는 교회의 특성이나 습관, 혹은 우리가 나중에 다루게 될 **선함** 또는 **토브**의 문화에 관한 것이다. 그러나 선한 문화를 만드는 방법에 초점을 맞추기에 앞서, 먼저 유해한 문화의 위험성을 살펴볼 필요가 있다. 우리가 이 책을 쓰는 목적 중 하나는 교회들이 유해성에 관한 경고 신호를 식별하도록 돕는 것이다. 이제 이 유감스럽지만 꼭 필요한 주제를 시작해 보자.

A CHURCH CALLED

TOV

2장
유해한 문화의 조기 경고 신호

예수께서 "가난한 자에게 복음을 전하고… 포로 된 자에게 자유를 눈 먼 자에게 다시 보게 함을 전파하며 눌린 자를 자유롭게 하고 주의 은혜의 해를 전파하는"(마4:18-19) 사명을 수행하는 교회를 세우려 하셨음을 감안할 때, 리더의 인격에 의해 형성된 교회 리더십이 그토록 큰 해악을 끼칠 수 있다는 것은 비극적인 아이러니가 아닐 수 없다. 이 장에서는 유해한 문화를 알리는 두 개의 조기 경고 신호인 **자아도취**(narcissism)*와 **두려움을 통한 권력 행사**에 주목할 것이다.

---

* 나르시시즘(Narcissism)을 '자아도취'로 번역했다. 이는 과도한 자기애와 자기중심적 성향을 특징으로 하는 심리적 특성 또는 성격 장애를 뜻한다.

1. 자아도취(narcissism)

어떤 이유에서인지 때때로 교회 리더십은 공감 능력이 부족하고 이기적인 자아도취자들(narcissist)을 끌어들이는 것 같다. 그저 자아도취자들이 정상에 오르는 길을 찾는 것인지(이는 어느 정도 사실이다), 아니면 리더십 정상이 자아도취자들을 끌어당기는 것인지(이 역시 어느 정도 사실이다), 너무나 많은 교회의 리더십에 자아도취자들이 존재한다. 그리고 그들은 대부분은 남성이다.[1]

만약 우리가 교회 안에서 선한 문화를 발전시키고자 한다면, 이런 자아도취적이고 공감 능력이 부족한 리더들에게 저항하거나 그들을 리더의 자리에서 쫓아내야 한다. 그러기 위해서는 먼저 유해하고 자아도취적인 문화가 어떻게 발전하는지 이해해야 한다.

이제 겨우 초등학교 2학년인데도 나(로라)의 학생 중에는 그리스와 로마 신화에 매료되어 있는 학생들이 있다. 현대 문화에서 슈퍼히어로가 인기를 끌어서인지 신화에 나오는 신과 여신들의 이야기가 그들의 관심을 사로잡았다. 내가 이끄는 독서 모임에서는 때때로 어휘력 향상을 위해 단어의 기원에 관해 다루는데, 그럴 때 우리는 오디세우스와 '오디세이', 크로노스와 '크로놀로지', 뮤즈와 '뮤지컬', 그리고 나르키소스와 '나르시시즘' 같은 용어들의 관계를 살핀다. 언젠가 나는 학생들에게 나르키소스의 이야기를 들려준 적이 있었다. 만약 당신이 그들에게 묻는다면, 그들은 당신에게 자기 자신의 모습과 사랑에 빠진 믿을 수 없을 만큼 잘생긴 신에 관해 말할 것이다. 그 신화의 그리스 버전과 로마 버전은 약간 다르다. 하지만 줄거리 자체는 동일하다. 어느 날 나르키소스가 어떤 연못 혹은 호숫가에서 산책하다가 물에 비친 자신의 모습을 보고는 넋을 잃고 빠져든다. 그러나 그것은 단지 이미지일 뿐이기에, 그는 자기가 사랑하는 대상을 얻지 못한다. 그래서 결국 그는 죽는다. (그리스 버전에서는) 슬픔 때문에 죽고, (로마 버전에서는) 자살한다.

"이 신화가 우리에게 주는 교훈이 뭘까요?" 내가 학생들에게 묻는다. "이 신화의 이야기를 여러분의 삶에 어떻게 적용할 수 있을까요?"

그러면 한 학생이 이렇게 답한다. "글쎄요, 그는 자기 자신을 바라보는 걸 그만둬야 했어요." 또는 "그는 정말 자기 자신을 너무 오랫동안 바라봤어요."

우리가 나르키소스가 왜 자기 자신을 응시했는지를 이야기할 때, 나는 학생들이 나르시시즘(자아도취)에 관해 다음과 같이 정의하도록 인도한다. "나르시시스트(자아도취자)는 오직 자기 자신에게만 관심을 갖는 사람이에요. 자기가 어떻게 보이는지, 그리고 다른 사람들이 자기를 어떻게 생각하는지에만 관심을 가져요." 학생들은 이에 대해 솔직하고 분별력 있게 답한다. "그래서는 안 돼요."

누군가에게 자아도취자라는 **꼬리표를 붙이고** 끝내는 것은 어렵지 않다. 그러나 만약 자아도취가 실제로 **위험하다면** 어떨까? 우리는 그런 인격 유형에 대해 더 깊이 이해할 필요가 있다. 왜냐하면 (이런 말을 하기가 유감스럽지만) 자아도취자는 지금 우리 교회 안에 너무 많기 때문이다. 우리는 그들이 교회에 해악을 끼치기 전에 그들을 찾아내는 능력을 개발해야 한다.

메이요 클리닉(Mayo Clinic)*은 그런 인격 유형에 관해 한 가지 유용한 정의를 제공한다.

> 자아도취적 인격 장애는… 자신의 중요성을 과도하게 부풀려서 인식하고, 지나친 관심과 찬사를 필요로 하고, 인간관계에 어려움을 겪고, 타인에 대한 공감 능력이 부족한 것을 특징으로 하는 정신 상태다. 그러나 이런 극단적인 자신감이라는 가면 뒤에는 가장 사소한 비판에도 쉽게 부서지는 허약한 자존감이 놓여 있다.[2]

자아도취자는 일반적으로 '강한 인격'으로 알려진 것을 지니고 있을 수 있다. 하지만 그렇게 보이는 강함은 종종 불안함을, 그리고 우월감과 성공 욕구를 충족시키려는 깊은 결핍을 그 안에 감추고 있다. 자신의 중요성에 대한 이기적인 욕구 때문에 자아도취적인 목사들은 주위를 자신을 찬양하는 자들로 둘러싸게 만드는 한편, 자신이 바라는 존경과 명예를 바치지 않는 사람들과의 관계는 부숴버린다. 자아도취자들은 종종 그들이 권력의 자리에 오르도록 길을 깔아 주거나 적어도 그 길에 방해가 되지 않을 조력자들에게 끌린다. 이런 조력자들을 묘사하는 적절한 용어는 **아첨꾼**(sycophants)

---

* 미국 미네소타 주 로체스터에 본사를 둔 종합병원.

이다. 그들은 권력과 영향력을 얻기 위해 권력과 영향력을 지닌 사람에게 아첨하는 자들이다. 어떤 목사들은 이러한 아첨꾼들을 육성한다. 그러다 보면 머지않아 장로회나 집사회는 목사의 뜻에 순응하는 아첨꾼들로 가득하게 되며, 아무도 확고하고 적절한 성경적 입장을 가지고 목사에게 맞서는 역할을 수행하지 않게 된다.

로마의 철학자이자 수필가였던 플루타르크는 「친구와 아첨꾼을 구별하는 법(How to Tell a Flatterer from a Friend)」이라는 제목의 소논문을 썼는데, 그것은 리더와 제국 건설자들에 관해 정곡을 찌르는 논문이다. 우리는 제목만으로도 이 소논문의 요점을 파악할 수 있다. 권력을 가진 남자나 여자에게 필요하지 않은 것은 온종일 달콤한 말로 속삭이는 아첨꾼이고, 가장 필요한 것은 솔직하게 말하는 친구다. 성경은 "진지한 친구에게 얻는 상처가 적에게서 얻는 수많은 입맞춤보다 낫다"(잠27:6, 역자번역)라고 말한다. 친구는 자신의 친구가 자아도취자가 되도록 내버려 두지 않는다.

그렇다면 자아도취자들이 어떻게 교회를 이끌게 되는 걸까? 교회가 목사들에게 너무 많은 권력을 주어 그들로 하여금 자아도취적 성향을 드러내도록 유혹한 것일까? 아니면 자아도취자들이 교회 안에서 더 많은 권력을 얻으려고 야심차게 노력했기 때문일까? 아마도 정답은 양쪽 모두일 것이다. 어느 쪽이든, 오늘날 교회의 가장 중대한 문제 중 하나는 자아도취적 목사와 리더들이 권력을 장악한다는 데 있다.

대개 자아도취자는 자신의 교회가 **가장 훌륭하고, 가장 크고,**

가장 영향력 있는 것처럼 보이게 하고 싶어 하는데, 이는 그런 영광이 결국 리더인 자신에게 수렴된다고 믿기 때문이다. 교회를 칭송하는 것은 그 교회의 목사인 자신을 칭송하는 것과 같다. 그러기에 자아도취적인 목사를 비판하는 사람은 '역대 최고의 교회'라는 지위와 그 교회 목사의 자긍심을 위태롭게 한다는 이유로 공격받게 될 것이다.

자아도취자의 자아상과 교회에 대한 평판은 서로 깊이 연결되어 있다. 따라서, 직접적이든 아니면 단지 그렇게 인식되든 간에, 모든 비판에 대해 그가 보이는 일반적인 반응은 분노다. 때때로 그 분노는 겉으로 드러나지 않고 속으로 부글부글 끓거나 되씹거나 한다. 혹은 뒤에서 수동적인 공격 행동을 보이기도 한다. 그러나 분명한 것은 비판받는 자아도취자의 마음속에서는 분노가 들끓고 있다는 것이다.

우리는 이 연구 과정에서 목사들이 비판(혹은 비판으로 인식하는 것)에 극도로 예민하게 대응한다는 이야기를 거듭해서 듣거나 읽었다. 아래의 「윌로우 크릭 거버넌스 리뷰(Willow Creek Governance Review)」보고서에서 발췌한 한 예가 이를 잘 보여준다.

> 역사적으로 연례 업적 평가는 담임목사의 방어적인 폭발 때문에 장로들에게는 항상 고통스러운 과정이었다. 장로회는 그 과정이 좀 더 부드럽게 진행되도록, 그리고 담임목사에게 직접 보고하는 사람들과 모든 담당 목사들의 피드백을 포함하도록 개선

했다. 안타깝게도 지도부의 직원들은 동료들로부터 담임목사의 반격을 받을 수 있으니 그 어떤 부정적인 피드백도 제시하지 말라는 경고를 받았다. 그 결과 업적평가위원회에 직원들이 제출한 피드백 중 부정적인 것은 거의 없었고, 제출된 피드백도 대개 모호하고 일반적인 형태로 전달되었다. 일부 부정적인 피드백은 굳이 담임목사의 반발을 받을 필요가 없다고 생각한 장로회 일부 구성원들의 요청에 의해 완화되기도 했다.[3]

자아도취자에게는 모든 것이 통제와 관련되어 있다. 그것이 바로 자아도취적 목사들이 교회가 크든 작든, 누구의 통제도 받지 않아도 되는 소속 교단이 없는 교회나 아무런 책임도 지지 않는 교회 구조에 끌리는 이유다. 그들은 그런 방식을 선호한다. 그런데 어느 교단에 소속되어 있던 한 전직 목사가 최근에 내게, 요즘에는 교단 소속 교회들 안에서도 자아도취적 목사와 리더들이 발견된다고 지적했다. 하지만 독립 교회들은 감독이나 통제를 받지 않으려는 리더들에게 특히 매력적인 환경이다. 이와 관련해 역기능적인 교회와 목사들에 관해 연구해온 로널드 엔로스(Ronald Enroth)는 다음과 같이 말한다.

광범위한 연구와 비공식적인 관찰에 기초해서 내 의견을 말하자면, 권위적인 리더들은 교회 내에서 외톨이들이다. 즉 그들은 조직의 통제와 균형이 있는 환경에서는 제대로 기능하지도 못하고, 기꺼이 참여하지도 않는다. 그들은 필사적으로 독립적이며, 책임을 지는 구조의 일부가 되기를 거부한다. 거칠게 말하면, 그들은 영적 원맨쇼를 한다. 그리고 그것을 방해하거나 혼란을 일으키는 사람들의 경우에는 하나님이 도우시기를 빌어야 할 것이다[*]. 물론 그들은 때때로 장로회나 그에 상응하는 기구가 될 수도 있다. 그러나 십중팔구 그것은 리더가 제시하는 모든 것을 묵인하고 받아들이는 복제품들로 이루어진 충성스러운 내부 서클에 불과할 뿐이다.[4]

빌 하이벨스의 혐의가 공개된 지 1년이 조금 넘어서 발행된 「윌로우 크릭 거버넌스 리뷰」는 실질적인 책임을 지지 않는 담임목사의 위험성에 대해 다음과 같이 강조한다.

그가 가진 셀럽의 지위 때문인지, 40년 이상의 경력 때문인지, 강력한 발언 때문인지, 아니면 폭발에 대한 두려움 때문인지 모르겠지만, 장로회는 의견이 일치하지 않을 때 너무 자주 결정을 미루고 담임목사가 제시하는 길을 따랐다. 장로회가 무조건 찬성하는 '예스 장로회'(yes board)는 아니었지만, 담임목사가 강력한 입장을 고수하면 종종 그것에 순응하곤 했다. 장로회의 개별 구성원들은 아주 훌륭했으나, 집단으로서 그들은 결국 순종적인 태도를 보였다. 담임목사가 엄하게 말하면, 장로회 구성원 중 많

---

[*] 하나님이 도우시기를 빌어야 할 만큼 가혹하게 다룬다는 뜻.

"위기 때 장로회의 효율성이 저하되고… 장로회와 직원들 간의
신뢰를 붕괴시킨" 여러 요인 중 또 다른 것들로는 빌 하이벨스의
"셀럽으로서의 지위"와 "통제적 행동", 제한된 정보의 흐름, 두려움
의 문화, 합의에 의한 결정, 그리고 효과적인 책임의 결여 등이 있
었다.[6] 때때로 강력한 리더들에게 저항하는 것은 거의 불가능하다.

2. 두려움을 통한 권력 행사

교회의 리더들이 가장 일반적으로 받는 유혹은 자신들의 권위
와 지위를 치명적이고 상처를 입히는 무기로 휘두르려는 것이다.
리더가 권력이라는 손도끼를 휘두르면, 사람들은 두려움의 칼날에
순응하는 문화를 만들어낸다. 이것을 자아도취와 결합해 보라. 그
러면 틀림없이 유해한 문화가 형성된다.

시카고랜드에서 가장 유명한 교회 두 곳이 그렇게까지 통제 불
능 상태가 된 것에 대해 가장 그럴듯한 설명은 아마도 그 두 곳 모
두에 두려움의 문화가 자리 잡고 있었기 때문이라고 할 수 있다.
여러 출처에 따르면, 윌로우 크릭에서 '빌에 대한 두려움'이라는 표

현이 흔하게 사용되었고, 어떤 독립적인 조사에서도 이 사실이 확인되었다.[7] 장로들과 직원들은 빌 하이벨스와 맞서는 게 고통스럽다는 것을 알았고, 그의 가혹한 반응을 두려워해 그에게 의문을 제기하는 것을 피했다.[8]

잡지 「월드(World)」의 쥴리 로이스(Julie Roys) 기자의 보도에 따르면, 하베스트 바이블 채플의 "전임 장로, 직원, 그리고 구성원들은… 하베스트 교회가 리더십에 의문을 제기하는 사람에게 벌을 주는 학대적이고 두려움에 기반한 문화를 양성했다고 말했다."[9] 두 명의 전직 하베스트 교회 장로들은 장로회가 내린 결정에 계속해서 의문을 제기하다가 공식적으로 출교당했는데, 그들은 회중에게 그런 결정을 설명하는 영상을 통해서 악마화되기도 했다. 장로회의 한 구성원은 "어떤 이유로든 장로 다수의 결정에 반하는 견해를 공개하는 것은 사탄적이며 본질적으로 악한 것이다"라고 말하기까지 했다.[10]

목사의 권력 남용에 교회의 다른 리더들까지 연루될 경우, 그것은 교회 전체에 어두운 그림자를 드리우고, 그 결과 사람들은 목소리 내는 것을 주저하게 된다. 실제로 하베스트 교회의 초대 이사였던 고든 즈위르코스키(Gordon Zwirkoski)는 제임스 맥도널드가 "직원들에게 거의 공포나 다름없는 두려움의 분위기"를 심어주었다고 말했다.[11] 더 나아가, 맥도널드는 그 자신도 멤버였던 "장로회 전체와 실행위원회의 만장일치 투표를 통해서"만 목사직에서 해임될 수 있었다.[12]

일단 교회 안에 두려움의 문화가 형성되면, 그것을 되돌릴 방법은 거의 없다. 고대 그리스의 어느 역사가가 그 나라의 가장 강력한 리더들 중 하나를 요약하며 말해듯이, "폭정은⋯ 즐거운 자리였지만, 거기에서 빠져나올 방법은 없었다."[13] 바로 그것이 우리가 성경적으로 사고하고 다른 이야기, 곧 선한 이야기 안에서 살아가기 위해 재훈련을 해야 하는 이유다. 구약학자 엘렌 데이비스(Ellen Davis)는 이에 대해 완벽하게 진술한다. "이스라엘의 현자들은 현명해지고자 하는 사람들은 권력이 아니라 선을 목표로 삼아야 한다고 가르친다."[14] 권력과 선은 가까운 친구가 아니다.

권력에 기반한 교회 리더들에 관한 전문가인 로널드 엔로스가 설명하듯이, 학대적이고 두려움에 기반한 교회 문화는 권력에 열중하는 리더들과 함께 나타난다.

> **통치자**는 권위주의적 리더십을 가진 사람들을 묘사하는 적절한 용어다. ⋯ 그들은 추종자들에게 순종과 굴복을 요구하는 데서 부도덕한 쾌락을 취하는 영적 폭군들이다. 리더십은 팔로워십(followership)에 의존한다는 점을 인식하는 것이 중요한데, 진정한 기독교적인 관점에서 리더십이란 리더**에 의한** 지배와 통제가 아니라 리더와의 협력을 의미한다. 그러므로 정당한 기독교 리더십의 근원은 **위임된 권위**에 있다.
> 영적 전제 군주, 즉 종교적 독재자는 복종을 강요하려 하지만, 참된 기독교 리더는 정당하게 팔로워십을 끌어낼 수 있다.[15]

오늘날 권력의 남용에 관해서는 더 많은 논의가 필요하다. 왜냐하면 **권력과 두려움에 기반한 교회 문화**가 점점 더 상승세에 있기 때문이다. 나(스캇)는 많은 이들(대개 여자들)의 얼굴에서 그런 목사들에 의해 야기된 가혹한 현실과 극심한 고통에 대한 증거를 보았다. 그러므로 권력과 두려움에 기반한 문화의 역학 구조를 좀 더 깊이 파헤쳐볼 필요가 있다. 일단 그런 문화가 자리를 잡고 나면, 그것을 뽑아내기가 몹시 어렵기 때문이다.

최근의 연구는 권력이 인간의 뇌에 미치는 영향에 관해 몇 가지 놀라운 증거를 밝혀냈다. 예컨대,

> 권력의 영향 아래 있는 피실험자들은… 마치 외상성 뇌 손상을 입은 것처럼 행동했다. 그들은 보다 충동적이고, 위험에 대한 인식이 떨어지고, 결정적으로 사물을 다른 이들의 관점에서 보는 능력이 현저히 저하되었다.
>
> 온타리오 주 맥마스터 대학교의 신경과학자 수흐빈더 오비(Sukhvinder Obhi)가 최근에 그와 비슷하게 설명했다. … 그는 권력을 가진 사람과 그렇지 않은 사람의 머리를 경두개 자기자극(transcranial magnetic stimulation: TMS) 장치로 측정해 본 결과, 권력이 공감의 핵심 요소일 수 있는 '미러링'이라는 특정한 신경 과정을 손상시킨다는 것을 발견했다. 이것은 대처 켈트너(Dacher Keltner)가 "권력의 역설"이라고 불렀던 것에 신경학적 근거를 제공해준다. 권력의 역설이란, 일단 우리가 권력을 얻고 나면, 애초에 그것을 얻기 위해서 필요했던 능력의 일부를 잃어버린다는 것이다.[16]

우리가 다른 이들을 모방하거나 흉내 내지 못한다면, 우리는 다른 이들과 공감하는 능력을 잃게 된다. 권력을 가진 사람들에게서는 이런 공감 능력의 부족과 함께, 행동과학자 데이빗 오웬(David Owen)과 조나단 데이비슨(Jonathan Davidson)이 제시하는 **오만 증후군**(hubris syndrome)이 나타나기도 한다. "오만 증후군은 권력을 소유한 상태에서 발생하는 장애로, 특히 오랜 시간 압도적인 성공을 거두고 리더에게 거의 제약이 가해지지 않는 상황에서 나타난다."[17] 그 증후군의 증상에는 "이미지와 외적 표현에 대한 과도한 관심, … 다른 사람의 조언이나 비판에 대한 경멸, 개인적으로 성취할 수 있는 것에 대한 과장된 자기 믿음, … 현실과의 단절, … 안절부절못함, 무모함과 충동성"이 포함된다.[18]

리더들이 권력을 얻고 나면, 그 권력 자체가 리더의 공감과 긍휼의 능력을 감소시키는 동인이 된다. 특히 힘이 없는 사람들(많은 교회에서 여자들)에 대해서 그러하다. 이러한 자기중심적 오만은 권력형 목사로 하여금 기독교의 본질과 접촉하지 못하게 할 수도 있다. 이에 대해서는 나중에 더 살펴볼 것이다.

자아도취자가 권력을 얻고 두려움을 이용해 사람들을 통제할 때 형성되는 문화의 유형을 요약하기 위해, 아래와 같이 누구라도 자신의 교회 문화를 평가하는 데 사용할 수 있는 8가지 지표를 제시한다.

두려움을 통한 권력 문화의 여덟 단계

많은 그리스도인들이, 그들 중 어떤 이들은 무서운 방식으로 학대당했음에도 불구하고 교회에서 보거나 들은 것에 관해 말하기를 죽을 만큼 두려워한다는 현실을 외면할 수는 없다. 그들은 두려움의 문화 속에서 살아왔고, 두려움은 그들을 침묵으로 몰아갔다. 그러면 두려움의 문화는 어떻게 발전하는가? 우리는 **두려움을 통한 권력**(power-through-fear) 문화가 형성되는 과정에 다음과 같은 여덟 단계가 있다고 믿는다.

① 그런 문화는 권력과 권위가 어떤 개인에게 부여될 때 시작된다. 그 개인은 (늘 그렇지는 않으나) 대부분 **목사**이고 (늘 그렇지는 않으나) 대부분 **남자**다. 그리고 그것은 회중 안의 다른 리더들과 영향력을 지닌 사람들에게 퍼져나간다. 이런 권력은 목사의 지위, 재능, 설득력, 인정받는 성공으로부터 나온다. 다른 리더들—그들 중 어떤 이들은 영광에 대한 자아도취자의 만족할 줄 모르는 갈망에 편승하는 아첨꾼들이다—은 목사의 권력을 지지하고, 그렇게 함으로써 그것을 강화한다. 또한 그로 말미암아 영광이 서로에게 퍼져나가기 시작한다. 목사는 어느 한 장로를 지지하고, 그 장로는 다른 장로를 지지하고, 그 다른 장로는 회중 안의 누군가를 지지한다. 그러면 머지않아 목사는 권력과 영광을 만들어내는 충성스러운 사람들로 둘러싸이게 된다.

② 목사의 인정이 절대적 기준이 된다.

목사가 인정하는 사람들을 모두가 인정하게 된다. 두려움의 문화가 자리 잡은 교회들에서는 거의 언제나 목사의 권력과 하나님의 인정 사이에 어떤 연관성이 있다는 개념이 발전한다. 그것은 쉽게 전염되는 일종의 질병과 같아서 회중의 영적 건강에 치명적인 것이 될 수 있다.

루터교 신학교 교수 마크 앨런 파월(Mark Allan Powell)이 수행한 한 연구는 "목사와 회중이 서로 성경을 얼마나 다르게 해석하는지"를 보여주었다.[19] 파월은 『그들은 무엇을 듣는가?(What Do They Hear?)』라는 제목의 책에서 한 가지 흥미로운 주장을 한다. 곧 평신도가 복음서를 읽을 때면, 그들은 자신을 그 이야기에서 언급되는 제자들이나 소외된 사람들과 동일시하는 반면에, 목사들이 같은 복음서 이야기를 읽을 때면, 그들은 자신을 예수와 더 많이 동일시한다는 것이다. 어째서일까? 아마도 목사들이 하나님의 말씀을 전할 때, 자신이 하나님의 대변자 역할을 한다고 생각하기 때문일 것이다. 시간이 지나면서 그들은 자신을 은혜가 필요한 사람으로 보기보다 예수와 동일시하게 된다. 이러한 현상은 우리가 여기서 논의하는 문제를 설명하는 데 중요한 단서가 된다. 회중은 권력을 가진 목사들을 너무나 쉽게 하나님과 연계시킨다. 바로 그것이 교회에서 목사들의 인정이 그렇게 중요해지는 이유다. 교회 안의 많은 사람들이 이렇게 생각하는 것처럼 보인다. **목사가 나를 인정한다면, 하나님도 틀림없이 나를 인정하실 것이다.** 그리고 어떤 목사들은 회중이 그런

식으로 생각하기를 바랄 수도 있다.

③ 권력을 가진 목사에게 인정받은 사람들은 '지위의 상승'을 경험
   한다.

회중 가운데 어떤 사람들이 목사—하나님이 기름 부으신 메신
저로서, 하나님의 말씀을 전하는 종교적 권위자로 여겨지는—에게
인정받을 때, 교회 안에서 그들의 지위는 '내부자', '중요한 사람', 그
리고 많은 경우, '권력자'가 된다. 그들은 자존감이 높아지며, 스스
로 멋지고 '내부 인물'이라는 기분을 느끼고, 그들의 새로운 지위에
얼마간 도취된다.

나(스캇)는 지난 몇 년간 어느 대형교회에서 최근에 중요한 지위
를 얻은 젊은 리더들과 여러 차례 대화를 나눈 적이 있었다. 그들
모두가 재능이 있는 (따라서 그런 새로운 소명을 받을 만한) 사람들이었으나, 분
명한 것은 그들이 자신도 모르게 그들의 새로운 지위에 만족하고
있었다는 것이다. 교회 안에서 새로운 일이나 승진을 즐기는 것에
는 문제될 것이 없다. 다만 내가 우려하는 것은, 그리고 잠정적으로
위험하다고 보는 것은 이 젊은 리더들이 권력을 가진 목사에게 인
정받는 것에서 분명한 지위의 상승을 느낀다는 것이다.

한 가지 예를 들어보겠다. 어느 학술대회에서 나는 대형교회에
서 일하는 한 젊은 여자를 만난 적이 있다. 그녀는 내게 자기가 교
회 캠퍼스로 차를 운전해 들어올 때마다 이게 현실인지 알아보기
위해 자기를 꼬집는다고 말했다. 그녀는 이렇게 말했다. "이곳에서

일하는 것이 정말로 저를 중요한 사람처럼 느끼게 해요." 이것이 지위의 상승이다.

④ 권력은 양날의 검이다.

인정하는 권력 및 지위의 상승을 수여하는 능력과 함께 따라오는 것은 칼날의 다른 면, 곧 거부와 '지위의 하락'이다. 권력을 가진 리더들은 이러한 검을 대놓고 휘두른다. 그들은 미묘하게 혹은 노골적으로 그들이 원하면 언제든지 그것을 사용할 수 있다는 것을 알린다(그리고 거의 누구도 그것을 막을 수 없다).

⑤ 권력이 형성하는 문화는 두려움에 기반한 문화로 전환된다.

목사의 인정을 통해 자신들의 지위를 얻는 사람들은 언제라도 거부될 수 있다는 지속적인 두려움 속에서 살아간다. 교회는 하나님의 무조건적인 사랑을 설교할지 모르지만, 두려움에 기반한 문화는 전적으로 조건적인 인정에 의해 운영된다. 어떤 두려움의 문화에서는 권력을 가진 목사, 리더, 그리고 '인정받은 집단'이 내러티브를 통제하며, 사람들이 최소한 자신이 어디에 서 있는지 알고 있다고, 즉 자신이 인정받고 있고 괜찮은 자리에 있다고 생각할 만큼 충분히 긍정적인 피드백을 제공한다. 그러나 반전의 칼날은 항상 존재하며, 어떤 교회들에서는 그것이 지속적으로 드러난다.

나(로라)는 윌로우 크릭 교회에서 거부의 단계를 직접적으로 경험했다. 내가 소셜 미디어에서 말한 것 때문에, 그리고 교회가 사건들을 다루는 방식을 비판한 것에 대해 사과하지 않은 것 때문에 나는 오랜 친구들—심지어 수십 년간 이어온 친구들까지—을 잃었다. 내 말이 인정받는 데 필요한 조건을 충족시키지 못했기 때문에 나는 칼날의 뒷면을 경험하게 되었다. 내가 만났던 거의 모든 피해자, 그들을 위해 목소리를 낸 옹호자, 그리고 저항자들은 하나같이 관계의 상실을 경험했다고 이야기했다. 최초로 의혹을 제기했던 여자들과 그들을 지지했던 사람들은 훨씬 더 나쁜 일을 겪었다. 윌로우 크릭의 인정받은 집단은 일치단결해서 우리에게 날카로운 칼날을 들이댔다.

⑥ 판단과 결정은 비밀의 벽 뒤에서 이루어진다.

두려움을 통한 권력의 문화에서는 권력을 가진 목사와 그의 친밀한 동료들이 어떤 정보를 유포하고 어떤 정보를 비밀로 유지할지를 결정한다. 사람들은 무슨 일이 벌어지고 있는지를 아는 것은 내부자들만의 특권이라는 것을 금방 알게 된다. 어떤 이들이 "새로운 사역으로 부르심을 받았다"면서 다른 설명은 전혀 없이 사임하며 교회를 떠나곤 하는데, 그 진짜 이유는 오직 내부자들만이 안다. 이런 형태의 비밀이 다른 직원들에게 두려움을 일으켜 얌전히 순응하도록 만든다. 어떤 이가 떠날 때, 그/그녀는 사역을 "잘 마무리하라"는 격려를 받곤 하는데, 그것은 곧 "아무 말도 하지 말라"는 뜻이다. 그렇게 해서 비밀이 계속 유지된다.

⑦ 비밀의 벽 뒤에는 지위의 하락에 대한 지속적인 두려움이 숨어
있다.

지위가 낮아지고 내부자 그룹에서 밀려나거나 혹은 교회에서
쫓겨나게 될 거라는 두려움과 함께, 자신의 지위가 공개적으로 박
탈되어 수치를 당하게 될 거라는 두려움도 존재한다. 수치는 굴욕
을 당하는 경험이다. 이 모든 강력한 인간적 경험—지위 하락, 강
등, 수치, 그리고 굴욕—이 두려움의 문화에서는 불가피하게 발생
한다. 그리고 그런 경험을 하게 된다면, 두려움의 문화가 이미 존재
한다는 신호다.

빌 하이벨스는 2008년에 출간한 『액시엄(Axiom)』에서 "정보원 시
스템을 개발하라"라는 장을 통해, 자신이 윌로우 크릭에서 구축한
'의사소통 경로'에 대해 다음과 같이 설명했다.

> 나는 의도적으로 그들[정보원들]과 약정을 맺어, 주말 예배나 분과
> 모임 혹은 우리가 최근에 재조직한 부서 등에서 실제로 벌어지
> 고 있는 일에 관해 정기적인 피드백을 제공하도록 했다. … [나는]
> 이 모든 사람들과—그들이 나의 '정보원들'로 일하고 있음을 알
> 든 모르든—의사소통 라인을 활짝 열어 둔다.[20]

처음에는 이런 접근법이 괜찮아 보일 수도 있다. 하이벨스는 책
임 있는 리더십과 조직을 이해하는 것이 중요하다고 설명한다. 그
러나 이어서 그는 이렇게 말한다.

내게 직접 보고하는 사람들은 일주일 내내 나와 함께 있는 그들 외에도 다른 정보원들이 내게 있다는 것을 알아야 한다. 만약 그들이 열심히 일하고 있으며 내게 꾸준히 정보를 제공하고 있다면, 내가 다른 정보원들과 나누는 대화는… 전혀 걱정할 필요가 없다. 그런데 만약 그들이 실제보다 더 좋은 상황으로 보고해 왔다면, 시간이 지나면서 내가 결국 그 사실을 알게 되리라는 것을 그들도 알고 있는 편이 좋다.[21]

이 말이 어떻게 들리는가? 두려움의 도입이다. "시간이 지나면서 내가 결국 그 사실을 알게 되리라는 것을 그들도 알고 있는 편이 좋다"라는 것은 두려움을 통한 권력식 사고방식의 전형적인 표현이다. 전략적으로 고안된 '정보원 시스템'을 갖는 것도 마찬가지다. '정보원'이라는 단어를 사용하는 것은 스파이나 비밀 요원을 연상시킨다. 정보원의 목적이 무엇일까? 은밀하게 정보를 제공하는 것이다. 빌 하이벨스는 이런 '의사소통 경로'로부터 얻은 정보를 사용해 교회에 두려움을 주입했다. 그리고 정보원들은 만약 그들이 실패했을 때, 그[하이벨스]가 그들에게 가할 권력이 어떤 건지 잘 알고 있었다. 어떤 이는 우리에게 이렇게 말했다. "빌은 교회 건물 전체에 정보원을 두고 있었어요. 예배나 회의 때 무언가가 잘못되면, 나는 즉각 빌의 전화를 받았어요. 빌은 그곳에 없었지만, 누군가가 은밀히 그에게 그 이야기를 전했던 거죠." 이것은 권력에 기반한, 두려움을 유발하는 행위다.

⑧ 권력에 기반한, 그리고 두려움을 유발하는 문화의 마지막 단계
는 집단에서 완전히 배제되는 것이다.

추방은 권력을 가진 목사가 행사하는 거부의 궁극적인 형태다.
그것은 완전한 거절로 경험될 뿐만 아니라, 심지어 종종 하나님으
로부터 거부당하는 것으로까지 느끼게 된다. 따라서 일단 집단에
서 배제되고 나면, 두려움을 유발하는 문화에서 살아온 이들은 신
앙 자체를 잃어버릴 수도 있다. 대부분 그들에게는 모종의 정신 건
강 치료가 필요하다. 그들 중 일부는 목사와 리더들을 다시 신뢰하
기 위해 몇 년이 걸리기도 한다. 또한 많은 이들이 두려움의 문화를
알아차리는 데 예리한 감각을 갖게 된다. 하베스트 바이블 채플에
서 행정 보조원으로 일했었던 질 모나코는 그 교회의 내부 세계를
떠난 후 자신의 정신 건강이 어떠했는지에 관해 다음과 같이 썼다.

솔직히 말해서… 두려움에서 벗어나는 해독 과정은 매우 어렵습
니다. 하베스트 바이블 채플(HBC)을 떠난 후, 저는 실수하거나 잘
못된 결정을 내릴까 봐 극심한 두려움에 시달렸습니다. 두려움
이 모든 것을 좌우했고, 제 결정의 많은 것을 통제했습니다. 저
는 평안을 유지하기 위해 제게 좋은 것을 희생시키곤 했습니다.
… 건강한 조직에서는 실패에 대한 두려움, 사람에 대한 두려움,
권위에 대한 두려움, 독립에 대한 두려움, 진실을 말한 결과에
대한 두려움, 소문에 대한 두려움 등이 없어야 합니다.[22]

사람들을 통제하고 침묵시키기 위해 두려움이 사용되는 것을 보는 것은 슬픈 일이다. 이는 예수의 선한(tov) 방식과는 거리가 멀다.

유해한 교회 문화의 경고 신호를 인식하게 되었다면, 당신은 무엇을 할 수 있을까? 목소리를 높여야 할까? 목소리를 어떻게 높일 수 있을까? 당신이 목소리를 높인다면 무슨 일이 벌어질까? 이제 다음 단계로 넘어가 보자.

3장
유해한 문화가 비판에 대응하는 방식

교회에서 목사, 리더, 혹은 자원봉사자에 대해 의혹이 제기될 때, 목사나 교회 지도부가 가장 먼저 취하는 행동이 그 교회의 문화를—그것이 유해하든 선하든—드러내는 지표가 된다. 만약 그 대응이 **고백**과 **회개**, 혹은 모든 사실이 아직 알려지지 않았을 경우, **진실을 밝히려는 노력**이라면, 아마도 그 교회는 건강하고 좋은 문화를 갖고 있을 것이다. 반면에 만약 목사의 첫 번째 본능적인 반응이 부인하는 것이거나 '실제로 일어난 일'에 대해 다른 형태의 이야기나 내러티브를 지어내는 것이거나, 혹은 '우리 교회나 사역을 공격하는 이들'에 맞서는 방어적인 태도라면, 그 교회의 문화에는 유해한 요소들이 있다고 할 수 있다.

「시카고 트리뷴」이 빌 하이벨스의 초기 의혹 중 몇 가지를 상세히 밝히면서 윌로우 크릭 교회에 대해 최초의 폭로 기사를 내보냈을 때, 빌은 「트리뷴」의 기자들과 윌로우 크릭 회중 앞에서 단호하게, 심지어 격렬하게 그 혐의를 부인함으로써 내러티브를 통제하려고 했다. 급하게 소집된 교회 '가족 모임'*(family meeting)에서 그는 그 이야기를 몇 사람의 전직 동료와 직원들에 의한 개인적인 복수극으로 재구성하려고 했다.

> 여러분이 「트리뷴」 기사에서 읽은 거짓말은, 이 그룹이 제가 이곳 윌로우 크릭에서 명예롭게 임기를 마치지 못하게 하려고 사용하는 도구입니다. … 그렇게 보도된 사건 중 상당수는 20년 전에 발생했다고 알려진 것입니다. 그것들이 지금 *끄집어내져서* 계획적으로 조립되었다는 사실은 이 그룹이 가능한 한 많은 해를 제게 입히려고 결의했음을 보여줍니다.[1]

유해한 문화에 속한 리더들이 제기된 의혹 앞에서 모든 것을 부인하고, 부인하고, 부인하는 경향은 2019년에 해임된 사우스웨스턴 침례신학교의 전 총장 페이지 패터슨(Paige Patterson)의 기사에서도 찾아볼 수 있다.

> 전 남침례회 리더인 페이지 패터슨은 8월 26일 연방 법원에 제출한 답변서에서, 성폭력 사건을 처리한 방식과 관련한 소송에서 제기된 대부분의 혐의들을 **부인하면서** 종교의 자유가 옹호되어야 한다고 주장했다.

---

* 윌로우 크릭 교회가 빌 하이벨스의 문제를 논의하기 위해 가졌던 모임의 명칭.

패터슨은… 텍사스 주 포트워스에 있는 사우스웨스턴 침례신학교가, 2003년부터 작년에 76세의 나이로 쫓겨날 때까지 그가 총장으로 일했던 시기에 여성들에게 안전한 곳이 아니었다는 사실을 **부인했다.**

또한 그는 어느 여학생과의 사적인 만남에 관한 이야기도 **반박했다.** … 그와 동시에 그는 그 대화에서 공유되었던 모든 정보는 미국 수정헌법 제1조의 자유 행사 조항에 의해 보호되어야 한다고 주장했다.

지난 5월에 텍사스 주 셔먼에 있는 미연방 지방법원에 제기된 소송에서 앨라배마 주의 한 여성은… 캠퍼스에서 배관공으로 일하던 남학생에게 여러 차례 스토킹을 당하고 나중에는 여러 차례 성폭행까지 당했다고 주장했다.

그녀는 패터슨이 "그녀를 무너뜨릴"—**그의** 말에 따르면—기회를 얻을 때까지 그녀의 이야기를 믿기를 **거부했다**고 말했다. 또한 그녀는 어머니까지 참석했던 2015년의 한 만남에서 패터슨이 성범죄자로 거론된 학생의 등록 결정을 옹호했고, 그들 사이의 성관계가 합의된 것이었는지에 관해 **그녀에게 집요하게 질문했으며,** 또한 그녀의 남편이 되기에 적합한 남자는 그녀가 처녀인지 아닌지 신경 쓰지 않을 것이기 때문에 강간은 결국 "좋은 일"이 될 수도 있다고 **그녀에게 말했다**고 주장했다.

패터슨은 이 모든 혐의들을 **전면 부인**했다. 그러면서 그 여자에게 가해진 모든 피해는 자신이 아니라 다른 누군가의 행동으로부터 비롯된 것이라고 주장했다. 그는 신학교 같은 종교 기관의

운영 규정에 따라 다른 사람에게 위임된 행위에 대해 자신에게
책임을 지우려 하는 것은 수정헌법 제1조를 위반하는 것이라고
말했다. …

패터슨은 법률적 답변에서 자신의 행위가 "극단적이고 터무니없
는" 것으로 묘사된 것에 대해 **반박했으며**, 또한 [그 여자]에 관한
거짓 정보를 배포하려 했다는 주장도 **부인했다.** [2]

GRACE* (Godly Response to Abuse in the Christian Enviornment)의 창설자이자
전임 회장인 보즈 치비지안(Boz Tchividjian)은 교회 내 성폭력에 관한 남
침례회의 어느 회의에서 연설하면서 참석자들에게 이렇게 말했다.
"이 교단의 시스템은 무너졌습니다."[3]

진실을 찾고 말하기

건강하고 좋은 문화에서는 리더가 사실을 부인하거나 왜곡하는
대신, 설령 그것이 고통스러울지라도, 진실을 찾고 말하는 것을 선
택한다. "삶의 방식으로서 화해를 찾고 포용하기"를 사명으로 삼고
있는 메타노이아 미니스트리즈(Metanoia Ministries)의 창설자이자 회장인
짐 반 이페렌(Jim Van Yperen)은 "교회 내 성적 범죄에 관한 공적 소통—
그것이 죄인의 공적 고백이든, 교회 지도부의 공적 성명 발표든—

---

* 기독교 조직 안에서 발생하는 성적 학대에 대응하는 비영리 단체로 버지니아에 본부를 두고 있다.

을 위한" 일곱 단계를 다음과 같이 권고한다.[4]

1. 하나님의 말씀을 말하라—즉, "하나님이 죄를 설명하실 때 사용하시는 말을 사용하라."
2. 구체적이고 간결하며, 정직하고 직접적으로 말하라.
3. 무조건적이고 포괄적인 책임을 지라.
4. 진심으로 뉘우치고, 겸손하게 용서를 구하라.
5. 변화에 순응하라.
6. 적절한 배상을 하라.
7. 온전한 화해를 추구하라. 단 다음과 같은 중요한 단서를 달라. "화해의 목적은 죄인을 교제의 자리로 회복시키는 것이지, 리더를 권력의 자리로 회복시키는 것이 아니다."[5]

조사 과정에서 우리는 켄터키 주 렉싱턴에 있는 어느 장로교회가 그 교회에서 발생한 학대에 관한 고발에 대해 동정적이고, 공정하고, 신뢰할 만한 대응을 한 사례를 알게 되었다. 그 교회의 담임목사인 로버트 커닝햄(Robert Cunningham)이 그 일에 아주 선하고, 친절하고, 진실하게 대응했기에, 나(로라)는 그가 교회의 과거와 미래의 희망에 관해 쓴 글을 읽으며 눈물을 흘렸다. 내가 그 이야기를 다시 읽던 날, 로버트 커닝햄은 그의 트위터에 다음과 같이 적절한 말을 올렸다. "진실도 사랑도 결코 편리하지 않습니다. 그렇더라도 그것들을 선택하십시오."

미투 운동이 한창이던 2017년 11월, 커닝햄은 다음과 같은 트윗 글을 올리기도 했다.

저는 그런 이야기들이 나오게 두자고 말합니다. 그것들이 모두 드러나게 합시다. … 회피하고 방어하려는 모든 시도가 멈춰지게 합시다. 대신 학대당한 사람들의 말에 귀를 기울이고 그들의 용기로부터 배웁시다. 지금 그들은 우리의 예언자들입니다. 그들의 목소리 때문에 우리는 더 이상 전염병을 숨기거나 무시하지 못할 것입니다. … 이제야말로 마땅히 이루어져야 할 정화가 시작되었습니다. 저는 모든 어둠이 정의의 빛을 마주할 때까지 그것이 누그러지지 않기를 바랍니다.[6]

그리고 2018년 6월, 그는 진실에 대한 그의 용기와 긍휼과 헌신을 보여주며, 그의 교회 웹사이트에 이 글을 다시 올리면서 다음과 같은 말을 덧붙였다.

저는 여전히 그것을 믿습니다. 모든 것이 드러나게 합시다. 정화의 기세가 꺾이지 않고 계속되게 합시다. 설령 정화가 필요한 것이 우리 교회의 과거일지라도 말입니다.[7]

이어서 커닝햄은 브래드 월러(Brad Waller)에 관한 진실도 밝혔는데, 그는 1995년부터 2006년 사이에 테이츠 크릭 교회에서 청소년 및 대학부 사역을 담당했던 목사였다. 월러는 "그가 돌보던 미성년자들과 청년들에게 권력을 남용"한 것 때문에 유죄 판결을 받았다.[8] 한 피해자는 청소년을 위한 외부 행사에서 월러가 자신에게 행한 끔찍한 성적인 발 페티시 사건에 대해 다음과 같이 설명했다.

> 텐트 안에서 자고 있었는데 무언가가 제 발을 만지는 느낌에 놀라 깼어요. 깨서 아래를 내려다보니 브래드, 브래드 목사님이 있었어요. 그는 그의 얼굴을 제 발에 대고 있었어요. … 저는 그가 언제부터 텐트 안에 있었는지 기억조차 나지 않아요.[9]

결국 월러는 자신의 접근이 발을 만지는 것을 넘어선 적은 없었지만, 그것이 성적인 것이었다고 진술함으로써 자신의 지속적인 학대 행위를 인정했다.[10] 청소년들에 대한 월러의 접근에 대해 알게 된 커닝햄은 즉시 교회 회중에게 그 사실을 알렸다. 그는 이렇게 말했다. "우리는 우리에게 제공된 모든 이름을 추적했고, 그 과정에서 다른 학대 행위들도 드러났습니다."[11]

> 간단히 요약하자면, 우리는 브래드 월러가 테이츠 크릭 장로교회(TCPC)의 목사로서 자신이 돌보던 소년들과 남성들을 성적으로 학대했다는 사실을 알게 되었습니다. 이 모든 부적절한 행위는 10여 년 전에 발생했습니다. 그럼에도 우리 교회의 지도부는 이 무서운 소식을 최대한 진지하고, 긴급하고, 투명하게 다루기로

했습니다. 그것이 우리가 이처럼 솔직하게 성명을 발표하는 이유입니다.[12]

커닝햄은 학대에 관해 알게 되자, 이 사실을 목사들, 장로들, 그리고 회중에게 알리는 것으로 그에 대응했고, 이후 정보를 공유하고 질문들을 처리하기 위해 회중 모임을 열었고, 경찰에 학대 사실을 보고했으며—유감스럽게도 그들은 추가 조사를 거부했다—외부 기관을 고용해 철저한 조사를 완료했다.

이번 상황에서 우리는 조사의 통제권을 내려놓고 모든 조사 결과와 시정을 받아들이기로 했습니다. … 이는 교회로서는 제도적으로 취약한 과정이 될 것입니다. 본질적으로 우리는 교회에 대한 독립적인 성적 학대 감사를 요청하고 있지만, TCPC가 아무 것도 숨기려 하지 않는다는 것을 모두가 알게 되기를 바랍니다. **이것은 우리 교회에 잘못이 없었다는 말이 아니라, 만약 잘못이 있었다면, 그것들을 숨기지 않겠다는 것입니다.** 오히려 우리는 우리에게 필요한 모든 방식으로 사과하고 회개할 기회를 갖고 싶습니다. 또한 우리는 향후 TCPC에서 이런 일이 다시는 일어나지 않도록 정책과 훈련의 측면에서 할 수 있는 모든 노력을 기울이고자 합니다. 그러므로 우리는 이번 조사와 그에 따른 결과와 적용을 기꺼이 받아들입니다.[13]

커닝햄은 공개적이고 구체적으로 윌러의 피해자들, 테이츠 크릭 교회 회중, 그리고 렉싱턴 전체 지역 사회에 사과했다. GRACE 가 조사를 마쳤을 때, 커닝햄은 보도자료를 배포했는데, 그것은 지금도 교회의 웹사이트에 게시되어 있다.[14]

여기서 놀라운 것은 로버트 커닝햄이 이런 학대 사건이 벌어졌을 당시에 테이츠 크릭 교회에 재직 중이지 않았다는 점이다. 그럼에도 그는 일을 올바르게 처리했고, 최대한 투명하게 진실을 밝혔으며, 모든 피해자들의 치유를 위해 힘썼다. 그는 비록 이 사건들이 오래전에 있었던 일임에도 불구하고 교회와 피해자들에게 올바른 일을 해야 한다는 책임감을 느꼈다. 그는 **전임** 목사의 죄에 대해 사과했다.

우리의 관점에서 볼 때, 테이츠 크릭 교회는 선한(tov) 문화를 가지고 있다. 그렇기 때문에 그 교회 사람들은 선함을 보여주었고, 그렇지 않았다면 유해한 것이 될 수 있었던 상황에서 선한 결과가 나올 수 있었던 것이다.

마태복음 18장에 대한 왜곡

유해한 교회 문화의 리더들이 때때로 내러티브를 통제하기 위해 사용하는 또 다른 방법은 비판적 피드백이나 잘못에 대해 혐의를 제기하는 **방식**을 공격하는 것이다. 예컨대, 윌로우 크릭에서 빌 하이벨스가 부적절하게 행동했다고 주장한 여성들과 그들을 지지하는 사람들에게 그들이 먼저 빌과 사적으로 대화했어야 한다고 말하면서, 그 이유로 "마태복음 18장을 따랐어야" 한다고 지적한 것이다. 성경에 대한 이런 호소는 얼핏 옳아 보인다. 성경을 따르는 것은 좋은 일이다. 그러나 "성경을 따르는 것"이 사실상 성경을 따르는 것이 **아닌** 경우도 있다. 다음은 마태복음 18장 15-17절 본문(역자번역)과 이에 대한 간략한 주석이다.

> 만일 교회의 다른 구성원이 네게 죄를 지으면, 너희 두 사람만 있을 때 그 잘못을 지적하라.[15]

때때로 이런 종류의 대화는 효과가 있다.

> 만일 그가 들으면, 네가 네 형제를 얻은 것이다.

그러나 효과가 없을 때도 종종 있다. 이에 대한 통계는 없다. 하지만 어떤 이들은 자신이 잘못했다는 사실을 결코 인정하려 하지 않는다. 오히려 그들은 변명하거나 비난의 화살을 다른 곳으로 돌리려고 할 수도 있다. 다른 사람의 우려를 최소화하거나 사소한 것으로 만들려고 할 수도 있다. 또는 사과하는 척하면서 복수를 꾀할 수도 있고, 아니면 모든 것을 철저하게 부인할 수도 있다. 그런데 이런 거절이 있을 경우, 예수께서는 다시 시도해 보되 다른 사람을 함께 증인으로 데려가라고 말씀하셨다.

그러나 만일 그가 듣지 않거든, 한두 사람을 더 데리고 가서 두 세 증인의 증언으로 모든 말이 확증되게 하라.

만약 이것이 효과가 없다면, 결과는 더 심각해진다.

만일 그가 그들의 말도 듣지 않거든, 교회에 말하라.

이 모든 단계의 목표는 회개와 회복을 이끌어 내는 것이다. 그러나 교회에 말하는 것이 효과가 없다면, 그 사람은 회중으로부터 분리되어야 한다. 이것은 종종 출교를 가리키는 것으로 이해되어 왔다.

만일 그가 교회의 말조차 듣지 않거든, 그를 이방인이나 세리와 같이 여기라.

어떤 사람이 다른 사람에 관해 못된 말을 하거나 부당하게 공을 가로챘을 때 이런 절차를 작동시키는 것은 옳은 일이다. 하지만 마태복음 18장을 율법적으로 따라야 한다고 주장하면서, 성적 학대를 당한 여성이나 아이로 하여금 자신을 학대한 사람과 일대일로 만나게 하는 것은 도덕적으로 용납될 수 없는 일이고, 심리적으로도 매우 폭력적인 일이다. 그런 접근 방식은 교묘한 회피책이 되며, 거의 대부분 교회나 리더를 보호하기 위해 고안되는 것이다. 그런데 그런 일이 너무 자주 일어난다.

윌로우 크릭 교회에서 '마태복음 18장을 따르는 것'은 피해자들에게 관심을 보이기보다 기관의 명성을 보호하려 했던 리더들에 의해 크게 외쳐졌다.[16] 2018년 4월 10일, 윌로우 크릭 교회 장로회의 의장은 "우리는 최근 미디어를 통해 이 모든 일이 진행되는 방식에 깊이 슬퍼하고 있습니다"라고 말한 뒤, "그리고 우리는 성경의 방식을 따라 나아가고자 합니다"[17]라고 말했다. 이 말에서 명백하게 암시되는 바는 여자들과 그들의 지지자들이 이번 일을 공개함으로써 성경적이지 **않은** 접근 방식을 취했다는 것이다.

(당시에는 보도되지 않았으나, 본다 다이어에 따르면, 그녀와 다른 사람들은 마태복음 18장의 모델을 **따랐고**, 빌 하이벨스와도 일대일로 **만났다.** 본다의 경우, 그녀는 빌 하이벨스가 1998년 스웨덴의 어느 호텔 룸에서 그녀에게 키스한 다음 날 아침에 그와 대면했고, 그에게 다시는 자기를 괴롭히지 말라고, 그렇게 하지 않으면 그의 행동에 대해 보고하겠다고 말했다. 그런 다음 2000년에 본다는 다시 하이벨스가 교회에서 다섯 명의 특정 여성들—낸시 비치와 낸시 오트버그를 포함한—주변에서, 그녀가 묘사한 대로, "성적인 에너지"를 풍기는 것을 목격했을 때, 그녀는 그의 사무실로 가서 "당신은 그런 일을 그만둬야 해요"라고 말했다. 이에 하이벨스는 자신의 경박한 행위를 부인하지 않으면서 단지 "알았어요"라고만 대답했을 뿐이다.)[18]

마태복음 18장에 대한 이와 유사한 호소는, 2002년에 인디애나

주 에반스빌에 위치한 퍼스트 서던 뱁티스트 교회에서 청년부 담당 목사로 섬기던 중 두 명의 10대 여학생들과 은밀한 관계—그중 하나는 성관계였다—를 계속했다는 이유로 고발된 웨스 펠트너에 의해서도 제기되었다. 몇 년간 침묵을 강요당한 후(나중에 더 설명할 것이다), 그 두 여성은 그들의 이야기를 공개했다. 이에 대해 펠트너는 학대에 대한 주장 자체가 아니라, 그 학대의 정황이 밝혀지게 된 **방식**에 문제를 제기했다.

> 성경은 하나님의 백성이 그들의 불만을 먼저 고발당한 사람에게 가져가고, 만약 그 사람이 듣지 않으면, 증인을 대동해 다시 시도하고, 그래도 그가 듣지 않으면, 그 문제를 교회에 고하라고 명령합니다(마18:15-17). 하지만 이런 주장을 퍼뜨리고 있는 사람들은 그것들을 제게 가져오지 않았고, 직접 교회에 알렸으며, 교회의 대응에 만족하지 않자 그것들을 일반 대중에게 공개했습니다. …
> 한편, 그들은 저와 17년간이나 대화하지 않은 채, 저의 명성과 경력을 망치기 위해 조직적으로 행동했습니다.[19]

그 여성들의 주장이 공개되면서 펠트너는 테네시 주에 있는 어느 교회의 목사직 후보에서 탈락했고, 그 후 6년간 일했던 미네소타 주에 있는 한 교회의 담임목사직에서도 사퇴했다.[20]

두세 명의 증인

성적 학대의 경우에 종종 잘못 적용되는 또 다른 성경 본문은 디모데전서 5장 19절이다. "장로에 대한 고발은 두세 증인이 없으면 받지 말 것이요".[21] 마태복음 18장의 경우처럼, 평소에는 합리적으로 보이는 이 성경의 기준도 성적 학대 사건에 율법적으로 적용될 경우, 심리적으로든 도덕적으로든 용납할 수 없는 것이 되고 만다. 생각해 보라. 성희롱과 성적 학대는 일반적으로 증인들이 있는 데서 일어나지 않는다. 잘 알려진 두 경우를 생각해 보자. 마크 아더홀트(Mark Aderholt)는 청소년 모임이 있는 한 가운데서 앤 마리 밀러를 폭행하지 않았다. 앤디 세비지(Andy Savage)가 그가 담당하던 청소년 그룹에 속한 17세 소녀 줄스 우드슨과 "성적인 사건"을 저지른 것도, 그가 그녀를 집으로 데려다주면서 외딴 시골길 위 차 안에 단 둘이 있었을 때였다.[22]

디모데전서 5장 19절을 성희롱이나 학대, 혹은 폭행 혐의에 대해 성경적으로 접근하는 방식의 증거 본문으로 삼기 전에, 먼저 이러한 상황을 지혜롭게 고려해야 한다. 여자들을 희롱하는 남자들 대다수가 그런 일을 사적으로 행한다는 사실을 가정한다면—사실 그것은 매우 타당한 가정이다—우리는 이 본문이 교회 리더들의 성적 비위를 고발하는 데는 **거의 적용되지 않는다**고 말할 수밖에 없다. 실제로 이러한 사건에 마태복음 18장과 디모데전서 5장을 이용하는 것은 결코 성경적이지 않으며, 오히려 성희롱과 학대의 피해자들에게 심각한 해악만 끼칠 뿐이다.

로마 가톨릭 교회, 윌로우 크릭 교회, 소버린 그레이스 처치, 하베스트 바이블 채플, 그리고 이름을 댈 수 있는 수많은 다른 교회들의 사례들에서 특히 비극적이고 아이러니한 것은 **다수의** 증인들—즉, 두세 증인 **이상**—이 나서서 비슷한 이야기를 충분히 했음에도 **사람들이 여전히 그들의 말을 믿지 않았다**는 것이다. 오히려 그 상처 받은 사람들은 은혜와 자비와 분별력 대신 성경적 율법을 가지고 대응했던 교회의 리더들에 의해 다시 상처를 입었다.

교회 안에서 처리하기

의혹을 공개하지 말라고 주장하기 위해 종종 사용되는 세 번째 구절은 고린도전서 6장 1-8절이다. 부분적으로 그 내용은 다음과 같다. "너희 중에 누가 다른 이와 더불어 다툼이 있는데 구태여 불의한 자들 앞에서 고발하고 성도 앞에서 하지 아니하느냐 … 너희 가운데 그 형제간의 일을 판단할 만한 지혜 있는 자가 이같이 하나도 없느냐 형제가 형제와 더불어 고발할 뿐더러 믿지 아니하는 자들 앞에서 하느냐"(고전6:1, 5-6). 이것은 사도 바울이 교회 내 분쟁을 해결하기 위해 거룩한 원칙을 세우는, 중요한 본문이다. 그러나 성적 학대와 성희롱은 단순히 "형제간의 일"이 아니라는 것 또한 분명하다. 그리고 만약 그 행위가 분명한 범죄라면, 그것은 마땅히 법

집행관에게 고발되어야 하고, 법적 시스템을 통해 해결되어야 한다. 이는 그동안 교회 전체가 너무 느리게 배웠던 교훈이다.

이런 구절이 학대 상황에 어떻게 적용되어야 하는가에 대한 대답은 다음과 같은 간단한 지혜에 있다. 학대받은 자들은 그들을 학대한 자들을 대면할 필요가 없다—일대일로는 더더욱 아니다. 그리고 어떤 교회도 은밀하게 벌어진 학대에 대해 두세 증인을 요구해서는 안 된다. 그것은 비양심적일 뿐 아니라 매우 비성경적인 것이다. 더 나아가, 성경은 관심의 초점을 **일어난 일**로부터 의혹이 제기된 **방식**으로 돌리는 데 이용되어서는 안 된다.

언제나 우리의 목표는 진실을 추구하면서 그 일에 관련된 이들을 지혜롭게 돌보는 것이 되어야 한다. 비록 그 진실이 추악할지라도 말이다. 그러나 너무나 자주 교회들은 그 조직과 리더들을 최우선으로 보호하는 결정을 내린다. 이 이야기가 공개되면 우리의 헌금에, 출석자 수에, 교회의 명성에 무슨 일이 일어날까? 교회가 비판에 어떻게 대응하는지, 혹은 리더와 교회의 명성을 훼손할 수도 있는 정보를 어떻게 다루는지가 그 교회의 문화가 무엇인지를 드러낸다. 다시 말하지만, 긍휼, 진실, 그리고 지혜가 우리를 인도하는 빛이 되어야 한다. 그러나 문화가 유해할 경우, 우선순위는 뒤바뀌고, 진실을 말하는 것이 종종 뒷전으로 밀려난다.

그러나 결국, 비록 시간이 오래 걸릴지라도 진실은 반드시 드러나게 된다. 교회의 회중이 모든 부인과 왜곡, 그리고 모든 대안적 내러티브가 거짓말이었음을 알게 될 때, 그 교회의 문화가 유해한 것으로 밝혀지게 되고, 목사와 장로와 집사, 그리고 다른 리더들이 그 일에 공모했음이—심지어 때로는 의도적으로 회중을 기만했음이—드러나게 된다.

이에 대해 예수께서 가장 자주 입에 올리셨던 말이 **위선**이다. 목사들이 거짓말을 할 때, 교회 내 진실성의 수준(truth quotient)이 붕괴한다. 그리고 그것은 냉소주의와 불신, 배신으로 이어진다. 사람들이 주일 아침에 예배당 좌석에 앉아 목사를 바라보면서 "그는 뭘 숨기고 있을까?" 혹은 "사건의 전모가 뭘까?" 혹은 "이 사람은 닫힌 문 뒤에서 무슨 일을 벌이고 있을까?"라고 생각하게 된다면, 그 교회의 신뢰성은 무너지고 만다. 바티칸을 연구하는 어느 미국인 학자는 이를 절망적일 만큼 명확하게 표현했다.

> 가톨릭 교회는 확실히 진실에 관해 가장 많이 말하는 조직이다. 그 단어는 언제나 그들 입에 오르내린다. 그들은 늘 '진실'을 내세우며 휘두른다. 그러나 동시에 그들은 세상의 다른 어느 조직보다 거짓말을 더 많이 하는 조직이다.[23]

토브(선한) 문화를 가진 교회의 목사, 리더, 그리고 회중은 참된 이야기를 자유롭게 말한다. 그러나 유해한 문화를 가진 교회에서는 목사와 리더들이 거짓된 이야기를 하고, 회중은 그 기만에 동조하거나 행복한 무지 속에서 살아간다. 다음 장에서는 교회가 잘못된 일에 대한 비난이나 의혹에 직면하게 될 때 만들어내는 여덟 개의 가짜 내러티브를 다룰 것이다. 이런 내러티브들에서 작동하는 왜곡은 유해한 문화가 뿌리를 내리고 있다는 또 다른 경고 신호다.

4장
가짜 내러티브

하나님은 우리를 스토리텔링으로 삶을 이해하도록 창조하셨다. 우리는 사실들(혹은 사실이 아닌 것들)을 하나의 연결된 내러티브로 엮음으로써 우리의 삶—우리의 가족과 교회, 나라, 그리고 세상의 삶—을 이해한다. 그리고 우리는 이러한 이야기들 안에서, 그리고 그 이야기들을 통해서 살아간다.

뇌와 정신(전문가들에게 이 둘은 별개의 분야다)을 연구하는 과학자들은 우리의 뇌가 과업에 집중하지 않을 때, 즉 뇌가 쉬고 있을 때, 우리의 정신은 자연스럽게 스토리텔링 모드로 전환되면서 과거, 현재, 미래에 관해 지속적인 내러티브를 엮어낸다고 말한다. 어떤 의미에서는, 그 이야기 속에서 자신의 위치를 이해하지 못한다면, 우리는 우리가 누구인지, 어떻게 살아야 하는지 알지 못한다고 할 수 있다.

거짓말은 무언가가 잘못되고 있을 때 나타나는 스토리텔링의 한 형태다. 즉 그것은 속이기 위한 것이든, 자기를 보호하기 위한 것이든, 자기의 이익을 취하기 위한 것이든, 우리 자신이 원하는 방향으로 "이야기를 지어내는" 방식이다. 교회에서 무언가 잘못된 일—막후에서의 권력 남용부터 성관계, 여성에 대한 폭력, 재정 비리에 이르기까지—이 일어날 때, 목사와 다른 리더들은 종종 목사, 교회, 혹은 교회 사역의 명성을 보호하기 위해 내러티브를 **통제하려고** 한다. 심지어 그들은 그 위기를 헤쳐 나가기 위해 홍보(PR) 전문회사를 고용하기까지 한다. 그러나 교회의 리더들이 저지른 사악한 행동은 교묘한 문구로 포장된 내러티브로 **관리되어서는** 안 된다. 어쩌면 PR 전문회사를 고용하는 것이 때로는 교회를 위해 필요할 수도 있다. 그러나 그렇게 하는 교회는 진실을 말하는 것 대신 정교하게 작성된 진술서 때문에 오히려 기업처럼 보이게 된다. 결국 PR 관계자들은 말을 지어내는 일을 한다. 그러나 유감스럽게도 위기를 관리하고 여론을 움직이려는 갈망은 종종 가짜 내러티브로 이어지게 된다.

이 장에서 우리는 유해한 교회들이 종종 자신들과 리더들을 보호하기 위해 사용하는 여덟 가지 가짜 내러티브들을 살펴볼 것이다.[1] 이런 가짜 내러티브들이 어떤 교회에서 이용될 때마다, 의혹을 제기했던 피해자들과 진실을 드러내려다가 상처를 입은 저항자들은 **기관의 배신**을 경험하면서 또다시 상처를 입게 된다.[2]

만약 유해한 문화가 당신의 교회에 뿌리내리는 것이 두렵다면, 비판이 제기될 때 이런 가짜 내러티브들이 있는지 잘 살펴보라.

1. 비판자의 신뢰성 떨어뜨리기

이런 가짜 내러티브는 다음과 같은 오래된 책략에 기반한다. 만약 어떤 고발의 진실성을 인정하고 싶지 않다면, 대신 고발자의 신뢰성을 떨어뜨려라. 이는 진실을 말하는 자를 **거짓말쟁이**로 낙인찍는 방식으로, 혹은 그들의 인격을 공격해 그들의 신뢰도를 훼손하는 방식으로 수행될 수 있다. 우리는 로마 가톨릭 교회에서 제기된 성적 학대의 의혹과 관련해 이를 거듭해서 목격했다. 어떤 주교들은 사실을 부인했을 뿐 아니라 불만을 제기한 메신저들을 공격하기까지 했다.

이 전략의 다른 이름은 **인신공격**이다. 논리학 분야의 용어를 사용하자면, **대인논증**(argumentum ad hominem)인데, 이것은 사실보다는 **사람**에 기초해 논증하는 것을 의미한다. "아무개는 나쁜 사람이다. 그러므로 그/그녀가 무슨 말을 하든, 그것은 틀렸다." 혹은 흔히 말하듯이, "아무개는 좋은 사람이다. 그러므로 그/그녀가 무슨 말을 하든, 그것은 옳다." 비록 우리가 어떤 사람의 인격이나 과거의 행위를 얼마간 예측할 수 있다 하더라도, 어떤 판단을 내리기 전에 특정한 상황의 **사실**과 **진실**을 명확히 규명하는 것은 꼭 필요하다.

래리 나사르(Larry Nassar)*의 성적 학대를 고발하고 소버린 그레이스 미니스트리즈(Sovereign Grace Ministries) 안에서 벌어진 성적 학대 피해

---

* 미국 국가 대표 체조선수단의 팀 닥터였다.

자들의 변호인이 되었던 레이첼 덴홀랜더(Rachael Denhollander)*는 학대에 대한 반응에서 흔히 볼 수 있는 과정을 다음과 같이 묘사했다.

> 내가 학대의 피해자로 나섰을 때, 일부 장로들이 내가 제기한 우려를 실추시키기 위해 내 과거를 무기처럼 휘둘렀다. 그들은 본질적으로 내가 사람들에게 내 관점을 강요하고 있다거나 나의 판단력이 지나치게 흐려졌다고 말하고 있었다. …
> 펜 스테이트 스캔들**이 터졌을 때, 유명한 복음주의 리더들은 그 사건에 대한 책임을 요구하고 변화를 촉구하는 일에 매우 신속했다. 하지만 정작 우리 공동체 안에서 같은 일이 벌어졌을 때, 그들이 내놓은 즉각적인 대응은 **피해자들을 비방하거나** 해당 기관과 그 기관의 리더에 관해 명백하게 사실이 아닌 것들을 주장하는 것이었다. 그들은 증거를 검토하는 일은 시도조차 하지 않았다. 그들에게 증거는 중요하지 않았다.[3]

인신공격은 고발자에 관해 의문을 던짐으로써 회중으로 하여금 고발자가 하는 이야기의 진실성을 의심하게 만드는 것이다. 그러면 곧 사람들은 학대자가 아니라 고발자를 비난하기 시작한다. 고발자가 이야기의 초점이 되면, 가해자와 이야기를 지어내는 자들은 상처뿐인 승리***를 얻어내고, 그로 인한 비용은 피해자가 치르게 된다.

---

* 체조선수였다가 변호사가 되었다.
** 펜실베니아 주립대학 축구팀 코치가 15년간 저질렀던 성적 학대 사건.
*** Pyrrhic Victory, '피로스의 승리'란 승리는 거두었지만, 그 과정에서 너무 큰 대가를 치러 결과적으

비판자들을 불신하게 만드는 또 다른 방법은 그들의 동기에 의문을 제기하는 것이다. 고발자의 인격을 공격할 수 없다면, **음모**에 초점을 맞춰보라. 그럴듯한 음모론은 누구나 좋아한다. 우리는 이것을 윌로우 크릭 교회에서 보았는데, 그때 빌 하이벨스와 교회의 다른 리더들은 낸시 비치, 본다 다이어, 낸시 오트버그, 멜라도 부부, 그리고 베티 슈미트가 하이벨스가 은퇴하기 전에 그의 명성을 실추시키려 한다는 것을 암시하는 내러티브를 제기했다. 낸시 비치는 그녀의 개인 블로그에 윌로우 크릭 교회에서 열렸던 "두 차례의 긴 가족 모임"에 대해 언급하면서, 그 자리에서 "시간대별로 매우 구체적으로 이름을 거론하며 우리를 거짓말쟁이와 공모자들로 몰아갔다"라고 말했다.[4]

학대적 행동 때문에 고발된 많은 목사들이 어떤 신뢰할 만한 조사가 시도되기도 전에 장로회나 집사회, 그리고 심지어 교회 전체를 설득해 비판자들을 비난하도록 만들곤 했다. "그녀는 허풍쟁이입니다" 혹은 "그는 성숙하지 못한 그리스도인이에요" 혹은 "그녀는 정서적으로 불안해요" 등과 같은 진술들은 목소리를 높이는 누구에게든지 긴 의혹의 그림자를 드리운다. 목사가 장로, 집사, 혹은 리더십 팀의 지지를 얻을 때, 고발자는 취약한 위치에 놓이게 된다. 이런 이유로 많은 피해자들이 감히 앞으로 나서기를 거부하는 것이다.

로 패배에 가까운 승리를 의미한다.

2. 비판자를 악마화하기

인신공격을 통해 비판자의 신뢰성을 떨어뜨리는 것이 효과가 없을 때, 어떤 교회는 비판자들을 **악마화함으로써**—고발자들을 교회와 그리스도 나라의 모든 선한 일을 해치려 하는 행악자들로 묘사함으로써—문제를 다음 단계로 넘기려 한다. 만약 비판자들이 **악하다면**, 분명히 그들은 신뢰받지 못할 것이고, 그러므로 우리는 그들이 목사와 교회에 대해 하는 말을 일축하게 될 것이다. 안타깝게도 이 전략은, 하베스트 바이블 채플의 경우에서 보았듯이, 종종 효과를 발휘한다.

웨이드 벌리슨(Wade Burleson)은 남침례회 소속 교회에서 발생한 정신적, 성적 학대에 관해 진실을 말하는 것을 두려워하지 않았던 용기 있는 목사다. 그는 2014년, 자신의 블로그 게시물을 통해 "교회 내 '두려움과 협박의 문화' 및 투명성 부족, 그리고 거의 6000만 달러에 이르는 건축 부채에 대해 우려를 제기한 후에" 하베스트 이사회에서 물러난 세 명의 장로들을 공개적으로 "징계"한 사건에 대해 다루었다. [5] 벌리슨이 아래에서 인용한 말들은 고발자를 악마화하는 것이 무엇을 의미하는지 매우 인상적으로 보여준다.

> 장로들과 제임스 맥도널드 목사는 하베스트 바이블 채플의 회중에게 [그 세 명의 전직 장로들에 관해] 아주 명확하고 의도적인 방식으로 설명했다. 그들은 다음과 같은 표현들을 사용했다.

"그 사람들의 말은 완전히 사탄적이기에 우리는 그것을 매우 직접적으로 다뤄야 합니다."

"우리는 하베스트 바이블 채플의 회중에게 이런 거짓 메신저들과 분리될 것을 경고합니다."

"여러분의 영혼에 큰 해를 끼치지 않으려면 이 전직 하베스트 장로들을 반드시 피하시기 바랍니다."[6]

어느 교회가 비판자들을 악마화하고 다른 이들에게 그런 사람들을 피하라고 호소할 때, 그 교회의 리더들은 자신들이 천사와 하나님의 편에 서 있다고 주장하는 것이다.

3. 이야기를 왜곡하기

이야기를 왜곡하는 것은 고발자의 내러티브를 가로채어 그것의 대안적 버전—의혹에 관해 의문을 제기하는 한편, 목사와 교회를 지지하기 위해 의도된 가짜 내러티브—을 만들어내려는 기만적인 전략이다.

케리 라두서는 2007년에 윌로우 크릭 교회에서 청소년 사역을 시작해서 크게 성공했고, 나중에는 여러 사역의 전략적 리더로, 최종적으로는 지역 목사들의 리더로 활약한 재능 있는 젊은 여성이다. 그녀가 여러 해 동안 빌 하이벨스와의 관계에서 있었던 일에 대해 설명했을 때, 그것은 「시카고 트리뷴」의 보도가 터진 후 그에 관해 설명했던 이야기와는 완전히 다른 것이었다. 케리는 내(로라)게 자신이 말했던 몇 가지 상황이 어떻게 왜곡되어 하이벨스가 마치 무고한 피해자인 것처럼 보이게 하거나, 아예 그런 말이 전혀 없었던 것처럼 조작되었는지에 대해 이야기해 주었다.

그녀는 빌 하이벨스와 그 교회의 다른 몇 사람과 함께 1년 동안 캘리포니아에서 열린 리더십 컨퍼런스에 참석했다. 어느 날 저녁, 그녀는 열 명 안팎의 친구 및 동료들과 함께 호텔 로비에 모여 있었는데, 그들 중 하나가 자신의 버킷 리스트에 빌 하이벨스와 와인 한 잔 마시는 게 있다고 말했다. 케리는 그 교회에 다닐 때부터 빌을 개인적으로 알고 있었다. 그래서 케리가 빌에게 이메일을 보내 로비에 있는 그룹으로 와달라고 초대하기로 했다. 하이벨스는 그 제안을 거부했고, 대신 케리를 자신의 방으로 혼자 올라오라고 초대했다. 그녀는 즉각 그 초대를 거부했고, 로비에서 그녀의 친구들과 계속 대화를 나누었다.

케리는 하이벨스가 자신에게 투자한 것에 대해, 다시 말해 자신이 리더와 비전 소유자, 전략적으로 사고하는 사람으로 성장할 수 있도록 도와준 것에 대해 감사하게 생각했다. 하지만 그녀는 그가 자신과 관계하는 몇 가지 방식에서 불편함을 느꼈다. 그는 종종 그녀의 외모와 옷차림에 관해 언급하며, 그녀가 "방을 환하게 만든다"라고 말하곤 했다. 유부남인 데다가 목사이자 멘토인 사람이 이렇게 칭찬하는 것에 대해 케리는 혼란스러웠다. 그러나 그녀는 직감적으로 느낀 경고 신호를 억누르고, 빌의 불순한 의도를 가정하지 않기로 했다.

또 다른 때, 곧 플로리다에서 열린 컨퍼런스 후에, 케리는 자신의 업무와 관련된 일들의 긴 목록을 두고 하이벨스와 논의하고 싶었다. 그러자 그는 그녀에게 공항까지 가는 동안 자신의 차 안에서 그 목록에 대해 논의하자고 했다. 케리가 그에게 10분간의 동승으로는 그 목록 전체를 논의하는 데 충분하지 않다고 이메일을 보내자, 하이벨스는 만약 케리가 말하고 싶은 것이 오직 업무에 관한 것뿐이라면, 구태여 번거롭게 자기에게 올 필요가 없다고 답했다. 케리는 이 이메일 대화에서 뭔가 이상함을 느꼈다. 그녀는 그것에 관해 남편과 상의했고, 하이벨스에게 '아니오'라고 대답했다. 이는 윌로우 크릭 교회의 직원들이면 해서는 안 된다고 훈련받은 것이었다.

이후 2018년, 미시간 주 사우스 헤이븐에서 열린 직원 회의에서, 하이벨스는 케리의 옷이 그녀의 몸매를 잘 드러나게 한다고 말하면서 다시 그녀의 외모에 대해 언급했다. 케리는 이 사건이 윌로우 크릭 교회에서 사임하게 된 계기가 되었다고 말했다. 그녀는 자신의 일을 사랑했지만, 더는 빌 하이벨스에게 직접 보고하고 싶지 않았다.[7]

사임한 후에 케리와 그녀의 가족은 일리노이 주 밖으로 이사했다. 그녀는 새로운 직업을 얻었고, 윌로우 크릭 교회 인사부에 불만을 제기했다. 또한 나중에 그녀는 평등고용기회위원회(Equal Empoyment Opportunity Commission)에 "건설적 해고"(constructive discharge)를 이유로 윌로우 크릭 교회를 고소했는데, 이 별난 용어는 "고용주가 합리적인 사람이 계속 일하기 힘들 만큼 근무 환경을 참을 수 없게 만들어 직원의 사임을 강요하는"[8] 상황을 가리키는 것이었다.

다시 이야기를 왜곡하는 문제로 넘어가 보자. 케리는 내게 윌로우 크릭 교회가 장로 중 한 사람이자 변호사인 사람을 자기에게 보내 교회에 대한 불만을 취소하도록 설득하려 했다고 말했다. 그때 그 변호사는 빌 하이벨스가 캘리포니아에서 케리를 자신의 호텔 방으로 초대했다는 것을 인정했으나, 그때 빌의 의도는 단지 케리에게 목회와 멘토링을 위해 시간을 내주려는 것뿐이었다고 주장했다. 그는 만약 그녀가 그 사건에 대해 "이해하는 것"을 계속 고수한다면, 자신은 그녀가 빌을 쫓아다녔던 것처럼 보이게 만들 수도 있다고 말했다. 그리고 실제로 그런 일이 일어났다. 「시카고 트리뷴」의 기사에 빌 하이벨스에 관한 초기 의혹이 제기된 후에 열린 윌로우 크릭의 한 회중 모임에서, 한 장로는 그녀와 빌 사이에 있었던 이메일 내용을 잘못된 방식으로 읽어 내려갔으며, 그녀가 캘리포니아의 컨퍼런스 때 빌을 쫓아다녔다고 회중에게 말했다고 한다. 비록 케리의 이름을 언급하지는 않았지만, 결국 그들은 그렇게 이야기를 왜곡함으로써 그녀의 신뢰성을 떨어뜨리려고 했다.[9]

한 여자의 이야기가 뒤집히고, 사람들이 그녀가 누군가의 일자리를 원했는데 교회가 그것을 들어주지 않자 고발을 조작했다는 말을 듣게 될 때, 그것은 이야기의 왜곡이다.[10] 혹은 어느 목사가 회중에게 자신의 개인비서가 "비서 이상의 도전을 원했고" 그래서 "좋은 조건으로" 직업을 바꿨다고 말할 때, 하지만 많은 내부자들이 그 말이 진실을 비튼 것임을 알고 있을 때, 그것은 이야기의 왜곡이다.[11]

윌로우 크릭 교회에서 오랫동안 섬겼던 베티 슈미트 역시 교회가 자신에 관한 이야기를 왜곡했다고 말했다. 그녀는 자신의 개인 블로그에 이렇게 썼다.

> 윌로우 크릭 교회 장로들과의 회의에서 내가 한 말이 왜곡되고, 추가되고, 확대 해석되는 것을 듣고 있는 것은 아주 고통스러웠다. 내가 실제로 한 말을 바로잡음으로써 기록을 명확히 해두고자 한다. 윌로우 크릭 교회 장로들은 내 말을 잘못 인용하고, 잘못 전달했다.[12]

그녀의 이야기가 왜곡된 것이 우연이었다고 믿기는 어렵다. 그보다는 그것이 빌 하이벨스를 보호하고 베티 슈미트의 신뢰성을 떨어뜨리기 위해 고의적으로 만들어진 가짜 내러티브였을 가능성이 더 크다.[13]

4. 비판자를 가스라이팅하기

누군가의 인격을 불신하게 하고, 진실을 말하는 자를 악마화하고, 고발자를 의심하도록 이야기를 왜곡하는 것보다 더 해로운 전략을 상상하기는 어렵다. 그러나 가스라이팅은 이러한 가짜 내러티브에 더욱 사악한 심리적 요소를 추가한다.

가스라이팅이라는 용어는 1938년에 상연된 연극 <가스등(Gas Light)>에서 유래한다. 이 연극에서 남편은 자신의 범죄를 감추기 위해 아파트의 가스등 불빛을 일부러 어둡게 해놓고, 아내가 불빛이 이상하다고 말하면 그렇지 않다고 부인한다. 이런 식으로 남편은 아내로 하여금 스스로 미쳐가고 있다는 확신을 가지게 하려고 한다. 실제로 가스라이팅은 "어떤 사람이… 특정한 개인에게 의심의 씨앗을 뿌려 그로 하여금 자신의 기억과 인식, 혹은 판단을 의심하게 하는… 심리적 조작의 한 형태다. … 이 과정에서 부인, 그릇된 설명, 반박, 잘못된 정보 제공 등을 사용하여 피해자를 불안하게 만들고, 피해자의 믿음을 무효화 하려는 시도가 이루어진다."[14]

사회학자 페이지 스위트(Paige Sweet)는 "실제로 가스라이팅에 힘을 부여하는 **사회적** 특성들"에 대해 강조한다.[15]

구체적으로 가스라이팅은 그것이 사회적 불평등, 특히 성별(gender)과 성(sexuality)에 뿌리를 두고 권력에 의존하는 친밀한 관계 안에서 실행될 때 효과적이다. 가해자가 친밀한 관계 안에 있는 피해자에게 성별에 근거한 고정관념, 구조적 불평등, 그리고 제도적 취약성을 동원할 때, 가스라이팅은 효과적일 뿐 아니라 파괴적이 된다.[16]

어떤 고발인이 교회의 강단에서 리더십의 지지를 받고 신뢰받는 목사의 설교를 통해 가스라이팅을 당한다면, 그 파괴성은 훨씬 더 강해진다. 왜냐하면 지배적인 내러티브가 이제 하나님의 진리와 연결된 것처럼 보이게 되고, 또 교회의 입장에서 하는 이야기를 받아들이는 회중에게 그 내러티브가 전파되기 때문이다. 그러므로 많은 고발인들이 학대 사실을 고발하지 않거나, 일단 저항에 부딪히고 나면 뒤로 물러서는 것은 이상한 일이 아니다.

아주 흔한 예를 하나 들어 보자. 어떤 여성이 자신의 목사가 자신에게 부적절한 행동을 했다고 고소한다. 하지만 신뢰받는 권위의 위치에 있던 그 목사는 그녀를 되레 공격하면서, 그녀가 자신에게 이메일을 보내 호텔 방으로 초대했으나, 자기는 대면 미팅보다 전화 통화가 좋겠다면서 그녀의 초대를 거부했다고 주장한다. 이런 반론 하나하나가 그녀의 머릿속에 혼란을 심어 그녀로 하여금 자신의 설명—그녀가 일어났었다고 알고 있는 일—을 의심하게 하고, 심지어 자신이 제정신인지 의문이 들 정도까지 그녀를 불안하게 만든다. 어떤 피해자들은 권력의 차이와 가스라이팅으로 인한 고통을 극복하는 데 많은 노력이 필요하기 때문에 이 지점에서 뒤로 물러난다.

「포브스」에 기고한 글에서 치료 전문가 스테파니 사르키스(Staphanie Sarkis)는 가스라이팅의 사악함을 다음과 같이 설명한다.

가스라이터/자아도취자는 자신이 하지 않았다고 맹세했던 말을 하는 모습이 영상에 잡히면, "내 잘못입니다"(*mea culpa*)라고 말하는 대신 공격으로 나선다. 그는 당신이 자신의 말을 잘못 알아들었다고 주장할 것이다. 혹은 가장 최신식의 변명, 곧 오디오가 디지털 방식으로 조작되었다는 변명을 늘어놓을 것이다. 가스라이터/자아도취자는 또한 당신에게, 그래, 자신이 그렇게 말했지만, 그것은 "맥락을 잘못 이해한 것"이라고 말할 수도 있다. 그는 또한 죄책감 없이 거짓말을 계속할 수도 있다. 그가 절대로 하지 않을 한 가지는 사과하는 것이다. 가스라이터/자아도취자에게 사과는 약함의 신호다.[17]

한 가지 예를 들어보자. 줄스 우드슨은 17세 때 자신이 속한 청소년부 목사 앤디 새비지에게 성추행을 당했다. 나중에 그녀는 용기를 내서 그 교회의 협동 목사인 래리 코튼에게 새비지가 한 일에 대해 말했다. 줄스 자신의 말에 따르면, 그 후에 벌어진 일은 다음과 같다.

제가 제 이야기를 마쳤을 때, 래리는 즉각 큰소리로 제게 명확하게 설명하라고 요구했어요. 그의 말의 요지는 "그러니까 지금 네가 그 일에 동조했다고 말하는 거니?"라는 것이었어요. 저는 그때 마음이 무너져 내리는 기분이었어요. '그가 제게 묻고 있었던 것은 무엇일까?' 더 중요하게, '그가 하려고 했던 말은 무엇일까?' 그 순간 저는 이전에 느껴본 적 없는 엄청난 수치심에 휩싸였어요. 저는 방금 청소년부의 목사 앤디가 제게 하자고 요구했던 모든 것을 그에게 말했어요. … 제가 그곳으로 들어가 제게 일어난 일에 관한 진실을 래리에게 말하기 위해 모아두었던 모든 용기가 순식간에 사라졌어요. 갑자기 저는 앤디가 제게 요구했던 일을 한 것에 대해 굉장한 죄책감을 느꼈을 뿐 아니라, 또한 제가 그를 막지 않았으므로 그것이 어쩌면 저의 잘못이라는 생각까지 들기 시작했어요.[18]

이것이 가스라이팅의 전형적인 사례라고 볼 수 있는데, 코튼은 상황을 뒤집어 줄스를 방어적 위치에 올려놓았고, 그녀를 불안하게 하면서 오히려 그녀에게 발생한 일에 책임이 있다고 느끼게 만들었다. 그녀가 다시 용기를 내서 자기를 공격한 사람과 맞서고, 그 일을 대중에게 알리기까지는 거의 20년이 걸렸다.

교회에서 일어난 학대를 경험한 사람들은 학대의 원인으로 잘못된 신학, 권위적인 리더십, 그리고 피해자를 위한 정의와 돌봄보다 학대자에 대한 용서를 우선시하는 교회 리더들을 지목한다. 많은 경우에 목사들은 면허를 가진 치료 전문가들의 도움을 받으려 하지 않는다. 왜냐하면 "성경 바깥에서 활동하는" 치료 전문가들은 영적이지 않은 방향을 제시할 수도 있기 때문이다. 그러나 이러한 것들은 학대를 용인하는 변명이 될 수 없다. 오히려 그것들은 가스라이팅의 해로운 영향을 지속시키는 역할을 할 뿐이다.

5. 가해자를 피해자로 만들기

목사들과 교회 리더들은 책임을 받아들이고 죄에 대해 사과하기보다는 모든 것이 뒤바뀌고 성폭행의 가해자가 오히려 피해자가 되는 가짜 희생 내러티브를 만들어낼 수도 있다. 장로, 리더, 혹은 교회의 다른 권위 있는 목소리를 가진 사람들은 고발인이 "성경적으로 행동하지 않는다"라고, 혹은 관계 회복에 참여하기를 거부하고 있다고 주장할 수도 있다. 목사가 자신의 인격과 자기가 일생을 바쳐 세워온 사역에 맞서 제기된 공격 때문에 자신이 너무 힘들고 혼란스럽다며 한탄할 수도 있다. 그리고 의혹을 공개적으로 밝힌 고발인 때문에 자신이 너무 큰 상처를 입었다고 말할 수도 있다. 혹은 자신의 이야기를 다른 이들에게 전하는 학대의 경험자가 해로운 소문을 퍼뜨린다거나 분열을 조장한다고 비난할 수도 있다. 이런 조작된 내러티브들은 아주 효과적이다. 왜냐하면 그것들은 악을 행한 자들에 대해 긍휼을 호소하기 때문이다. 갑자기 분노가 방향을 틀고, 청중은 교회나 목사가 부당한 일을 당한다고 믿으며 고발인들에게 화를 낸다.

우리는 윌로우 크릭 교회의 이야기에서 이런 가짜 내러티브를 여러 차례 보았다. 다음은 2018년 3월에 열렸던 그 교회의 가족 모임에서 빌 하이벨스가 했던 진술 중 하나다.

지금 제가 느끼는 주된 감정은 슬픔입니다. 저는 언제나 오랫동안 여러 관계를 만들고 유지할 수 있었던 것에 자부심이 있었습니다. … 여러분이 읽은 기사들에 등장하는 이들 중 몇 사람과 제가 지금 좋은 관계에 있지 않다는 사실은 저로서는 매우 슬픈 일입니다. 저는 지난 수십 년 동안 이들 중 몇 명과 일해왔습니다. 저는 그들을 가족이나 친척처럼 생각했습니다. 그러나 이제 여러분께 설명하게 될 상황 속에서 우리는 서로 다른 입장에 서게 되었고, 진실을 서로 다른 방식으로 보게 되었습니다.[19]

장로회가 지명한 대변인은 하이벨스의 희생 내러티브를 통해 그를 지지했다.

우리는 우리가 존경했던 사람과 사랑하는 사람과의 관계가 깨진 것 때문에 깊은 슬픔을 느낍니다. 우리는 빌과 그의 가족 때문에 슬퍼합니다. 42년간 충성스럽게 여러분과 저, 우리 교회를 목양하고, 또 자신의 가정을 희생적으로 바친 후에 이런 상황을 맞이한 것은 그들에게는 말로 표현할 수 없을 만큼 고통스러운 일이었습니다.[20]

장로회의 지지를 받은 하이벨스는 자신을 관계 파탄의 피해자로 위치시키면서 마치 여성들이 아니라 자신이 인격적으로 피해를 입은 것처럼 만들었다. 그는 "저는 평생 **여성들에게 힘을 실어주기 위해** 노력했습니다"라고 말했다. "몇 명의 여성이 20년 전의 일을 들먹이며 저의 행위와 말이 그들을 불쾌하게 했다고 말하는 것은 저로서는 듣기가 어렵습니다."[21]

이처럼 자기를 희생자로 만드는 내러티브는 시나리오 뒤집기(flip the script)의 전형적인 예다. 그리고 그것은 효과를 발휘한 것처럼 보였다. 그날 밤에 회중은 하이벨스에게 기립박수를 보냈다. 많은 사람들이 그가 견디고 있는 고통에 대해 슬퍼했다. "나는 빌과 그의 가족 때문에 너무 슬프다"라는 것이 사람들의 대체적인 감정이었다. 그러나 하이벨스의 피해자 중 하나인 낸시 비치는 이 가짜 내러티브를 꿰뚫어 보았고, 자신의 개인 블로그에 특유의 명확한 통찰을 담은 글을 올려 대응했다. "빌 하이벨스는 피해자가 아니다!"[22]

제임스 맥도널드와 하베스트 바이블 채플 역시 맥도널드와 그 교회의 리더십에 관한 지속적인 우려가 제기되었을 때, 자기들을 피해자의 위치에 놓으려고 했다. 2018년 12월, 잡지 「월드(World)」에 실린 보도 기사에서 오랫동안 계속되어 온 교회의 재정 비리, 기만, 그리고 협박이 드러나자, 하베스트는 그 교회의 웹사이트에 다음과 같은 진술로 시작되는 답변서를 올렸다.

한때 신망받던 기독교 간행물들이, 이미 지겹도록 되풀이되어 온 소수의 불만을 품은 이전 교인들의 의견을 다수의 지역 교회 장로들이 신중하게 표현한 견해보다 더 비중 있게 다루는 것은 슬픈 일입니다.
하베스트 바이블 채플은 그 나름의 잘못을 인정했고, 보다 행복하고 건강한 교회가 되기 위해 노력해 왔습니다. 최근에 교회의 구성원들은 재정적으로 그들의 삶에서 그리스도를 위해 걷고/일하고, 다른 이들에게 그리스도를 전하겠다는 약속에서 전례가 없는 헌신을 보였습니다. 하나님의 나라가 전진하는 과정에서 나타날 것이라고 예상했던 공격이 안타깝게도 세상 사람들로부터가 아니라, 같은 신앙을 고백하는 다른 그리스도인들로부터 왔습니다.

이제 우리는 더 나은 길을 선택했고, 우리가 한때 가까이서 섬겼던 이들을 공개적으로 비난하는 일에 가담하지 않기로 했습니다. 그들은 오랜 세월이 흘렀음에도 "그쯤 해두지" 못하는 것처럼 보입니다. 장로들은 이 불행한 그리스도인들이 평화를 얻기를 바라는 마음으로, 화해를 이루기 위해 은혜로 가득 찬 사적인 시도가 여러 차례 있었음을 알고 있습니다.[23]

교회 내에서 일어나는 학대는 물론, 복음주의 기관들이 자신들의 이미지를 위협하는 사건들에 어떻게 대응하는지에 대해 광범위하게 연구하고 글을 써온 웨이드 뮬렌(Wade Mullen)은 하베스트 바이블 채플이 내놓은 이 성명서를 분석한 후, 거기에 가해자들이 자신들을 피해자로 만들려 할 때 사용하는 몇 가지 공통적인 술책이 있음을 확인했다. 그는 이렇게 말한다. "『월드』의 기사는 특정한 피해를 입은 사람들에게 초점을 맞추고 있는데 반해, 하베스트는 그들이 겪는 고통과 그들이 노출되는 것이 얼마나 '슬픈' 일인지에 주목하게 만들었다. 이 술책은… 사람들이 보통 잘못된 일을 당한 피해자에게 보내야 할 동정과 지지를 가해자에게 보내도록 유도하기 위한 것이다."[24]

교회가 "소수의" "불만을 품은" "이전" 교인들의 "의견"이라고 언급한 것은, 이를 통해 "[고발자들이] 신뢰성이 부족하고, 악의에 의해 움직이며, 그들의 우려가 소수의 의견에 불과하다고 암시함으로써"[25] 그 모든 일의 **부당함**을 입증하려고 하는 시도다.

고발자들의 명성을 훼손하는 것과 동시에, 교회는 "신중하게 표현한 견해", "보다 행복하고 건강한 교회", "하나님의 나라가 전진하는", "우리는 더 나은 길을 선택했다", 그리고 "화해를 이루기 위해 은혜로 가득 찬 사적인 시도"와 같은 표현들을 사용해 자신의 이미지를 다듬고 있다.

동정을 얻기 위한 또 다른 호소는 다른 사람들에게 가해진 해로운 일을 이제 교회가 "시인한" 단순한 "잘못들"로 재규정하는 것을 통해 드러난다. 웨이드 뮬렌은 "그로 말미암아 이런 사건들은 리더십이 '견뎌내야 하는' 어떤 것으로 묘사되며, 나아가 리더십을 주된 피해의 대상으로 바라보는 왜곡된 견해를 드러낸다"라고 지적한다.[26]

또한 교회가 거짓으로 피해자의 지위를 주장하기 위해 사용하는 또 다른 수단은 성경적 기준을 지키려는 신념에 호소하는 것이다. 교회 리더십은 고발자들이 성경의 가르침에 어긋나게 행동하고 있다고 주장한다. 교회가 "더 나은 길"을 주장하는 것은 자기들이 성경을 따르고 있다고 믿기 때문이다. 그런 주장 때문에 고발자들은 신뢰를 잃고, 교회는 피해자가 된다.

소버린 그레이스 미니스트리즈 역시 성경을 이용해 피해자들에게 신자를 법정으로 끌고 가서는 안 된다고 설득했다.[27] 그러나 자문해 보라. 만약 신자들이 법적 권위에 가져 가지 않았다면 누가 이익을 얻었겠는가? 소버린 그레이스 미니스트리즈와 그 기관의 목사들과 리더들이다. 만약 그 사건이 법적 권위에 넘어가지 않았다면 누가 손해를 보았겠는가? 리더들에게 학대당한 사람들이다. 사건을 공개하고 자신들의 일을 법원으로 가져간 사람들은 잘못 적용된 성경적 신념 때문에 고발을 감추려 했던 신실한 교인들을 피해자로 만드는 것처럼 보였다.

리더들은 또한 교회의 명성을 보호해달라고 호소할 수도 있다. 이때 다시 교회는 피해자가 된다. 왜냐하면 고발자들이 교회의 명성과 선행을 훼손하고 있기 때문이다. 우리는 이런 종류의 희생 내러티브를 소버린 그레이스 교회의 리더들에게서 보았다. 그들은 성경을 따른다고 주장함으로써 학대 의혹에 맞서 자신들을 옹호했다.

레이첼 덴홀랜더와 다른 사람들이 잘못된 의혹에 근거해서 그리고 소버린 그레이스 교회(SGC)의 역사나 사실에 대한 직접적인 지식 없이, SGC와 그 소속 목사들이 성적 학대와 공모의 죄를 지었다고 공개적으로 선언한 결정은 무고한 목사들과 교회들의 명성과 복음 사역을 심각하게 훼손했습니다. …

분명히 정의로운 목적을 위한 열정이 아무리 크더라도, 타락한

> 인간은 누구도 절대적인 도덕적 권위를 가질 수 없으며, 신자들
> 이 사실에 근거하지 않은 채 서로를 공개적으로 비난하는 것은
> 성적 학대의 피해자에게도, 그리스도의 이름에도 도움이 되지
> 않습니다.[28]

마지막으로, 이 가짜 희생 내러티브에 관해 메리 디머스(Mary DeMuth)
가 트위터에 올린 내용이 특히 인상적이다.

> 분명하게 말씀드리겠습니다. 가해자를 공개적으로 밝히는 것은
> **험담이 아닙니다.** 그것은 정의입니다. 그것은 더 많은 사람들이
> 피해를 입지 않도록 보호하는 것입니다. 용감한 폭로는 그분의
> 마음이 **언제나** 약한 사람들에게로 향하시는 하나님의 본질입니
> 다. 소리를 높여 말하지 않는 것은 죄입니다. 내러티브를 뒤집어
> 봅시다, 여러분.[29]

6. 진실을 침묵시키기

때때로 교회들은 비공개 합의(nondisclosure agreement, NDA)와 회원 서
약을 통해 '침묵을 강요하는 내러티브'를 만들어낸다. 이는 내부 사
정을 모르는 사람들에게는 아무 일도 일어나지 않은 것처럼 보이
게 한다. 이를 통해 교회는 공적인 명성을 보존하고, 가짜 내러티브

는 손상되지 않은 채로 남는다. 사람들을 침묵시키는 내러티브는 진실이 알려지는 것을 가로막고, 무언가 잘못되었다고 느끼지만 명확히 설명하지 못하는 사람들에게 혼동을 일으키고, 목소리를 높여 말하려는 사람들과 가짜 내러티브를 믿으려는 사람들 사이에 분열의 씨앗을 심는다. 침묵된 진실은 말해지지 않은 거짓이다.

일부 미국 교회에서 점점 보편화되고 있는 회원 서약은 교회 리더들에 관한 부정적인 정보가 알려지지 못하게 하는 한 가지 방법이다. 맷 챈들러(Matt Chandler)가 목회하는 텍사스 주에 있는 남침례회 소속 빌리지 교회(Village Church)는 그 교회의 회원 서약 안에 다음과 같은 공식적인 분쟁 해결 조항을 포함하고 있다.

> **회원들은 교회에 맞서 소송을 벌이지 말아야 하고**, 기독교적 대안 분쟁 해결(Christian Alternative Dispute Resolution) 절차를 따라야 한다. 고린도전서 6장 1-8절에 따라, 이 정관의 13조에 있는 캠퍼스 장로들의 관할권에 속하지 않은 모든 공식적인 분쟁—교회의 구성원과 교회 사이의 분쟁이든, 교회의 구성원과 장로, 직원, 자원봉사자, 대리인, 혹은 교회의 다른 구성원 사이의 분쟁이든—은 중재에 의해 해결되어야 하며, 중재에 의해 해결되지 않을 경우에는, 기독교적 조정 절차 규칙(Rules of Procedure for Christina Conciliation), 기독교 조정 연구소(Institute for Christian Conciliation), 혹은 그와 유사한 신앙에 기반한 중재 및 조정 집단의 절차와 감독하에서 **구속력을 갖는 조정**에 의해 해결되어야 한다.[30]

이것은 갈등 해결에 성경적 접근법을 취하려는 시도로 보이며, 이러한 시도 자체는 긍정적으로 평가할 수 있다. 바울은 고린도 교인들에게 그들의 분쟁을 해결하기 위해 법정으로 가지 말라고 말했다. 분명히 그는 고린도 교회의 법적 권위자들이 어느 정도 사법권을 갖고 있다고 생각했다. 하지만 그는 어떤 문제들을 교회가 해결해야 하고, 어떤 문제들을 법정으로 가져가야 하는지를 명시하지 않았다. 빌리지 교회는 바울의 이런 지침의 범위 내에서 운영되기를 원한다. 그러나 이 정관에서 누락된 것, 그리고 빌리지 교회에 해를 끼친 요소는 "공식적인 분쟁"에 대한 명확한 정의(definition)다. 범죄는 어떻게 처리해야 할까? 바로 이것이 그동안 많은 교회가 마주했던 문제 아닌가? **분쟁**과 **범죄** 사이에는 경계가 있으나, 그것이 늘 명확하지는 않다. 이 차이를 알기 위해서는 도덕적 감각과 분별력이 필요하다. 솔직히 말하자면, 그동안 교회는 이 부분에서 잘 대처하지 못했다.

「뉴욕 타임즈」의 엘리자벳 디아스(Elizabeth Dias)는 브래그(Bragg) 가족에 관한 이야기를 보도했다. 그들은 빌리지 교회의 회원 서약에 서명했는데, 그로 말미암아 그들은 서약서와 그 내규들, 특히 10조 4항에 법적으로 구속되었다. 그 서약서에 서명함으로써 브래그 가족은 "성경에 그리고 교회 리더의 권위와 영적 훈련에 복종한다"고 약속했다.[31] 그런데 그 후에 비극이 발생했다. 2017년에 "브래그 부인과 그녀의 남편 맷은 당시 11살이었던 딸이 빌리지 교회의 여름 캠프에서 성폭행을 당했다고 보고했다."[32]

학대 사실을 알게 된 후, 교회의 리더들이 상세한 내용을 회중에게 공개했다거나 어린아이에게 행한 이 중대한 폭행에 대해 사과했다는 증거는 없다. 브래그 가족으로서는 교회가 진실을 밝히기보다는 교회의 명성을 유지하는 쪽을 선호하는 것처럼 보였다. 교회의 한 선임 책임자는 브래그 부인에게 교회의 리더들은 모두 교회의 회원 서약을 따르기 때문에 직원이 캠프에서 그녀의 딸을 성폭행하는 일은 있을 수 없다고 말했다. 한때 브래그 부인은 그 말을 믿었다.

여러 해 동안 그녀는 교회의 중요한 리더들이 교회 전체의 이익을 위해 행동한다고, 만약 그녀가 그 사실에 동의하지 않는다면, 문제는 자신에게 있는 것이라고 믿었다. 그녀에게는 그렇게 믿어야 할 영적인 이유가 있었다. 그들을 의심하는 것은 곧 하나님을 의심하는 것과 같았기 때문이다.

그러나 그녀의 딸이 겪은 괴로운 일은 그녀에게 교회의 다른 측면을 보여주었다. 빌리지 교회는, 여러 다른 복음주의 교회들처럼, 그 기관을 보호하는 법적 조항이 포함된 서면 회원 협정서를 사용한다. 빌리지 교회의 협정서는 회원들이 교회를 고소하는 것을 금하고, 대신 중재와 그 후에는 구속력 있는 조정, 즉 종종 은밀하게 발생하는 법적 과정을 요구한다. …

여러 달 동안 브래그 가족의 친척들은 그들에게 변호사를 고용하라고 다그쳤다. 하지만 그 가족은 불안했다. 신뢰할 만한 교회 친구들이 성경과 회원 서약을 인용하면서 변호사를 고용하는 것

은 성경적이지 않다고 말했기 때문이다.[33]

브래그 가족은 교회 대표자들과의 중재 모임에서 아무런 해결책을 얻지 못하자 결국 그 교회를 떠났고, 다른 모든 선택지가 소진된 후인 2019년 7월에 교회를 상대로 소송을 제기했다.[34] 브래그 부인은 "우리가 마주한 것은… 자신들이 따른다고 주장하는 예수님의 모습을 반영하기보다 자신들을 보호하기로 분명하게 선택한 교회였습니다"라고 말했다.[35] 나는 변호사 친구 하나에게 이런 서약에 관해 물었다. 그의 답변은 아래와 같았다.

> 만약 이 사건의 피해자가 성인이고 서약한 회원이었다면, 이 문제가 어떻게 처리되었을까요? 그 서약한 회원은 소송을 제기했을 것이고, 교회는 회원 서약에 따라 조정을 강제하기 위해 움직였을 겁니다. 그러면 법원은 중재 협약을 집행하게 됩니다. 최소한 ○○○(교회가 있는 지역명)에서 그런 협정은 신성불가침하기 때문입니다. 이는 비밀 유지 장치를 제공해서 불미스러운 일들이 공개되지 않도록 하려는 겁니다. 그러나 더 중요한 것은 중재자들이 결론에 이르는 과정에서 법률을 따를 필요가 없다는 겁니다. 중재 판정은 제한된 상황에서만 뒤집힐 수 있습니다. 유리한 쪽은 교회입니다.[36]

회원 서약만이 교회가 사람들을 침묵시키기 위해 사용하는 유일한 도구는 아니다. 부정적인 정보가 알려지는 것을 막는 또 다른 방법은 비공개 합의(NDA)다. 여기서 말하는 것은 누군가가 한 교회에서 다른 교회로 소유권을 가진 정보나 특화된 지식을 가져가지 못하도록 금하는 것을 의미하는 것이 아니다. 그보다 NDA는 막후에서 벌어진 나쁜 일에 관해 알고 있는 사람들을 침묵시키기 위한 것인데, 이는 종종 퇴직 위로금이나 다른 보상을 대가로 입을 다물겠다는 동의를 얻으려고 고안된 것이다.

줄리 로이스(Julie Roys)는 하베스트 바이블 채플에 관한 기록을 조사할 때, NDA가 정보를 억누르는 데 얼마나 효과적인지 직접 목격했다.

> 하베스트의 전직 장로, 직원, 구성원들은 그들이 교회를 떠날 때 하베스트에서 서명하도록 압박했던 비폭로 및 비비방 협정을 인용하면서, 그 기록에 관해 말하기를 꺼려했다. 지난 몇 주 동안 하베스트는 전직 고용인들 몇 사람에게 문자를 보내 만약 그들이 "교회와의 협정"을 어긴다면 "법적 상환 청구"를 받게 될 것이라고 협박하기도 했다.[37]

나(스캇)는 어느 목사와 대화하던 중에 그가 이전에 섬기던 교회를 떠날 때 NDA에 서명해야 했다는 말을 들었다. 내가 그에게 몇 가지를 질문했을 때 그가 답할 수 있었던 말은 "부인하지 않겠습니다" 혹은 "그것에 대해 이의를 제기하지 않겠습니다"라는 것뿐이었다. 몇 가지 아주 직접적인 질문에 대한, 그의 간접적인 답변에서 약간의 정보를 얻어낼 수 있었으나, 그것 역시 그를 NDA의 경계 안에 가둬놓고 있었다. 그러나 진짜 문제는 NDA에 서명하는 사람들은 종종 그들이 알거나 보거나 들은 것에 관해 **진실되게 말함**으로써 **정의를 세우는 것**이 불가능해진다는 점에 있다. NDA에 대한 서명을 퇴직 위로금을 대가로 압박하는 교회들은 이미 유해한 문화에 깊이 물들어 있는 것이다.

토브 처치는 진실을 말한다. 토브 처치는 진실이 말해지는 것을 막기 위해 NDA를 이용하지 않는다.

7. 진실을 억압하기

침묵을 강요하는 내러티브의 또 다른 변이는 진실을 억누르는 것이다. 그것은 수치스럽게 하기, 협박, 영적 또는 재정적 결과에 대한 위험, 혹은 증거에 대한 파괴 등의 형태를 취할 수 있다.

종종 교회의 리더들은 고소를 제기하거나 심지어 의혹을 제기하는 사람에게 교회의 자원을 동원해 소송하겠다고 위협하며—그는 소송을 견뎌낼 만한 재정적 수단이 없을 수도 있다—대응할 것이다. 또는 고발자가 교회 내 불화와 분열의 씨앗을 심고 있다거나 형제나 자매에 맞서 "거짓 증언을 한다"고 비난할 수도 있다. 아니면, 자신들이 독자적인 조사를 해보았으나 아무런 잘못도 발견하지 못했다고 발표하고 추가 조사를 중단할 수도 있다. 이미 물어보았고 답을 얻었다는 것이다. 또한 그들은 피해자가 침묵하도록 조작하기 위해 목사나 교회의 명성에 호소할 수도 있다.

웨스 펠트너는 그의 청소년 그룹에 속한 두 명의 여학생과 관계를 맺었다. 그 후에 그 여학생들은 그녀들의 명예를 지키기 위해 조용히 있으라는 말을 들었다고 한다. 펠트너에게 성폭력을 당했다고 주장한 메간 프레이는, 그녀에게 일어났던 일에 대해 담당 목사에게 말했을 때의 일을 이렇게 설명했다. "우리에 대한 공감은 전혀 없었어요. 우리는 모두 (담당 목사의) 사무실에서 서로 각자의 이야기를 하고 있었어요. 그런데 어느 순간 그가 우리의 말을 자르더니, 우리에게 교회를 보호해야 한다고 말했어요. 그리고 그런 이야기를 하면 우리가 나쁘게 보이게 될 것이고, 교회로 하여금 우리의 실제 모습을 보게 할 뿐이라는 거였어요."[38]

오랫동안 로마 가톨릭 교회 내 학대 스캔들의 핵심에는 진실을 억압하는 것이 자리해왔다. 2018년 8월, "펜실베니아 전역에 있는 여섯 개의 로마 가톨릭 교구에서 교회 리더들이 300명 이상의 '사제 가해자들'을 수십 년간 보호했다"[39]라고 주장하는 펜실베니아 대배심 보고서가 발표되었고, 두 주가 지난 후에 카를로 마리아 비가노 (Carlo Maria Viganò) 대주교는 교황의 사임을 촉구했다. 일주일 뒤에 프란치스코 교황은 바티칸에서 행한 미사 설교에서 "점증하는 스캔들에 대해 구체적으로 언급하지 않았다."[40] 대신 그는 논평을 통해 이렇게 말했다. "선의를 잃은 사람들, 스캔들만 쫓는 사람들, 분열만 쫓는 사람들, 파괴만 쫓는 사람들은 물론, 심지어 가족 내에서도 침묵과 기도가 필요합니다."[41] 그러나 그리스도인의 "침묵의 미덕"은 가톨릭 교회의 또 다른 잘못된, 진실을 억압하는 내러티브인 것처럼 보인다.

진실을 억압하는 또 다른 방법은 증인들을 협박하는 것이다. 케리 라두서가 윌로우 크릭 교회의 인사부에 빌 하이벨스에 관한 불만을 제기했을 때, 그녀는 윌로우 크릭 캠퍼스에서 해당 보고서에 서명해야 한다는 말을 들었다. 뿐만 아니라 그녀가 캠퍼스 근처에 이르렀을 때는 물론 캠퍼스에 도착한 직후에도 그 사실을 교회에 알려야 한다는 요구를 받았다. 결국 그녀가 교회 주차장으로 들어가 불안해하면서 차에서 내렸을 때, 그녀는 곧바로 빌 하이벨스와 맞닥뜨렸다. 그는 "안녕, 꼬마야"라고 말했다. 이런 식의 돌발적인 만남이 케리에게는 불길하게 느껴졌다. 그녀는 하이벨스를 피하려 했지만, 그는 세 차례나 그녀와 대화하려고 시도했다. 다행히도 케리의 한 친구가 그 주차장에 있었고, 케리는 그 친구의 팔을 붙잡고 그녀와 함께, 울면서 그리고 몸을 떨면서, 교회 안으로 들어갈 수 있었다.[42]

나중에 교회의 선임 리더들은 의도적으로 협박한 적이 없다고 진술서에 서명했고, 윌로우 크릭 교회는 케리가 주차장에서의 대면을 잘못 설명했다고 주장했다(그러나 이때도 그녀의 이름은 언급되지 않았다). 윌로우 크릭 가족 모임의 주무대에서 청중은 이런 진술을 들었다. "의혹을 **논박하는**⋯ 객관적인 증거, **객관적인** 증거—이메일 증거, 비디오 영상—가 있었습니다."[43] 그러나 그 비디오 영상은 회중에게 결코 공개되지 않았다.

우리가 보기에 진실을 억압하는 가장 극적인 예는 역시 빌 하이벨스와 윌로우 크릭 교회로부터 나왔다. 2018년에 나온 장로회의 간략한 논평에 따르면, 하이벨스와 이름이 밝혀지지 않은 한 여자 사이에 주고받은 1,150개의 이메일이 발견되었다. 그러나 장로들은 그 이메일의 내용을 평가하지 않았고, 나중에 회중에게 그 이메일들이 삭제되어 복구할 수 없게 되었다고 전했다. 담당 목사 중한 명은, 그 이메일들은 "어느 기업이나 조직에서든 일어날 수 있는 통상적인 삭제 시간" 때문에 복구될 수 없었다고 말했다. 또한 "포렌식 회사에서 찾아낸 한 가지 사실은 이런 이메일들이 물리적으로 삭제되지 않았다는 것이다. 그것들은 자연스럽게 시스템에서 사라졌다. … 아무도 시스템 안으로 들어가서 그것들을 삭제하지 않았다"[44]라고 설명했다.

빌 하이벨스도 같은 회중 모임에서 사라진 이메일에 대해 다음과 같이 설명했다.

여러분 다수가 저와 아주 긴밀한 상호관계를 맺어 왔기에 잘 아시겠지만, 목사의 일은 아주 복잡합니다. … 저는 전 세계의 수많은 목사들과… 그리고 리더들과 접촉하고 있습니다. … 아주 많은 사람들이 **아주** 사적인 문제들로 저와 연락하고 싶어 합니다. 그런데 저는 전 직원에게서 해킹을 당했는데, 그때 문득 제가 온갖 이메일들을 갖고 있으며, 만약 그것들이 공개된다면, 수많은 사람들의 삶이 망가지리라는 것을 깨달았습니다. … 저는 사람들이 기밀에 관해 걱정하지 않고 제게 속마음을 털어놓을 수 있는 수준의 보안을 원했습니다. [45]

기밀과 보안에 관한 이런 설명은 완벽하게 그럴듯해 보였다. 그 결과, 많은 사람들이 하이벨스와 이름이 밝혀지지 않은 그 여자가 아주 많은 수의 이메일을 주고받은 것에 관한 우려를 떨쳐버렸다. 그러나 낸시 오트버그가 블로그에 폭로하는 글을 쓰고 나서, 진실이 표면에 떠오르기 시작했다. [46] 그녀는 윌로우 크릭 연합회 이사회의 구성원들과 교회 장로들 사이에 있었던 한 회의에 관해 다음과 같이 묘사했다. (참고로, 아래의 글에서 "이 두 여성"은 하이벨스와 부적절한 관계를 가졌다고 인정한 이름이 밝혀지지 않은 두 여성을 가리킨다.)

빌은 그의 이메일이 자주 그리고 정기적으로 영구히 삭제되도록 한 "인터넷 회사와의 특별 협정"에 관해 질문을 받았습니다. 그 회의가 진행되는 동안, 한 장로가 윌로우 크릭 연합회 이사회(WCA Board)에 윌로우 크릭 교회는 "그 어떤 문서 보관 정책"도 갖고 있지 않다고 말했습니다. 어느 쪽 이사회든 이런 협정에 관해 들은 것이 그때가 처음이었습니다. 하지만 이 두 여성은 각각 빌이 자기들에게 수년 전에 이 "특별 협정"에 관해 말한 적이 있다

고 전했습니다.[47]

참고로, 대부분의 대규모 기관들은 특정한 문서들(이메일 및 기타 형태의 서신을 포함하되 이에 국한되지 않음)을 삭제하거나 파기하기 전에 얼마 동안 보관해야 하는지를 규정하는 정책을 갖고 있다. 예컨대, 그 기간은 문서의 형태에 따라서 3년, 5년, 혹은 7년이 될 수도 있다. 그러나 윌로우 크릭 교회에서는 그런 정책이 없었기 때문에 빌과 다른 사람들은 그들이 원할 때마다 자유롭게 문서들을 파기하거나 삭제할 수 있었다.

여기서 진짜 문제는, 통제의 부족은 차치하더라도, 하이벨스가 정보기술부서와 맺은 "특별 협정"이 비공개로 이루어졌다는 사실이다. 적어도 우리는 이 협정이 단순히 기밀을 위한 것이었는지에 대해 질문할 수 있다. 그의 이메일은 그 부적절한 내용이나 과도한 소통에 관해 누구도 알지 못하게 하려고 삭제된 것이 아닐까? 만약 그것이 하이벨스가 가족 모임에서 설명한 것처럼 기밀 때문이었다면, 어째서 그 협정의 존재가 공개적으로 공유되지 않았을까? 투명성이 없는 곳에서는 언제나 의혹이 생기기 마련이다.

우리는 소버린 그레이스 교회(SGC) 네트워크 안에서 정보를 억압하는 또 다른 예를 보았다. 잡지 「렐러번트(Relevant)」의 보도에 따르면, "SGC의 이전 교인들은 교회 리더들에 의한 성폭력 사례들에 관해 당국에 알리지 말라는 말을 들었으며, 리더들이 그런 의혹들을 의도적으로 묵살하거나 알려진 가해자들에 대해 교회에 경고하지 않는 것을 보았다고 주장했다."[48]

진실이 억압되고 침묵이 유지될 때, 학대자들은 계속 활동하면서 다른 사람들을 학대하고 해칠 수 있다. 발생한 일에 관해 아는 사람들은 피해자와 침묵자들뿐이다. 침묵과 억압이 가짜 내러티브가 될 때, 그런 내러티브가 전하는 메시지는 피해자들은 중요하지 않으며, 가해자들의 행위 또한 밝힐 만한 가치가 없다는 것이다.

8. 가짜로 사과하기

우리가 다룰 마지막 가짜 내러티브는 우리가 **가짜 사과**(fake apology)라고 부르는 것이다. 가짜 사과는 진짜 사과처럼 고백이나 회개로부터 나오지 않는다. 오히려 그것은 피해자를 비난하고, 청중을 달래고, 변명을 늘어놓고, 부적절한 행동을 정당화하려고 한다. 하나의 가짜 내러티브는 또 다른 가짜 내러티브를 낳는다. 아래는 웨이드 뮬렌의 주장을 간략히 요약한 것이다. 자세한 내용을 보려면 그가 게시한 글 "기관이 사과하려 할 때 목격한 것과 그들이 더 잘 사과할 수 있는 방법"(What I've Observed When Institutions Try to Apologize and How They Can Do Better)[49]을 읽어볼 것을 권한다.

뮬렌이 확인한 사과 아닌 사과의 첫 번째 형태는 다른 사람을 "비난하는 사과"다. "이에 대한 전형적인 예는 '당신이 그렇게 느꼈다니 유감입니다'라는 사과다."[50] 여기에는 잘못에 대한 인정은 없고, 다만 다른 사람이 너무 예민하다거나 상황을 잘못 해석했다는 조작적인 암시만 있을 뿐이다.

그다음 가짜 "사과"는 달래는 것이다. "이것은 잘못을 바로잡기 위해 필요한 모든 일을 수행하려는 시도가 아니라, [어떤] 격렬한 항의를 잠재우기 위해 필요한 최소한의 조치만 제공하려는 시도다."[51]

세 번째는 변명을 동반한 "사과"다. 뮬렌은 이것을 "사-명"(apoloscuse)* 이라고 부른다. 그것은 여러 형태로 나타날 수 있으나, 그것들 모두는 악을 행한 자에 대한 비난이나 인식을 바꾸려고 한다. 교회는 진실을 말하는 사람을 비방하는 것은 "결코 우리의 의도가 아니었다"라고 하거나, 혹은 "그것은 우리의 통제 밖에 있었다"라고 말할지도 모른다. 그런 변명은 사과의 골자를 빼버림으로써 그것을 무의미하게 만든다.

교회는 또 다른 사과 아닌 사과를 함으로써 그 행동을 정당화하려고 할 수 있다. 즉, 교회는 한 리더의 죄가 "그렇게 나쁜 것은 아니다"라고 말하거나, 혹은 그 여자가 남자 목사와 단둘이 있지 말았어야 했다고 암시하거나, 혹은 그녀의 남편이 개입했어야 했다고 주장할 수도 있다.

뮬렌은 또한 자기 홍보의 관점에서 표현되는 "사과"에 대해 지적한다. "수많은 공적 사과문이… 왜 [그 기관이] 여전히 [그것의] 지지자들로부터 지속적인 지원과 격려를 받아야 하는지를 설명하는 광고

---

* 사과(apology)와 변명(excuse)를 합성한 말.

물이 되고 만다."[52] 뮬렌은 기관들은 그들이 "피해자들과 같은 편에 있다"라고 선언해서는 안 된다고 덧붙인다. 그는 그런 결정은 단지 피해자들만 할 수 있다고 말한다.

마지막으로, 뮬렌은 기관에 대한 동정을 끌어모으는 사과 아닌 사과에 대해 설명한다. 이는 "우리 역시 고통당하고 있다"라는 식의 진술로, "상처받은 이의 고통을 상처를 준 이의 고통으로 대체"하려는 경향이 있다.[53]

결론적으로, 값싼 사과는 결코 사과가 아니다. 그것은 사실상 변명하거나, 달래거나, 죄를 정당화하거나, 죄인에 대한 동정을 끌어모으려는 시도일 뿐이며, 옳은 일을 하고 있다고 주장하는 가짜 내러티브일 뿐이다. 진정한 사과는 항복, 고백, 책임, 시인, 그리고 공감을 포함한다. 뮬렌은 말하기를, "그리고 그렇게 깨진 자리에서야 '정말 죄송합니다'라는 말이 나올 수 있다"[54]라고 했다.

✝ ✝ ✝

자, 이만하면 되었을 것이다. 우리는 지금까지 너무 많은 교회들에 만연해 있는 유해한 문화의 실례와 증거들을 충분히 제공했다고 믿는다. 따라서 이제 우리의 관심을 앞으로 나아갈 방법을 찾는 쪽으로 돌려보자. 이어지는 장들에서는 하나님의 방식으로 우리 교회를 평가하는 법—교회들이 얼마나 선한지(tov)를 기준으로—을 배우기 위해 선한(tov) 문화에 이르는 지도를 제공할 것이다.

2부

토브 써클

그it 토브: 선함

주를 두려워하는 자를 위하여 쌓아 두신 은혜 곧 주께 피하는 자를 위하여 인생 앞에 베푸신 은혜가 어찌 그리 큰지요

_시편 31편 19절

진실은 사자와 같다. 당신은 그것을 옹호할 필요가 없다. 그것을 풀어놓기만 해라. 그러면 그것이 스스로를 변호할 것이다.

_성 아우구스티누스

당신이 생각하는 문화 시스템이 아무리 복잡하고 광범위할지라도, 그것이 변화되는 유일한 방법은 극소수의 사람들이 혁신을 일으키고 새로운 문화적 선함을 창조하는 것이다.

_앤디 크라우치, *Culture Making*

그러나 너희는 택하신 족속이요 왕 같은 제사장들이요 거룩한 나라요 그의 소유가 된 백성이니 이는 너희를 어두운 데서 불러내어 그의 기이한 빛에 들어가게 하신 이의 아름다운 덕을 선포하게 하려 하심이라

_베드로전서 2장 9절

A CHURCH CALLED
TOV

5장
선한 문화 만들기

교회의 문화는 중요하다. 우리가 문화 **안에서** 살고 문화 **안으로** 들어갈 때, 그 문화 역시 우리 안에서 살고 우리 안으로 들어오기 시작한다. 선한 문화는 선을 향해 나아가도록 우리를 형성하고, 유해한 문화는 악을 향해 나아가도록 우리를 형성한다. 물론 우리는 교회 문화에 맞서고 그것을 바꿀 수 있다. 그러나 때로 그런 저항은 허리케인을 붙잡아 앉히려는 것과 같다.

우리가 하나님과의 관계를 이해하고 느끼는 방식은 우리가 속한 문화에 의해 형성되고 길러진다. 우리는 교회의 리더들 및 회중과 관계하는 방식—즉, 그들이 인정하거나 인정하지 않는 것에 대해 우리가 순응하는 것—을 하나님과 관계하는 방식과 동일시하는 경향이 있다. 종종 그 기준은 강단을 통해 노골적으로 가르쳐진다. "이런 사람이 되기를 원합니다." 그러나 더 자주 인정이나 비인정은 교묘한 방식으로, 즉 어떤 성경 구절이 가르쳐지거나 가르쳐지지 않는지를 통해, 주일에 누가 강단에 서는지를 통해, 누가 지도부에 선출되는지를 통해, 혹은 교회가 세상과 상호작용하는 방식에 대한 지배적인 내러티브를 통해 전달된다.

우리는 자신을 강인한 개인주의자라고 **생각하고** 싶어 할지 모르지만, 사실은 그렇지 않다. 우리는 타자와의 관계 속에서 우리의 정체성을 형성해간다. 만약 어느 교회가 서로의 관계에 있어서 타락했거나 유해하다면, 그 교회는 타락하고 유해한 인정 기준들을 가지고 있을 것이다. 만약 어느 교회가 서로의 관계에 있어서 선하고 건강하다면, 그 교회는 선하고 건강한 인정 기준들을 가지고 있을 것이다. 물론 완벽한 교회는 없다. 어디에나 부패와 선이 혼재되어 있기 마련이다. 그러나 우리는 계속해서 선을 추구해야 한다. 우리가 처한 환경이 우리가 어떤 사람이 될지에 영향을 주기 때문이다. 우리가 어느 교회에 오래 머물면 머물수록, 우리는 그 교회의 문화를 그만큼 더 흡수하게 된다. 이것이 데이비드 브룩스가 그의 책 『두 번째 산』에서 문화가 우리를 형성하는 힘을 결코 과소평가하지 말라고 경고하는 이유다.

처음부터 한 가지를 분명하게 해두자. 교회를 선택하는 것은 곧 문화를 선택하는 것이다. 그리고 우리가 선택하는 문화가 곧 우리가 어떤 사람이 될지를 결정한다. 그러므로 주일 아침에 누가 설교를 하는지, 누가 예배를 이끄는지, 우리가 선호하는 음악의 스타일이 무엇인지에 기초해 교회를 선택하기보다는 그 교회 공동체의 **문화**에 기초해 교회를 선택하는 것이 현명하다. 이 장에서는 **선한**

교회 문화, 곧 우리가 **토브의 문화**(a culture of *Tov*)라고 부르는 것이 지닌 중요한 요소들을 몇 가지 살펴보고자 한다.

예수께서는 문화를 이해하신다

문화가 어떻게 사람들을 형성하는지에 관해 예수께서 하신 짧은 설교를 읽는 것으로 시작하자. 그분은 눈으로 들어오는 것이 어떻게 몸 전체를 변화시키는지에 관해 간단한 비유를 이용해 말씀하셨다.

> 네 몸의 등불은 눈이라 네 눈이 성하면 온 몸이 밝을 것이요 만일 나쁘면 네 몸도 어두우리라 그러므로 네 속에 있는 빛이 어둡지 아니한가 보라 네 온 몸이 밝아 조금도 어두운 데가 없으면 등불의 빛이 너를 비출 때와 같이 온전히 밝으리라(눅11:34-36)

예수의 이 말씀을 유연하게 재해석해 보겠다. 우리 교회의 문화라는 눈은 교회 전체를 위해 빛을 제공한다. 만약 우리 교회의 눈이 건강하다면, 우리 교회의 문화 전체가 빛으로 가득 찰 것이다. 반면에, 만약 우리 교회의 눈이 건강하지 않다면, 우리 교회의 문화 전체가 어둠으로 가득 찰 것이다. 우리 교회가 빛으로 가득 찰 때, 교회의 삶은 빛나게 될 것이다. 문화는 중요하다. 왜냐하면 그 문화의 빛이 모든 곳으로 스며들기 때문이다.

블로그 글에 대한 놀라운 반응

2018년 6월 9일에 나(스캇)는 개인 블로그 <예수 신경>에 교회들이 의도적으로 **선함의 문화**(goodness culture)를 육성할 필요가 있다는 내용의 간단한 글을 하나 올렸다.[1] 그때 나는 꽤 많은 사람들이 '선하다'(good) 혹은 '선함'(goodness)이라는 단어가 얼마나 의미 있는지에 관해 내게 개인적으로 글을 쓰거나 대화를 해와서 깜짝 놀랐다. 교회가 **선해야** 한다고 제안하는 것이 어째서 그렇게 의미 있는 일이었을까? 우리가 **선함**을 추구해야 한다는 것이 어째서 그토록 많은 사람들에게 놀라운 것이 되었을까?

그 이유는 다음과 같다. 우리는 '선하다'라는 단어가 자신에 대해 사용될 때 왠지 모를 불편함을 느낀다. 많은 사람들에게 '나는 선하다'라는 말은 오만함의 극치로 여겨진다. 개신교 신학의 한 가지 함의는 선하다고 말하는 모든 것은 부적절하거나, 신학적으로 잘못되었거나, 적어도 비기독교적인 자랑에 불과하다는 것이다. 내가 어린 시절에 흠정역(KJV)에서 배운 성경의 한 구절—"선을 행하는 자는 없나니 하나도 없도다"(롬3:12)—은 바울이 율법이 어떻게 우리의 죄를 확립하는지를 보여주기 위해 구약성경을 인용하는 로마서 3장의 핵심 구절이다. 이 문맥에서 바울은 죄인인 우리가 자신을 위해 주장해서는 안 되는 일련의 덕목들을 나열한다.

> 아무도 의롭지 않다(롬3:10).
> 아무도 참으로 지혜롭지 않다(3:11).
> 아무도 하나님을 찾지 않는다(3:11).
> 아무도 선을 행하지 않는다(3:12).
> 아무도 평안의 길을 알지 못한다(3:17).
> 아무도 하나님을 두려워하지 않는다(3:18).

모두가 죄의 거대한 그물망에 갇혀 있기 때문에 아무도 하나님 앞에서 "나는 선합니다"라고 말할 수 없다. 그것은 성경에 반하는 것이다.

그런데 정말로 그럴까?

우리의 선에 대해 이렇게 담대하게 부인하는 것은 성경 전체의 이야기가 아니다. 비록 우리가 선하지 않을지라도, 하나님은 모든 것을 뒤바꾸시고, 우리를 부르셔서 선을 행하고, 선하게 되며, 선한 행실로 알려지라고 명하신다. 그렇다면 우리는 "아무도 선하지 않다"와 "선하게 되라"를 어떻게 화해시킬 수 있을까? 우리는 스스로의 힘으로는 결코 선할 수 없다. 우리 안에서는 선함을 만들어낼 수 없다. 선을 행하고 선하게 되는 것은 **오직** 하나님의 능력 주심을 통해서만 가능하다.[2] 선함은 우리의 삶에 성령께서 임재하심을 보여주는 증거 중 하나다(갈5:22).

선함은 이 책에서 아주 중요하기에, 우리는 시간을 들여 성경이 그것에 관해 말씀하시는 내용을 이해해 보려고 한다.[3]

토브에 관한 핵심 개념

'선하다(좋다)' 혹은 '선함'에 해당하는 히브리어 **토브**(tov)는 틀림없이 성경에서 가장 인기 있는 단어 중 하나다. 성경에서 그 단어가 700회 이상 나타나는 것을 볼 때, 성경을 토브에 관한 책이라고 말해도 과언이 아닐 것이다. 아모스서에 등장하는 다음과 같은 시적인 구절은 하나님의 부르심을 듣는 자들에게 선함이 얼마나 중요한지를 분명하게 보여준다.

> 너희는 살려면 **선**을 구하고 악을 구하지 말지어다 만군의 하나님 여호와께서 너희의 말과 같이 너희와 함께 하시리라 너희는 악을 미워하고 **선**을 사랑하며 성문에서 정의를 세울지어다(암 5:14-15)

성경의 첫 장에서부터 토브는 성경을 요약하는 용어, 즉 하나님이 우리가 어떻게 살기를 바라시는지를 보여주는 '실행 덕목'으로 등장한다. 토브는 여러 방향으로 뻗어 나간다. 그러므로 이제 그것을 몇 가지 주제들로 나눠서 살펴보자.

① 하나님만이 토브(선함)*이시다

선함 혹은 토브는 무엇보다도 하나님과 연관되어 있다. 하나님은 선함(tov)**이시다**. 시편 기자는 이렇게 선언한다. "주는 선(tov)하사 선(tov)을 행하시오니"(시119:68). 하나님은 모세에게 그분의 영광을 드러내기로 하셨을 때, 모세를 시내산 바위 틈에 숨기신 후 이렇게 말씀하셨다. "내가 내 모든 선한 것(tov)을 네 앞으로 지나가게 하고 여호와의 이름을 네 앞에 선포하리라"(출33:19). 하나님의 선하심(tov)이 모세 곁을 지나갈 때, 하나님의 손바닥이 모세를 보호하여 그분의 영광의 강렬함으로 말미암아 그가 소멸되지 않도록 했다. 하나님의 선하심(tov)이 지나갔을 때, 그분은 비로소 여호와라는 그분의 이름을 선포하셨다. 따라서 하나님의 선하심(tov)은 그분의 이름과 떼려야 뗄 수 없는 관계가 되었다. 이것이 성경에서 토브가 그토록 중요한 이유다.

하나님은 선함(tov)**이시고**, 선함(tov)을 **행하신다**. 이는 종종 하나님의 언약 체결과 관대한 구원 행위를 가리킨다. "여호와께서 이스라엘 족속에게 말씀하신 선한 말씀이 하나도 남음이 없이 다 응하였더라"(수21:45). 하나님은 선하실 뿐 아니라, 그분의 선하심으로 우리를 좇으신다. "내 평생에 선하심과 인자하심이 반드시 나를 따르리니"(시23:6). 피난처를 찾아 그분께로 돌아서는 자들은 "너희는 여호와의 선하심을 맛보아 알지어다"(시34:8)라는 초청을 받는다. 이 선

---

* 이후로 '선함'과 '토브'를 혼용해서 사용함. 둘은 같은 것임.

하심을 맛보는 자들은 또한 "하나님께 가까이함이 내게 선(tov)이라*"(시73:28)고 말할 수 있다.

하나님께로 돌아서서 그분의 선하심을 맛보고 그분을 가까이하는 자들은 곧 선하신 하나님이 신적 사랑으로 충만하시다는 것을 깨닫게 된다. 그러므로 목소리를 높여 다윗과 함께 노래하자. "주는 선하사 사죄하기를 즐거워하시며 주께 부르짖는 자에게 인자함이 후하심이니이다"(시86:5). 성경에서 선함, 곧 토브는 중요한 단어다. 성경의 하나님이 완전하게 선함(tov)이시기 때문이다.

② 하나님의 계획은 선(토브)하다

토브는 모든 피조물을 위한 하나님의 계획이다. 그분은 모든 것을 선함을 위해 형성하신다. 하나님은 "혼돈하고 공허한"(창1:2) 것을 창조된 질서로 바꾸시면서 그분이 창조하신 모든 것에 계획, 목적, 그리고 기능을 부여하셨다. 토브는 하나님이 하신 모든 일에 대한 예술적 평가다.⁴ 즉, 완벽하다, 탁월하다, 내가 원했던 그대로다! 다시 말해, 토브는 아름다움, 미학, 탁월함, 그리고 우리의 시각과 청각을 즐겁게 해주는 것에 관한 것이다. 잘 연주된 피아노, 조화로운 골프 스윙, 상황에 맞는 적절한 단어, 모든 구조물 위에 우뚝 서서 우리에게 기도하며 경배하라고 손짓하는 유럽의 대성당, 아름답게 꾸며진 식당, 잘 조직된 행사, 코를 박고 잔디밭을 가로질러 가는

---

* 개역개정은 "복이라"고 번역하였다.

쾌활한 비글 강아지 등과 같은 것이다. 이 모든 것이 토브다. 토브
는 시각적으로 즐겁고 유쾌한 것, 바람직한 것, 품질이 좋은 것, 그
리고 탁월한 것을 나타낸다. 모든 것이 제자리에서 제 역할을 적절
하게 수행할 때, 우리는 그것을 '토브'라고 말한다.

　우리가 하나님의 계획을 따라 살아갈 때, 우리는 **사랑하는** 사
람이 된다. 우리를 향한 하나님의 궁극적인 계획은 사랑이다. 어느
율법 전문가가 예수께 하나님께 인정을 받으려면 무엇을 해야 하
느냐고 물었을 때, 예수께서 그에게 뭐라고 대답하셨는가? 하나님
을 사랑하고 다른 사람들을 사랑하라고 하셨다(막12:28-32). 이것이 내
(스캇)가 "예수 신경"[5]이라고 부르는 것이다. 하나님을 사랑하고 다른
사람들을 사랑하는 것이야말로 우리가 행하도록 부름 받은 '모든
것'이다. 그런데 이 모든 것이 우리의 존재 깊은 곳까지 스며들어
우리의 성품을 사랑으로 변화시킨다. 사랑하는 것이 곧 토브다.

　우리를 위한 하나님의 계획은 **성령에 잠기고, 성령으로 충만하**
고, 성령에 이끌리는 삶을 통해 열매를 맺게 된다. 사랑은 성령의
첫 번째 열매이며, 성령에 열려 있는 모든 사람은 하나님을 사랑하
고 다른 사람들을 사랑한다. 성령에 열려 있는 모든 사람은 토브로
충만해질 것이다.

　토브의 삶은 우리 안에서 시간이 지나면서 발전한다. 아무도,
특히 우리가 만났던 사람들 그 누구도, 그리스도인으로서 살아가는
첫날부터 갑자기 깨어나 곧바로, 영원히, 깊이 사랑하는 사람이 되
었던 경우는 결코 없다. 시간이 지나면서, 우리를 향한 하나님의 계

획을 따라, 그리고 우리의 삶 속에서 역사하시는 하나님의 성령에 의해, 우리는 토브의 성품—하나님이 인정하실 수 있는 성품—을 발전시켜 간다. 토브의 성품은 성령으로 충만한 토브의 행동에 의해 형성되며, 토브의 성품을 가진 사람들은 토브의 방식으로 행동한다. 다시 말해, 토브는 **활동적**이다.

③ 토브는 활동적이다

토브는 우리의 도덕적 미덕을 위한 하나님의 계획이다. 토브는 단순한 관념이 아니라 실제로 일어나는 일이며, 눈에 보이는 행동이다. 사도 베드로는 예수의 공적 사역을 요약하면서 이렇게 말했다. "하나님이 나사렛 예수에게 성령과 능력을 기름 붓듯 하셨으매 그가 두루 다니시며 **선한 일을 행하시고** 마귀에게 눌린 모든 사람을 고치셨으니 이는 하나님이 함께 하셨음이라"(행10:38) "선한 일을 행하다"라는 표현에 해당하는 그리스어는 '에우에르게테스'(euergetes)인데, 그것은 '에우'(eu, '선한' 혹은 tov)와 '에르게테스'(ergetes, '일함', '일을 행함')을 합성한 말이다. 요한복음 10장 11절에서 예수께서는 자신을 "선한 목자"라고 칭하신다. 예수께서는 본질적으로 선하셨기 때문에 눈에 보이는 선함의 삶을 사셨다. 토브의 메시아는 자연스럽게 토브를 행하고 다니셨다.

우리는 이것을 더 강조해서 말할 수 있다. 예수께서는 단순히 토브를 **행하신** 것만이 아니라, 그분 자신이 토브**이시다**. 예수를 바라볼 때 우리는 토브를 본다. 예수를 닮는 것(Christlike)은 토브가 되는 것이고, 토브가 되는 것은 예수를 닮는 것이다.

적극적으로 토브를 행한다는 주제는 성경 전체에서 발견된다. 하나님께 대한 솔로몬의 유명한 탄원은 우리가 토브이신 하나님 앞에서 어떻게 살아야 하는지를 아주 잘 요약한 것이라 할 수 있다. 그는 하나님이 [주의 백성 이스라엘에게] 그들이 마땅히 행할 **선한**(tov) 길을 가르쳐 주시오며"(왕상8:36)라고 기도한다. 하나님의 백성은 "토브의 길", 즉 우리를 향한 하나님의 아름다운 계획의 길을 따라 살아가야 한다. 예수께서는 우리의 적에게 "선을 행하라"고 그리고 "선한 열매"를 맺는 사람이 되라고 가르치셨다(눅6:35; 마7:17-19).

그러나 우리는 우리 자신을 선한 사람으로 만들 수 없음을 기억하자. 하나님만이 그분의 성령의 능력으로 우리를 변화시키신다. 그분께 선함*은 자연스러운 열매다(갈5:22). 사도 바울은 로마의 그리스도인들에게 이와 같은 말로 격려했다. "내 형제들아 너희가 스스로 **선함**이 가득하고 모든 지식이 차서 능히 서로 권하는 자임을 나도 확신하노라"(롬15:14). 에베소 교인들에게 편지하면서도 바울은 갈라디아 교인들에게 성령의 열매와 관련해서 했던 말을 다시 상기시킨다. "빛의 열매는 모든 **착함**과 의로움과 진실함에 있느니라"(엡5:9). 거듭해서 신약성경은 우리에게 **선함**으로 형성된 사람이 되라고 요구하는데, 이 용어는 구약성경의 토브와 동일한 말이다.[6] 큰소리로 말해보자. "성령의 열매는 토브다."

---

* 개역개정역에는 "양선"으로 번역되어 있다.

토브의 가장 중요한 표현은 **관대함**이다. 마태복음 20장 1-15절에 나오는 포도원 일꾼들의 비유에서 포도원 주인(이 비유에서 그는 하나님을 상징한다)은 이렇게 말한다. "내가 **관대하기에** 네가 악하게 보느냐?"*7 ESV에서 이 구절은 "너희는 내 **관대함**을 못마땅하게 여기는 것이냐?"8로 번역되어 있다. 볼드체로 된 이 용어에 해당하는 그리스어는 '아가토스'(agathos)인데, 그것은 영어로 '선하다'(good)에 해당하는 또 다른 단어다. 만약 그 문장이 히브리어였다면, 거기에 토브라는 단어가 쓰였을 것이다. 선하게 되는 것은 곧 관대해지는 것이다. 관대함의 옆에는 성실함, 충실함, 은혜로움, 친절함 등이 함께한다.

최근에 나(스캇)는 내가 좋아하는 전미대학체육협회(NCAA) 남자 농구 코치 중 하나인 버니지아 대학교의 토니 베넷(Tony Bennett)에 관한 이야기를 읽은 적이 있다. 2019년에 그가 이끄는 팀이 처음으로 전국 챔피언십에서 우승을 거둔 뒤, 베넷은 대학 측으로부터 계약 연장과 연봉 인상에 대한 제안을 받았다. 그는 계약 연장에는 동의했으나, 연봉에 대해서는 다른 생각을 가지고 있었다. 아래에 있는 그의 이야기를 읽는다면, 당신 역시 나와 같은 반응을 보일 것이다. 그것이 곧 토브다!

　　토니 베넷은 계약은 1년 더 연장하면서도 연봉 인상은 거부했다.
　　캐벌리어스**는 월요일에 계약 연장을 발표하면서, 베넷이 자신

---

* 역자 번역.
** Cavaliers-버지니아 대학교 농구팀.

의 직원들에게 더 많은 급여를 지급하고, 자신의 프로그램뿐 아니라 버지니아의 다른 운동팀들을 개선하는 데 돈을 사용해 달라고 요청했다고 밝혔다.

"[제 아내] 로렐과 저는 좋은 상황에 있고, 전에 저의 계약금이 인상된 적도 있었습니다"라고 베넷은 보도 자료를 통해 말했다. "저희는 지금 저희의 상황에, 그동안 일어난 모든 일에, 그리고 이 운동부와 이 공동체, 이 학교에 관해 생각할 때 아주 큰 평안을 느낍니다. 저는 버지니아 대학교(UVA)를 사랑합니다." …

"저는 충분한 것 이상을 갖고 있습니다. 그리고 만약 이것으로써, 즉 [남자 농구팀에] 너무 많은 금액을 묶어두지 않음으로써, 운동부와 다른 프로그램과 코치들을 도울 수 있다면, 그것이야말로 제가 바라는 것입니다." …

"토니의 결정—마땅히 받을 만한 연봉 인상을 거부하고 대신에 자신의 선수들과 더 넓게는 UVA 운동부에 투자하기로 한 것—은 그가 한 명의 리더로서 그리고 한 인간으로서 어떤 사람인지를 잘 보여줍니다"라고 버지니아 대학교 총장 짐 라이언(Jim Ryan)이 말했다. "토니는 제가 만났던 가장 이타적인 사람 중 한 명이며, 이번 결정은 그의 이타심을 보여주는 가장 최근의 사례일 뿐입니다."[9]

토브는 관대함이고, 관대함은 토브다. 토니 베넷은 적극적으로 토브를 추구하는 것이 무엇인지를 보여주었다. 이런 행위는 팀에, 운동부에, 그리고 학교 전체에 토브의 문화가 형성되도록 돕는다.

선함을 실행하는 개인은 선함의 문화가 형성되도록 돕는다.

④ 토브는 악에 저항한다

사도 바울은 우리에게 토브라는 신적 계획을 실천하라고 권한다. 그는 하나님이 우리가 토브를 행하도록 계획하셨다고 말한다. "우리는 그가 만드신 바라 그리스도 예수 안에서 **선한 일을 위하여** 지으심을 받은 자니 이 일은 하나님이 전에 예비하사 우리로 그 가운데서 행하게 하려 하심이니라"(엡2:10). 베드로 역시 교회가 두려움과 고통 앞에서도 "어리석은 사람들의 무식한 말을 막기 위해" 토브를 행할 것을 권면한다(벧전2:15).[10] "그러므로 하나님의 뜻대로 고난을 받는 자들은 또한 선을 행하는 가운데에 그 영혼을 미쁘신 창조주께 의탁할지어다"(벧전4:19). 베드로는 또한 우리에게 "모든 인간 권위자에게 주를 위해 순종하라"고 말하며, 그들의 목적은 "선행하는 자를 포상하기 위한" 것이라고 말한다(벧전2:13-14).

앞에서 언급했듯이, 우리 개신교도들은 인간에게 '선하다'라는 단어를 적용하는 것에 신경을 곤두세우는 경향이 있다. 베드로전서의 몇몇 번역들도 이런 불안함을 반영해 '선하다'라는 단어를 '존경할 만하다' 혹은 '옳다'와 같은 단어로 대체한다. 그러나 베드로전서의 이런 구절들은 모두 그 단어를 '선하다' 혹은 '선을 행하다'라는 의미로 사용할 수 있다.

성령의 열매는 사랑으로 시작하며, 선함을 포함한다. 그러나 만약 우리가 갈라디아서 5장 22-23절에서 언급되는 긍정적인 특성들에만 초점을 맞추고, 19-21절에서 묘사되는 "육체의 일"을 간과한다면, 중요한 것을 놓치게 될 수 있다. 그것은 바로 성령의 열매의 각 요소는 **저항의 행위**이기도 하다는 것이다. 토브를 행하는 것은 우리에게 토브가 아닌 것에 저항하도록 요구한다. 성령 안에서 사는 것은 육체의 일이나 행위에 저항하는 것이다. 거듭해서 성경은 우리에게 선을 추구하고 악에서 돌아서라고 가르친다. 바울은 "육체의 일은 분명하다"라고 쓰면서, 성적 부도덕, 증오, 질투, 분냄, 이기적인 야망 같은 것들을 열거한다(갈5:19-20). 토브의 삶을 사는 것은 이런 육체의 일의 사악함과 유해함에 저항하는 것을 의미한다.

악에 저항한다는 것은 성경 전체에 걸쳐 깊이 울리는 주제다. 성경의 처음부터 '토브'(tov, 선)는 '라'(ra, 악)와 대척점에 놓인다. "동산 가운데에는… 선(tov)과 악(ra)을 알게 하는 나무도 있더라"(창2:9). 하나님만이 '토브'와 '라'의 깊이를 아신다(창3:5). '토브'가 그분이 계획하신 창조세계에 대한 하나님의 갈망으로 우리를 이끈다면, '라'는 그 반대 방향으로 우리를 이끈다.

하나님처럼 미래의 메시아도 토브와 라의 차이를 알 것이고(사7:15-16), 선지자가 알고 있는 복이 있는 사람들 역시 그럴 것이다(사56:2). 그러나 순종하지 않는 자들은 "자신들의 악한 마음의 꾀와 완악한 대로 행할" 것이다(렘7:24). 그러기에 시편 기자는 우리에게 "악에서 떠나 선을 행하라"고 말한다(시37:27). 잠언 14장 22절도 이렇게 약속한다. "악을 도모하는 자는 잘못 가는 것이 아니냐 선을 도모하는 자에게는 인자와 진리가 있으리라". 토브를 행하는 자들은 라에게 등을 돌릴 것이다. 하나를 행하는 것은 다른 하나에 저항하는 것이다.

하나님의 궁극적인 인정

토브는 하나님의 궁극적인 인정을 한 단어로 요약한 것이다. 그분은 점수를 매기지 않으신다. 성경은 어디에서도 모세가 A, 다윗이 B, 솔로몬이 C, 이사야가 A, 바울이 A, 그리고 베드로가… 음, 결국 그가 마지막에 잘해서 A⁻를 받았다고 말하지 않는다. 그렇다, 하나님의 최종적인 평가는 단지 토브뿐이다.

예수께서 세례를 받으셨을 때, 하나님은 "이는 내 사랑하는 아들이요 내 기뻐하는 자라"고 말씀하셨는데, 이 말씀이 바로 토브였다(마3:17). 예수의 삶은? 토브였다. 예수의 가르침은? 토브였다. 그의 죽으심과 부활 그리고 승천의 성취는? 토브였다. 그리스도 안에서 그 모든 것이 토브였다.

교회가 하나님이 계획하신 대로 살 때, 우리는 하나님이 만족해하시며 "토브!"라고 말씀하시는 소리를 듣게 된다. 우리가 하나님이 계획하신 대로 부모 노릇을 할 때, 우리가 하나님이 원하시는 일을 할 때, 우리가 하나님이 형성하신 대로 사랑할 때, 그것이 토브다! 우리가 하나님이 계획하신 대로 살고, 행동하고, 말할 때, 우리는 그분이 궁극적으로 인정하시는 말씀을 듣게 된다. 토브!

하나님의 토브는 예수의 비유에 나오는 "잘하였도다!"라는 표현에서도 들려온다(마25:21, 23; 눅19:17). 게다가 예수께서는 그 비유에 등장하는 종들을 "착하고 충성되다"라고 말씀하신다. 그것 역시 다시 한번 토브다. 누가는 요셉이라는 사람을 "선하고 의롭다"라고 묘사하는데(눅23:50), 이는 그의 성품에 대한 종합적인 평가로 나타난다. 토브!

토브는 역사 전반을 아우른다. 창조 때 하나님은 그분이 지으신 모든 것이 그분이 원하신 곳에 바르게 놓인 것을 보시고 최종적으로 인정하는 도장을 찍으셨다. "토브!" 신속하게 최후의 심판 장면으로 넘어가 보자. 그때 우리가 듣고 싶은 유일한 말씀은 이것이다. 토브! 토브는 하나님의 계획이고 하나님의 평가다. 토브는 하나님의 기쁨, 하나님의 매력, 하나님의 만족이다.

토브 복음

한 가지 더 살펴보자. 그것은 약간 곁가지 같은 이야기이기는 하지만 생각해볼 만한 주제다. **복음**이라는 단어는 '토브에 관한 메시지'로 번역될 수 있다. 그 단어는 종종 '좋은(선한) 소식'으로 번역되는데, 이는 정확한 것이다. 그 그리스어는 '좋은, 선한'(*eu*)과 '선언'(*angelos*)이 결합된 단어다. 그리고 여기서 짧은 그리스어 '에우'(*eu*)는 때때로 히브리어 '토브'를 번역할 때 사용되기도 한다.[11] 이를 종합하면, 우리는 이런 결론에 이르게 된다. 복음은 토브에 관한 메시지다. 복음은 토브이신 예수를 통해 우리에게 다가오는, 그리고 그렇게 함으로써 우리를 토브의 대리자로 만드시는 하나님의 토브에 관한 것이다.

교회 문화가 우리에게 끼치는 영향을 이해한다면, 우리는 토브 문화를 만드는 것의 중요성을 과소평가해서는 안 된다. 하나님은 모든 창조세계와 그 안에 있는 모든 것—거기에는 당신과 나 그리고 우리 교회가 포함된다—을 토브를 위해 설계하셨다. 토브는 하나님의 설계이자 그분이 부여하시는 궁극적인 인정이다.

예수, 유일하게 참되신 토브의 사람

모든 교회에—교회의 목사와 리더, 교인들에게—필요한 것은 선함의 모델이다. 토브의 완벽한 모델이 예수라는 것은 놀랄 일이 아니다. 성경을 집어 들고 마태복음 8-9장을 읽어보라. 그러면 당신은 토브가 실천되는 모습을 보게 될 것이다. 예수께서는 가까이 하기 쉽고, 적극적이고, 동정적이고, 겸손하시다.[12] 그분은 가르치고, 격려하고, 훈계하고, 도전하신다. 그분은 보고 들으시기 때문에 치유하고, 용서하고, 회복시키신다. 또한 그분은 라(악함)에 저항하는 토브(선함)의 모델이 되신다. 그분은 "불결한 자들"을 만지시고, 세리들 "그리고 평판이 나쁜 다른 죄인들"과 함께 잡수시고, 사람들 마음에 있는 악과 대결하시고, "간단한 명령으로" 악한 영을 내쫓으시고, "모든 병자들을" 치유하신다(마8:3, 16; 9:4, 10). 그리고 이어서 이런 요약적 진술이 나온다. "예수께서 모든 도시와 마을에 두루 다니사… 천국 복음을 전파하시며 모든 병과 모든 약한 것을 고치시니라"(마9:35). 예수께서 이 모든 일을 행하신 것은, 하나님이 우리 모두를 위해 토브 복음을 성취하시려고 그분과 **함께** 계시고, 그분 **안에** 거하시고, 그분을 **통해** 일하셨기 때문이다.

예수께서는 그분의 삶에 대한 하나님의 **계획**을 알고 계셨다. 그것은 다른 사람들을 위해 살고, 죽고, 부활하는 것이었다. 그분의 삶 전체는 다른 사람들을 위해 사는 삶이었다. 예수께서는 하나님의 계획에 의해 형성된 선하고 아름다운 **미덕**을 지닌 사람이셨다. 그분의 미덕을 가장 잘 보여주는 예는 산상수훈의 팔복(the Beatitudes)인데, 여기서 그분은 (세상의 눈에) '부적절하게' 보이는 모든 사람들을 축복하시고, 그들에게 하나님과 함께하는 특별한 자리를 약속하신다. 그분이 축복하시는 사람들은 다음과 같은 삶의 방식을 특징으로 갖는다.

심령이 가난한 자는 복이 있나니
천국이 그들의 것임이요
애통하는 자는 복이 있나니
그들이 위로를 받을 것임이요
온유한 자는 복이 있나니

그들이 땅을 기업으로 받을 것임이요

의에 주리고 목마른 자는 복이 있나니

그들이 배부를 것임이요

긍휼히 여기는 자는 복이 있나니

그들이 긍휼히 여김을 받을 것임이요

마음이 청결한 자는 복이 있나니

그들이 하나님을 볼 것임이요

화평하게 하는 자는 복이 있나니

그들이 하나님의 아들이라 일컬음을 받을 것임이요

의를 위하여 박해를 받은 자는 복이 있나니

천국이 그들의 것임이라

나로 말미암아 너희를 욕하고 박해하고 거짓으로 너희를 거슬러 모든 악한 말을 할 때에는 너희에게 복이 있나니 기뻐하고 즐거워하라. 하늘에서 너희의 상이 큼이라 너희 전에 있던 선지자들도 이같이 박해하였느니라

_마태복음 5:3-12

지상에서 예수의 삶은 처참한 죽음으로 끝났다. 그러나 그 죽음은 죄와 사망의 굴레를 분쇄할 만큼 강력한 부활의 생명으로 완전히 역전되었다. 예수께서는 성부의 **인정**—그것이 토브다!—과 함께 승천하셨고, 전능하신 하나님 오른편에 앉아 다스리신다. 죽음을 위해 계획된 삶, 생명을 위해 계획된 죽음, 그리고 그분이 가르치신 것과 살아가신 방식에서 드러나는 완전한 선함의 미덕. 예수

께서는 그런 분이시다. 그분은 참으로 토브이시고 아름다운 분이시다.

토브 처치 만들기

만약 교회에 속한 구성원으로서 우리가 예수께서 행하신 토브의 삶의 방식을 추구한다면, 우리는 **토브 처치*** 문화를 만드는 데 기여하게 될 것이다. 토브 처치는 하나님이 그분의 목적을 그분의 방식으로 이루기 위해 계획하신 것이다. 우리는 우리 자신의 힘으로, 근성과 결단력으로, 혹은 영리한 프로그램으로 토브 처치를 만들 수 없다. 토브 처치는 토브—그리고 바울이 갈라디아서 5장에서 개괄하는 여덟 가지 열매의 속성들—를 창조하시기 위해 자유롭게 활동하시는 하나님의 성령의 역사다. 하나님이 염두에 두고 계시는 것은 사랑하고, 즐겁고, 평화롭고, 인내하고, 친절하고, 선(토브)하고, 신실하고, 절제하는 신자들의 공동체다. 그분은 그 신자들에 대해 이렇게 말씀하실 수 있다. "바로 그거다! 그게 내가 설계한 거다. 탁월하다! 좋다! 정말 토브다!"

이후의 장들에서는 다음과 같은 토브 문화의 일곱 가지 핵심 요소들을 살필 것이다. ① 공감과 긍휼, ② 은혜와 자비, ③ 사람 우선

---

* 영어로는 'a church called tov'로서, '토브라 불리는 교회'다. 하지만 이 책에서는 이를 '토브 처치'라 이름하기로 한다.

시하기 ④ 진실 말하기, ⑤ 정의, ⑥ 섬김, ⑦ 그리스도 닮기. 유해한 문화가 토브 문화에 저항할 것이다. 그러나 토브 문화는 성령의 능력으로 싸워 유해한 문화를 정복할 것이다.

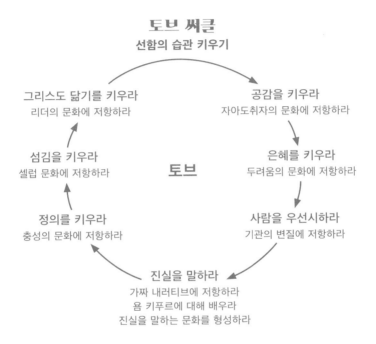

토브 써클
선함의 습관 키우기

그리스도 닮기를 키우라
리더의 문화에 저항하라

공감을 키우라
자아도취자의 문화에 저항하라

섬김을 키우라
셀럽 문화에 저항하라

토브

은혜를 키우라
두려움의 문화에 저항하라

정의를 키우라
충성의 문화에 저항하라

사람을 우선시하라
기관의 변질에 저항하라

진실을 말하라
가짜 내러티브에 저항하라
욥 키푸르에 대해 배우라
진실을 말하는 문화를 형성하라

6장
토브 처치는 공감을 키운다

예수께서는 상처받은 이들에게 시선을 두셨다. 고향의 회당에서 첫 번째 설교를 하셨을 때, 그분은 이사야 선지자의 글을 낭독하셨다.

주의 성령이 내게 임하셨으니
이는 **가난한 자**에게 복음을 전하게 하시려고
내게 기름을 부으시고
나를 보내사 **포로 된 자**에게 자유를,
눈 먼 자에게 다시 보게 함을 전파하며
눌린 자를 자유롭게 하고
주의 은혜의 해를 전파하게 하려 하심이라

_누가복음 4:18-19

우리는 모든 상세한 내용—왜 예수께서 그날 성경 낭독자가 되셨는지 혹은 왜 그날 이 본문을 읽으신 것이었는지—을 알지 못한다. 하지만 한 가지는 분명하다. 그 본문과 예수는 천생연분이었다. 이것은 토브의 순간이었다. 하나님이 자기 백성의 운명을 회복시키기 위해 행하실 일에 대한 선지자 이사야의 놀라운 예언은, 갈릴리에서 자기 백성을 향한 예수의 사명 및 마음과 완벽하게 일치한다. 그분은 "가난한 자에게 복음[토브의 메시지]을 전하러" 그리고 "포로된 자에게 자유[용서, 해방]를 전파하러" 오셨다. 그분은 "눈 먼 자에게 다시 보게 함"을 그리고 "눌린 자에게" 자유를 주실 것이다. 예수의 사명의 핵심은 상처받은 자, 소외된 자, 무시된 자, 학대당한 자, 잃어버린 자, 폭행당한 자들에게 있다. 그분은 하나님의 눈을 갖고 계시기 때문에 그들을 보실 수밖에 없다.

모든 면에서 예수를 가장 잘 묘사하는 단어는 **공감**(emphaty)이라 할 수 있는데, 그것은 우리말 성경에서 '긍휼'(compassion)로 번역되는 단어 중 하나다. 공감은 다른 누군가가 느끼는 것을 느끼는 능력이요, 우리 자신의 감정에서 벗어나 타자의 경험 속으로 들어가는 능력이다. 따라서 공감은 타자의 고통을 통해 세상을 바라보는 능력이다. 공감의 하나님으로부터 부여받은 사명에 충실했던 예수께서는, 그분이 만나셨던 모든 사람에게 신실하게 긍휼을 베푸셨다.

공감은 긍휼로 나타난다

이 책을 쓰는 동안 또 하나의 끔찍한 총기 난사 사건이 뉴스에 보도되었다. 텍사스 주 엘파소의 월마트에서 어떤 사람이 총을 쏴 22명을 살해한 사건이다. 희생자 중에는 토요일마다 그곳에서 식료품을 사 왔던 63세 여성 마기 레카드도 있었다.

마기와 그녀의 남편 안토니오 바스코는 엘파소 부근에 친척은 물론 친구도 거의 없었다. 이전 결혼에서 얻은 마기의 자녀들은 다른 곳에서 살았다. 혼자가 되어 낙심한 바스코는 사건이 있었던 상점 바깥에 마련된 임시 추모관으로 매일 꽃을 가져갔고, 그곳에서 오랜 시간, 종종 아침부터 해가 질 때까지 머물렀다. 때로는 밤에 다시 돌아와 추모관 옆 땅바닥에서 잠을 자기도 했다. 바스코가 아내를 잃고 흐느끼며 주저앉아 있는 사진을 보면, 그의 얼굴에 완전한 고뇌와 고통이 가득함을 볼 수 있다.

바스코는 장례식 감독관인 살바도르 퍼치스에게 자신의 두려움에 관해 말했다. 이제 혼자가 되었다는 두려움, 마기가 그의 모든 것이었기에 가족이 없게 되었다는 두려움, 아내의 장례식에 아무도 참석하지 않을 것에 대한 두려움이었다. 이에 퍼치스는 페이스북에 마기의 추모관 터에 앉아 있는 바스코의 사진과 함께 간단한 메시지를 페이스북에 올렸다. 그것은 곧바로 입소문을 타고 퍼져나갔다. 메시지는 이러했다. "안토니오 바스코 씨는 그의 아내 마기 레카드와 22년간 결혼생활을 유지했습니다. 그에게는 다른 가족이 없습니다. 그는 누구라도 아내의 장례식에 참석해 주기를 바라고 있습니다. … 그와 그의 아내에게 엘파소의 사랑을 보여줍시다."[1]

공감이 퍼져나갔고, 긍휼이 그 뒤를 따랐다. 토브가 엘파소를 뒤덮었다.

조문하는 날에 3천 명 이상의 사람들이 찾아왔다. 몇 사람은 안토니오 바스코를 안아주기 위해 몇 시간을 기다렸고, 그에게 진심이 담긴 애도를 전했고, 위로의 선물을 가져왔다. 22명의 희생자들의 장례식 중 마지막이었던 마기의 장례식 날, 바스코는 4백 명의 조문객으로 가득 찬 식장에 들어섰다. 7백 명 이상의 사람들은 슬퍼하는 남편에게 자신들의 애도를 표현하기 위해 텍사스의 열기를 견디며 식장 밖에서 기다렸다. 그들이 늘어선 줄은 장례식장이 있는 블록을 둘러싸고 거의 1km나 이어졌다. 이웃들은 그렇게 줄을 지어 기다리는 사람들을 위해 음식과 음료 공급소까지 설치했다.

어느 조문객은 한 번도 만난 적이 없는 여자의 장례식에 참석해 전혀 본 적도 없는 남편을 위로하기 위해 샌프란시스코에서 비행기를 타고 날아왔다. 또 다른 여자는 처음 만난 바스코에게 자신이 그를 사랑한다고 그리고 그는 혼자가 아니라고 말해주기 위해 여섯 시간을 운전해서 찾아온 후 다시 두 시간을 더 기다렸다.[2] 엘파소의 주민인 빅터 퍼랄레스는 아내와 함께 "[바스코를] 포옹하고 그에게 우리가 그의 가족이 되어 줄 수 있다고 알리기 위해" 장례식에 참석했다고 말했다.[3] 그와 같은 사람들이 수백 명이나 되었다. 뉴질랜드, 노르웨이, 일본 등 멀리 떨어진 곳에서 900여 개의 꽃꽂

이와 1만 개의 애도 메시지도 도착했다. 그리고 추모관 부지에 앉아 있는 바스코의 사진을 찍어 화제가 되었던, 칼로스 아르멘다리스 기자가 조직한 고펀드미(GoFundMe) 캠페인은 1,425명의 기부자들로부터 41,000달러 이상을 모금했다.[4]

바스코는 살면서 그토록 큰 사랑을 경험한 적이 없다고 말했다. "너무 많은 사람들이 제게 팔을 두르고, 함께 슬퍼하고, 함께 울어주었어요. 그것이 제 마음을 깊이 어루만져주었어요." 그는 공동묘지에서 이렇게 말했다. "저는 여러분을 사랑합니다. 여러분 모두가 제 가족으로 이곳에 계신 것이 너무 자랑스럽고 또 영광입니다."[5]

공감의 표시는 다른 사람의 고통을 느끼는 것이다. 긍휼의 표시는 "다른 이의 고통을 경감시키거나 줄이고자 하는 갈망을 갖는 것"과 함께 그것을 위해 무언가를 행하는 것이다.[6] 엘파소의 공동체는 안토니오 바스코의 고통을 보았다. 그들은 그의 고통을 느꼈다. 그들은 그가 홀로 서 있는 것을 보았고, 그를 위로하고, 그와 함께 있기 위해 움직였다. 이것이 토브다!

교회는 하나님이 공감과 긍휼로 가득 찬 토브 문화가 되도록 설계하신 공동체다. 교회는 이 세상의 가난한 자, 억눌린 자, 곤경에 처한 자들을 따뜻하게 품어야 한다. 왜냐하면 예수처럼 우리도 그들의 고통을 경감시켜 주고 싶기 때문이다.

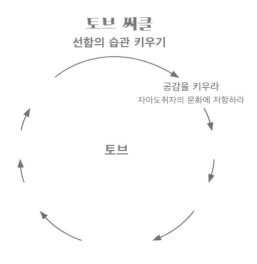

토브 써클
선함의 습관 키우기

공감을 키우라
자아도취자의 문화에 저항하라

토브

공감의 문화 키우기

예수와의 연관성을 주장하는 교회, 그리고 예수를 따르기를 원하는 교회라면 반드시 상처받은 사람들과 소외된 사람들을 향하는 마음을 지녀야 한다. 그러나 안타깝게도 많은 교회가 공감이 부족하고, 그로 말미암아 긍휼도 부족하다.

아래는 공감과 긍휼이 부족할 때, 어려움을 겪을 수 있는 사람들에 관한 예시다. 우리가 교회 안에서 토브 문화를 추구하고자 헌신할 때, 이런 예시들은 우리로 하여금 공감과 긍휼에 뿌리내린 문화를 형성함으로써 공감과 긍휼이 부족한 행동들에 저항할 수 있는 **기회**가 될 수 있다.

- 교회에서 그들의 은사를 사용하도록 허락받지 못하는 여성
- 교회 리더들에게 학대당한 것을 고발해도 사람들이 그들의 말을 믿어주지 않는 여성과 다른 사람들
- 남편이 세상을 떠난 후 핵심적인 참여자의 자리에서 뒷자리로 (혹은 심지어 교회 밖으로) 내몰리는 것처럼 보이는 과부들
- 과부들만큼 많지는 않으나 교회에서 외로운 처지를 느끼는 홀아비들
- 기준에 충족하지 않는 시설 때문에 종종 교회 안으로 들어갈 수조차 없는 신체 장애인들
- 개인적인 고민을 다른 사람들과 나누려 하지 않는 우울증 환자들, 불안증 환자들, 강박증 환자들
- 종종 무시되거나 마지못해 조급한 태도로 대우받는 노인들
- 어디에도 소속감을 느끼지 못하거나 판단 받고 있다고 느끼는 이혼자들
- 경제적 수준이 다른 사람들로, 가진 게 없어서 종종 '범교회적' 행사에 참여할 수 없는 경제적 약자들
- 교회의 주류이자 지배적이며 특권층인 문화와 민족적 혹은 인종적으로 다른 사람들
- 교회의 지배적인 인구 구성과는 다른 특징을 가진 사람들

예수를 따르는 교회는 단순히 어느 특정한 그룹만을 위한 사역에 국한되지 않고, 모든 고통받는 사람들과 상처받은 사람들의 부르짖음에 귀를 기울이고, 그들에게 긍휼로 대응하는 문화를 발전시

킨다. 토브 써클을 지닌 교회는 모든 사람을 위한 은혜, 평화, 자비, 그리고 선함의 행동을 향해 본능적으로 기울어지는 '공감 레이더'를 발전시킬 것이다.

선함의 문화는, 만약 그것이 참으로 선하다면, 교회의 구석구석을 모두 어루만질 것이다. 비록 여기서는 일차적으로 교회가 여성에게 좀 더 공감적이 될 수 있는 방법에 초점을 맞추겠지만―이는 오늘날 너무 많은 교회에서 여성에게 발생한 일들 때문이다―우리가 말하는 모든 것은 인종주의와 계급주의는 물론 그 외 신적 형상을 지닌 동료 인간을 비하하는 모든 다른 주의들(isms)에도 동일하게 적용될 수 있다. 교회가 여성을 다루는 방식은 종종 그 교회 문화의 지표이자, 그 교회가 일반적으로 사람들을 다루는 방식이 된다. 그리고 여성이 대부분의 교회 회중의 절반 이상을 구성한다는 사실을 고려한다면, 교회 안에서 토브 문화를 발전시키고자 할 때 여성으로부터 시작하는 것이 적절한 것으로 보인다.

토브 써클은 공감과 긍휼에서 시작한다. 이 두 가지 특성이 부족하면, 여성과 다른 사람들에게 교회 문화가 학대적이 될 가능성이 커진다. 만약 교회가 여성에게 그리고 종종 소외되는 다른 사람들에게 깊이 공감한다면, 만약 목사들이 좀 더 공감적이 된다면, 그 교회에는 완전히 다른 문화―토브로 특징지어지는 문화―가 뿌리내리기 시작할 것이다. 그런 문화에서는 여성의 은사들이 번성할 것이고, 그들의 목소리가 들릴 것이고, 그들이 안전해질 것이다. 그런 문화에서 여성은 눈에 더 잘 띌 것이고, 더 높이 평가될 것이다.

교회에서 자신의 은사를 수행하고자 하는 여성들은 때때로 권력 게임에 몰두하며 남성 중심적 문화를 보호하려고 하는 아첨꾼 지지자들에게 둘러싸인 자아도취적인 목사들에게 위협으로 인식되곤 한다.[7] 이런 말이 너무 과격해 보이는가? 탁월하고 강력한 남성 리더인 존 맥아더(John MacArthur)가 취했던 "집으로 가세요!"라는 말을 생각해 보라*.[8] 이러한 태도가 여성들을 교회에서 쫓아내어, 그들의 재능이 꽃필 수 있는 시장터로 내몰았다. 교회에서 침묵을 강요당하는 여성들은 남성 중심의 교회 문화 밖에서 중요한 목소리가 될 수 있고, 또 되고 있다. 그러나 애초에 그들이 침묵하지 않아도 되었다면, 얼마나 좋았겠는가!

종종 교회의 문화는 사회 일반의 문화를 그대로 반영하곤 한다. 그리고 남성 중심의 서구 문화가 여성의 공헌을 저평가하거나 간과해 온 것도 사실이다.

런던 다우닝가 10번지에서 멀지 않은 곳에 제2차 세계대전에 참전했던 여성들을 기리는 기념물이 하나 있다. 전쟁이 끝나고 60년이 지난 2005년에 뒤늦게 건축된 7미터 높이의 그 청동 기념물은 런던의 번화가 중 하나인 화이트홀 한가운데 서 있다.[9] 기념물의 상단을 따라 네 면을 둘러싸며 늘어선 것은, 유럽의 추축국**과 맞서 싸운 영국을 도운, 여성들이 입었던 17개의 제복과 의류 형태를

---

* 2019년 10월, 그레이스 커뮤니티 처치에서 열린 컨퍼런스에서 사회자가 존 맥아더에게 남침례교단 소속 여성 설교자인 벳 무어(Beth Moor)에 관해 어떻게 생각하는지 한 단어로 표현해 달라고 요구하자, 존은 "집으로 가세요"라고 말했다가 엄청난 후폭풍을 맞았다.
** 제2차 세계대전 당시 동맹을 맺고 연합국에 맞서 싸운 주요 국가들로, 독일, 이탈리아, 일본을 가리킨다.

재현한 주물들이다. 그것들은 마치 옷걸이에 걸려 있는 것처럼 보이는데, 실제로 그 작품을 제작한 사람의 생각도 "이 여자들이 전쟁이 끝난 후 자신들의 제복을 걸어놓고 그들의 평범한 삶으로 돌아가고 있음"을 암시하려는 것이었다.[10]

내(스캇)가 인도에 서서 그 조각물을 관찰했을 때 크게 충격을 받았던 것은 그 기념물에 어떤 얼굴도, 이름도 없었다는 것이다. 여성들—어떤 통계에 의하면, 거의 7백만 명에 이른다—이 전쟁에서 그렇게 크게 공헌했음에도 불구하고, 그들은 단지 그들이 입었던 옷과 그들이 수행했던 임무들로 축소되었다. 제2차 세계대전에 참전했던 이름 없고, 얼굴 없는 여성들은 사회가 그녀들을 침묵시켜 온 방식을 상징하는 것이기도 하다.

대부분의 교회가 남성 중심의 문화를 갖고 있기에—그것이 자아도취적인 남성 리더십 때문이든, 아니면 신약성경에 대한 특별한 읽기 방식 때문이든—종종 여성들은 눈에 띄지 않는 기여자들에 불과한 존재가 된다. 그녀들은 유용하되 중심이 되지 못하며, 필요하되 그에 합당하게 평가되지 않는다. 물론 교회 안에서 여성의 '적절한 역할'—그녀들이 무엇을 할 수 있고 할 수 없는지—에 관한 성경적 토론과 신학적 논쟁에는 오랜 역사가 있다. 하지만 그에 관한 것은 이 책의 범위를 넘어선다. 우리가 여기서 다루려는 것은 사람들이 교회에서 어떻게 대우받는가 하는 것이다. 우리는 공감과 긍휼의 문화를 옹호한다. 그런데 여성들은 항상 이 두 가지 모두를 충분히 경험하지 못한다.

토브 처치는 여성(과 다른 사람들)의 재능에 힘을 실어주고, 그런 재능이 그리스도의 몸 안에서 그리고 세상에서 꽃을 피우도록 격려할 것이다. 공감과 긍휼의 문화에서는 사람들이 보이지 않는 존재로 느끼지 않게 될 것이다. 그들은 **보일** 것이며 **들릴** 것이다. 그들이 상처를 제시할 때, 그들은 다른 사람들의 포옹을 받고, 둘러싸이며, 은혜와 자비를 경험할 것이다. 만약 그들이 학대에 대한 의혹을 제기하면, 사람들은 그들의 말을 믿을 것이고, 그들을 위로하고 지지할 것이다. 그리고 설령 그것이 권력의 법정으로 이어지더라도, 진실이 끝까지 추구되고 지켜질 것이다. 토브 처치는 개인을 희생시켜 기관을 보호하지 않는다. 토브 처치는 벌어진 일을 감추고 학대자를 보호하기 위해 가짜 내러티브를 지어내지 않는다. 그리고 토브 처치는 상처받은 사람에게 다시 상처를 주지 않기 위해 할 수 있는 모든 노력을 다한다. 공감과 긍휼은 바로 그런 것을 요구한다.

교회 안에서 여성 육성하기

여성(과 다른 사람들)이 존중받고 가치 있게 여겨지며 목소리를 낼 수 있는 토브의 문화를 어떻게 형성할 수 있을까? 남성 중심의 문화를, 그리스도를 닮은 토브의 문화를 반영하고, 남성과 여성 모두에 기반하는 보다 균형 잡힌 문화로 재형성하려면 무엇을 해야 할까?[11] 우리가 원하는 것은 **모든 사람**이 성령의 권능으로 은사와 능력을 갖춘, 하나님의 형상을 지닌 존재로서 동등하게 평가되는 교회가 되는 것이다. 그런 문화를 만들기 위해 우리는 무엇을 할 수 있을까?

문화가 어떻게 형성되는지부터 기억해 보자. 리더들이 초기 내러티브를 형성하고 전달하며, 다른 사람들이 보고 모방할 만한 가치들을 실행하고 모범을 보이며, 신앙과 실천의 중요한 원리들을 가르치며, 조직의 가치를 강화하는 정책들을 분명하게 표명한다. 이런 내러티브, 행동, 원칙, 그리고 정책들은 이어서 회중에 의해 다시 이야기되고, 다시 보여지고, 다시 가르쳐지고, 다시 형성된다.

이 모든 것은 내러티브, 즉 우리가 말하는 이야기에서 시작된다. 따라서 공감과 긍휼의 새로운 문화를 형성하는 첫 걸음은 새로운 이야기를 말하고 배우는 것이다.

첫째, 토브의 문화를 개발하기로 헌신한 교회는 **성경에 등장하는 여성들의 이름과 이야기들을 알아야 한다.** 아마도 우리는 모두 에스더와 룻에 관한 설교를 들어봤을 것이다. 그 두 사람은 그들의 이름을 딴 성경도 갖고 있다. 그러나 중요한 역할을 했지만 보다 덜 알려진 여성들에 관해서는 어떠한가? 일반적인 교인들이 레아나 리브가, 미리암, 아비가일, 드보라, 홀다, 루디아, 브리스길라, 뵈베, 유니게, 혹은 빌립의 딸들에 관해 얼마나 알고 있을까?

물론 이 여성들 중에는 성경에서 다루는 정보가 남성들에 비해 부족할 수도 있다. 그러나 솔직해져 보자. 성경에서 그 이야기가 겨우 70단어밖에 안 되는(번역에 따라 조금씩 달라진다) 야베스에 관한 책이 베스트셀러가 될 수 있다면*, 성경에 등장하는 많은 여성들에 관한 짧은 언급에서도 충분히 가치 있는 교훈들을 발견할 수 있을 것이다.

요점은 만약 우리가 하나님 나라에 대해 포괄적이고 균형 잡힌 관점을 제시하는 데 관심이 있다면, 우리는 남성들뿐 아니라 여성들의 이야기도 살피고, 연구하고, 가르쳐야 한다는 것이다.

십수 년 전에 나(스캇)는 『예수 신경(The Jesus Creed)』이라는 책을 썼는데, 거기에 예수의 어머니 마리아에 관한 장을 하나 포함했다. 그 장에서 나는 다른 여성들에 관한 이야기도 다루었는데, 그 책이 나오고 얼마 안 되었을 때, 한 남성이 내게 전화해서 두 가지를 말했다. 첫째, 그는 그 책을 좋아했다는 것, 둘째, 하지만 그 장에 있는 이야기들이 여성들에 관한 것이기 때문에 그것에 공감할 수 없었다는 것이었다. 내 반응은 무엇이었을까? 나는 이렇게 말했다. "그러면 당신의 교회 안에 있는 여성과 소녀들은 주일마다 어떤 기분이 들까요?"

둘째, 토브의 문화, 곧 공감과 긍휼이 특징인 교회는 **교회사에 등장하는 여성들의 이름과 이야기들을 알아야 한다.** 이 책을 더 읽기 전에, 당신이 좋아하는 서점이나 인터넷 책 구매 사이트에서 루스 터커(Ruth Tucker)의 『교회사 속의 특별한 여성들(Extraordinary Women of Church History)』이라는 책을 구매할 것이라고 메모해 두라. 그 책을 받게 되면, 그것을 읽고 다른 이들에게 교회사에 등장하는 여성들에

---

* 2000년대 초반에 『야베스의 기도』라는 책이 대형 베스트셀러가 된 적이 있다.

관해, 가령 메리 맥리오드 베순(Mary McLeod Bethune, 1875-1955) 같은 여성들에 관해 이야기하라.

메리 맥리오드 베순은 4년제 대학을 설립한 최초의 아프리카계 미국인 여성이었으며, 고위급 정부 직책을 맡았던 최초의 아프리카계 미국인이었다.[12] 그녀는 세 명의 미국 대통령들의 고문이었는데, 그녀의 전기 작가 중 한 사람에 따르면, 1933년과 1945년 사이에 그녀는 "아마도 틀림없이 미국에서 가장 영향력 있는 아프리카계 미국인"이었을 것이다.[13] 그녀는 복음 전도, 교육, 그리고 사회 개혁에 초점을 맞추었으며, 베순 대학(Bethune College, 지금의 베순-쿡맨 대학)에 성경, 산업, 그리고 영어라는 커리큘럼을 개설했다.

1936년에 그녀는 자신의 삶을 비롯해 미국에서 기독교가 어떻게 작동했는지에 관해 다음과 같이 회고했다.

> 흑인은 그가 [어떤 백인들과] 같은 교단에 소속되어 있다고 주장하더라도, 다른 교회에 참석해야만 합니다. 그는 칼빈과 웨슬리의 위대한 옛 찬송가, 즉 그리스도와 영원한 영광에 관한 승리의 노래를 백인과 함께 부를 수 없습니다. 마침내 그가 지상에서 마지막 안식처로 부름을 받을 때조차, 그의 뼛가루는 백인 형제의 것과 섞여서는 안 되고, 대신 멀찍이 떨어진 곳으로 옮겨집니다. 그리고 그곳에서 백인들은 이 흑인이 살았다는 사실조차 떠올리지 않습니다. 죽음을 맞이하기까지 이 흑인이 겪었던 모든 일을 생각해볼 때, 그는 백인들만이 거주할 자격이 있다고 여기는 곳과

분리된 별개의 천국으로 갈 준비가 되어 있는 것 같습니다.[14]

그녀는 백인들이 아프리카계 미국인들에게 가하는 존엄성에 대한 극심한 침해를 겪었으나, 그것이 그녀를 멈추게 하지는 못했다. 그녀는 사랑으로, 노력으로, 전략으로, 그리고 여성과 아프리카계 미국인들의 '향상'을 위해 고안된 교육 시스템으로 적들을 극복함으로써 인종주의의 억압을 역전시켰다.

우리는 마틴 루터 킹 주니어(Martin Luther King Jr.)의 이야기는 잘 알지만, 이 탁월하고 영향력 있는 여성의 삶에 대해서는 거의 알지 못한다. 토브 문화에서는 이런 불평등이 해소되고 바로잡힐 것이다. 왜냐하면 교회의 모든 구석구석에서 신앙의 영웅들을 발견하고 존경하고자 할 것이기 때문이다.

대 바실리우스(Saint Basil the Great)와 그의 형제 니사의 그레고리우스(Gregory of Nyssa)는 교회사에서 가장 위대한 신학자 중 두 사람이다. 그들은 친구인 나지안주스의 그레고리우스(Gregory of Nazianzus)와 함께 카파도키아의 교부들로 잘 알려져 있다. 그리고 4세기 초에 그들은 오늘날 기독교 정통이라고 불리는 체계를 세웠다.

그런데 그들의 이야기와 신학은 널리 알려져 있지만, 그들의 총명하고, 경건하며, 모범적인 자매 마크리나(Macrina)에 대해서는 거의 알지 못한다. 그녀의 약혼자가 죽었을 때, 그녀는 다른 남자와 결혼하지 않기로 하는 대신, 금욕적인 수녀로 살았다. 그녀의 형제들이 공개적으로 인정했듯이, 그녀는 총명한 신학자였다. 그녀는 수도원을 세웠고, 기도와 연구, 대화, 그리고 토브를 실천하면서 하나님께 완전히 헌신하는 삶을 살았다. 그럼에도 정교회 전통 밖에서는 그녀의 이름조차 알지 못한다. 하지만 이제는 마크리나 같은 여성들의 이야기를 말하기 시작해야 할 때가 되었다.

2018년에 미국의 가장 영향력 있는 목사이자 저자 중 하나였던 존 파이퍼는 『주권적 기쁨으로 살아간 21명의 종들(21 Servants of Sovereign Joy)』이라는 책을 출간했다. 이 책은 교회사 속의 영적 거인들의 삶에 초점을 맞추지만, 그가 수집한 인물들은 모두 백인 남성들이었다. 거기에는 여성과 유색인이 없다. 토브 써클에서는 우리의 시야를 확장해 여성과 소수자들의 이야기를 포함시킬 필요가 있다. 그것 말고 달리 어떤 방법으로 우리가 세상에서 그리스도의 몸의 범위와 다양성을 표현하고 이해하기 시작할 수 있겠는가?

셋째, 토브의 문화를 키우는 데 헌신하는 교회는 **자신들의 지역교회의 역사에 등장하는 여성들의 이름과 이야기를 알아야 한다.** 어째서인가? 그것은 여성들의 공헌을 존중하고 평가할 수 있기 위해서는 우리의 공통 역사를 여성들의 눈으로 볼 필요가 있기 때문이다.

넷째, 토브 처치의 문화는 **여성을 세상에서 하나님의 구속 사역의 대리인으로 육성해야 한다.** 교회의 삶에 기여했음에도 덜 알려진 이들을 격려하고, 인정하고, 칭송하기 위해서는, 우리의 설교에 여성, 소외된 사람들, 혹은 상처받은 사람들의 이야기를 포함시켜야 한다. 나(스캇)는 이것이 얼마나 어려운 일인지 잘 안다. 나 역시 그동안 인식의 범위를 확대하지 못한 채 많은 설교를 해왔기 때문이다. 내가 설교에 여성과 소수자 혹은 소외된 사람들을 포함시키고자 했을 때조차, 나는 그들의 이야기를 찾는 데 어려움을 겪었다. 왜냐하면 이런 이야기들은 거의 전해지지 않았기 때문이다. 그러나 다행히도 내가 포용적이지 않은 설교를 할 때마다 나의 아내가 내게 그 사실을 상기시켜 준다. 설교만이 아니라 컨퍼런스에서도 그녀는 이런 결핍을 알아차리고 지적해 준다. 우리에게는 회중의 양심 역할을 하고 계속해서 포용성과 토브 써클을 확장하도록 격려하는 그런 사람들이 필요하다.

여성과 다른 소외된 집단에 관해 이야기하는 것은 그들을 더 잘 보이게 할 뿐 아니라, 그들의 은사를 인정하게 한다. 또한 그것은 회중 내 다른 사람들로 하여금 같은 행동을 하도록 격려한다. 그것은 여성에 대해, 상처 입은 사람들에 대해, 짓밟힌 사람들에 대해 공감하는 문화를 키운다. 모든 교회의 리더들은 교회에서 **모든 사람**의 은사를 육성하고 있는지 자문해야 한다.

다섯째, 토브의 문화를 지닌 교회는 **교회의 웹페이지와 예배 설교를 통해 여성이 공헌할 기회를 의도적으로 증진시켜야 한다.** 원하는 사고방식을 확립하고 그것을 유지하는 일에서 홍보의 힘이 얼마나 강력한지 우리는 잘 알고 있다. 여성에게 강단을 허용하라. 그들의 이야기가 강단에서, 웹페이지에서, 그리고 당신 교회의 소셜 미디어에서 전해지게 하라. 여성의 공헌을 이처럼 강조하는 것은 그들을 인정할 뿐 아니라, 그들을 존중하고 가치 있게 여기는 문화를 육성할 것이다. 여성과 소외된 사람들에게 공감하는 문화는 자아도취의 문화를 질식시킬 것이다.

　남성 중심의 문화가 남성과 여성 모두에 기반한 문화로 재형성될 때, 그것은 **모든** 사람을 그분의 형상으로 창조하신 하나님의 성품을 더 참되게 보여준다. 여성의 목소리가 익숙해지고, 당연해지며, 기대되고, 받아들여질 때, 교회는 모든 사람에게 더 매력적이고, 더 포용적이고, 더 공감적이고, 더 긍휼을 베풀고, 더 안전해질 것이다. 우리는 그런 날이 오기를 기도한다.

7장

토브 처치는 은혜를 키운다

선함에 의해 형성된 목사들은 은혜의 분배자들이다. 즉, 자기들이 섬기도록 부름 받은 이들을 돕고, 그들과 함께하고, 그들에게 은혜를 제공하는 하나님의 대리자들이다. 해롤드 센크베일(Harold Senkbeil) 목사는 농장에서 성장하고, 농부 아버지로부터 목회에 필요한 삶의 교훈을 배운 오랜 경력의 루터교 목사다. 그가 배운 교훈 중 하나는 따뜻한 은혜다. 로베르타(가명)가 암으로 임종을 맞이하고 있을 때, 센크베일 목사가 그 자리에 참석해 토브 은혜를 전했다. 내가 아는 모든 토브 목사들은 이와 유사한 경험을 이야기한다.

로베르타의 암은 특히 고약한 변종이었다. 그것은 이미 그녀의 중요한 장기 대부분을 파괴했다. 대머리를 가린 스카프는 그녀의 몸이 죽음을 막아보려고 노력했던 격렬한 항암 화학요법이라

는 헛된 시도를 필사적으로 견뎌야 했음을 말없이 드러냈다. 그
녀는 목사에게 연약한 손을 뻗었고, 창백한 미소를 보냈다. 그녀
의 피부는 창백하고 차가웠다. 그녀의 숨은 거칠고 얕았는데, 임
박한 죽음의 달콤하면서도 시큼한 냄새를 풍겼다. 그녀의 눈은
빛을 잃어가고 있었지만, 그녀는 감사하며 하나님의 말씀을 간
절하게 들었다. 음절 한 마디 한 마디에 매달리면서 말이다. "주
님의 만찬을 받고 싶으세요?" 내가 물었다. "오, 그렇습니다." 그
녀가 답했다.

**그가 그녀에게 하나님의 은혜의 상징인 빵과 포도주를 건넬 때,
그는 그녀의 연약한 육체가 지닌 문제를 바로 알아차렸다.**

머리를 들 수 없는 사람이 어떻게 성찬을 받을 수 있겠는가? 나
는 침대 가장자리로 조심스럽게 다가가 연약하고 뼈만 남은 그
녀의 어깨 아래로 한쪽 팔을 넣어 부드럽게 감싼 후 깃털처럼 가
벼운 몸통을 들어 올려 해골만 남은 아기처럼 그녀를 껴안았다.
그리고 다른 한 손으로 그녀의 입에 구세주가 죽음으로 주신 선
물을 넣었다. 이 땅에 임한 하늘의 빵과 온 세상을 위해 부어진
구원의 잔을. 나는 "받아 먹으라 너희를 위해 내주신 그리스도
의 몸이니라"고 말했다. "받아 마시라 너희의 죄를 사하기 위해
너희를 위해 흘리신 그분의 피니라." 이어서 나의 엄지손가락으
로 그녀의 잿빛 이마에 십자가 표시를 하며 이별의 축복을 했다.
"우리 주 예수 그리스도의 몸과 피가 당신의 몸과 영혼을 강화하

고 보존하여 영원한 생명으로 인도하기를. 그의 평화 안에서 떠나가기를."

그리고 그녀는 죽었다. 바로 그날은 아니었지만, 여러 날이 걸리지는 않았다. …

그날 그곳 로베르타의 아파트에서 내가 성찬 세트를 정리하고 나서 그녀와 함께 밤을 새우고 있는 가족과 친구들에게 작별 인사를 하고 있었을 때, 그들 중 하나가 감탄하며 내게 말했다. "당신은 오늘 여기서 죽음을 당신의 손에 쥐고 계셨어요." 나는 그때 그에게 어떻게 대답했는지 모르겠다. 하지만 내가 해야만 했던 말은 이것이다. "그럴지도 모르죠. 하지만 나는 또한 생명을 손에 쥐고 왔어요."[1]

옳은 말이다. 토브 처치가 제공해야 하는 것은 다른 사람들에게 생명을 가져다주는 은혜다. 예수의 살과 피의 은혜를 전하는 목사가 어떻게 돌아서서 여성을 학대하고, 직원들을 말로 모욕하며 비난하고, 자신이 섬겨야 할 사람들을 착취할 수 있는가? 그것은 전혀 말이 되지 않는다. 권력에 기반하고, 두려움을 유발하며, 착취적인 문화로 변질되는 교회는 더는 생명의 은혜를 제공하지 못하고, 단지 죽음의 뼈만 제공할 뿐이다. 그런 유해한 문화에 저항하기 위해 우리는 생명을 제공하는 은혜의 문화를 세우고 유지하는 법을 이해해야 한다.

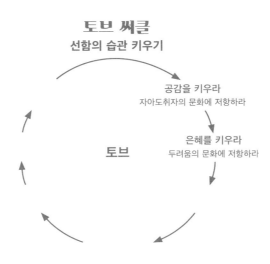

토브 써클
선함의 습관 키우기

공감을 키우라
자아도취자의 문화에 저항하라

은혜를 키우라
두려움의 문화에 저항하라

토브

은혜 충만한 문화의 7가지 특징

다음의 정의를 천천히 읽어보라. 은혜로 가득한 선함은 용서에서 시작되고, 자유의 형태를 지니며, 두려움에 저항한다. 이 모든 것은 교회를 위한 하나님의 계획이 사랑임을 알기 때문이다. 사도 요한은 그의 첫 번째 편지에서 이것을 완벽하게 표현한다.

사랑 안에 두려움이 없고 온전한 사랑이 두려움을 내쫓나니 두려움에는 형벌이 있음이라 두려워하는 자는 사랑 안에서 온전히 이루지 못하였느니라(요일4:18)

신약학자 존 바클레이(John M. G. Barclay)의 말을 빌리자면, "은혜"는 선물이라는 범주를 통해 가장 잘 접근할 수 있는 다면적인 개념이다. … '선물'은 자발적이고 개인적인 관계의 영역을 의미하는데, 이 관계는 혜택이나 호의를 베풀고, 관계를 지속하기 위해 자발적이면서도 필수적인 어떤 형태의 상호 보답을 이끌어 내는 선의를 특징으로 한다."[2]

선물 혹은 은혜로 가득한 문화가 작동하는 방식은 다음과 같다.

첫째, **누군가 줄 수 있는 것을 가지고 있다.** 이 경우에 주시는 분은 하나님이시고, 선물은 구속이다. 은혜는 우리가 받을 자격이 있거나, 우리의 지위나 성취에 근거해 얻을 수 있는 것이 아니다. 은혜에 기반한 문화에서는 주는 습관이 뚜렷하게 드러난다. 이는 우리 자신이 하나님의 은혜라는 선물을 받은 사람임을 알기 때문이다.

둘째, **우리의 토브이신 하나님이 우리에게 이 구속을 주기로 결정하신다.** 구속의 핵심에는 **용서**가 있는데, 성경에서는 몇 개의 놀라운 이미지로 이 용어를 설명한다. 때때로 죄는 우리가 짊어진 **짐**처럼 보인다. 마치 돌로 가득한 배낭을 간신히 메고 가는 것처럼, 이는 끊임없이 우리를 짓누르고 성가시게 한다. 용서는 우리에게 그 짐을 내려놓게 하거나, 하나님이 그 짐을 집어 던지시도록 할 수 있다. 또 다른 경우, 용서는 **빚을 없애주는 것**과 같다. 소득을 훨씬 넘어서는 신용카드 빚을 상상해 보라. 급속하게 늘어나는 이자는 우리가 그 빚을 결코 갚을 수 없을 것임을 계속해서 상기시킨다. 바울은 우리에게 하나님이 십자가에서 우리의 빚을 없애주셨다고 말한다. "우리를 거스르고 불리하게 하는 법조문으로 쓴 증서를 지우시고 제하여 버리사 십자가에 못 박으시고"(골2:14). 토브 처치에서 은혜의 문화가 형성될 때, 하나님과 그분의 백성 사이에서 그리고 한 사람과 다른 사람 사이에서 용서가 자유롭게 흐르게 된다. 반면, 권력과 두려움에 기반한 문화가 발전하면, 은혜는 버려지고 용서는 거의 잊어버리게 된다.

셋째, **은혜의 선물을 주고받는 것은 유대, 즉 주시는 분**(하나님)**과 받는 이**(우리) **사이에 인격적 관계를 만든다.** 또한 그것은 교회에서 누군가 다른 사람에게 은혜를 베풀고 그 다른 사람이 그것을 받을 때, 그들 사이에 유대를 만들어낸다. 순식간에 상호적 은혜라는 관계적 유대가 형성되고 기능하기 시작한다.

넷째, **받는 사람은 행동으로 응답한다.** 하나님의 은혜의 선물에 가장 기본적인 반응이 감사라면, 그 선물을 받은 사람은 감사, 찬양과 예배, 사랑과 순종, 신뢰와 섬김이라는 적극적인 표현으로 보답할 것이다. 그리스도인의 삶 전체는 우리의 토브이신 하나님이 우리에게 주신 은혜의 선물에 반응하는 것이다.

다섯째, **우리에게 선물을 주시는 하나님은 수많은 형제와 자매의 아버지가 되신다.** 이런 주장은 은혜의 문화를 수립하는 토대가 되기에 더 광범위한 논의가 필요하다. 우리—목사나 리더뿐 아니라 우리 모두—는 은혜를 주고받는 사람들로 이루어진, 은혜에 기반한 가족이 된다. 은혜의 선물은 어떤 사람들이 다른 사람들보다 우월하다고 여겨지는 권력 관계의 위계를 확립하지 않는다. 오히려 그것은 우리 모두를 서로의 형제와 자매로 만든다. 하나님의 토브라는 은혜로운 선물은 우리 모두를 동등하게 사랑받고 가치 있는 그리스도의 몸의 구성원으로 만든다.

다시 강조하자면, 교회 안에서는 그 누구도 다른 사람들보다 크지 않다. 오직 예수 그리스도만이 머리가 되신다. 애초에 그 누구도 형제자매로 이루어진 이 새 가족에 포함될 만한 자격을 갖고 있지 않다. 따라서 어떤 자매도 다른 자매 이상이 아니며, 어떤 형제도 다른 형제 이상이 아니다. 모두가 형제와 자매이며, 형제와 자매는 모두 동등한 지위를 갖는다. 더 나아가, 어떤 형제나 자매도 '아버지'나 '어머니'가 될 수 없다. 예수의 말씀을 인용하자면, 오직 한 분의 아버지가 계실 뿐이다(마23:8-9).

형제자매간의 참된 동등성은 권력에 기반하고 두려움을 유발하는 문화를 종식시키는 데 엄청난 영향을 미친다. 성부 하나님과 그분의 아들이신 그리스도 아래서의 동등성은 우월성과 계급의 모든 위계를 없애버린다. 형제와 자매라는 용어는 우리가 모두 "그리스도 예수 안에서 하나"(갈3:28)라는 진리를 강화한다.

여섯째, **은혜는 우리의 형제자매 관계를 번영하는 참된 가족 공동체로 변화시키는 역설적인 힘이다.** 은혜의 선물은 우리를 하나님의 적이자 서로에게 낯선 존재에서 하나의 크고 은혜로 가득한 가족 구성원으로 변화시킨다. 은혜를 발휘하는 것은 우리가 결코 상상하지 못했던 수준으로 서로를 사랑하도록 우리를 형성시키는 힘을 가지고 있다.

일곱째, **성령은 우리를 적과 낯선 사람에서 친구와 가족으로 변화시키시는 능동적인 주체시다.** 우리는 스스로 이런 일을 할 수 없다. 우리에게는 그럴 만한 역량도, 능력도 없다. 내가 좋아하는 구절 중 하나는 신약학자 제임스 던(James D. G. Dunn)이 한 말이다. 그는 언젠가 성령은 "인간의 능력을 초월하시고, 인간의 무능을 변화시키신다"라고 말했다. [3]

잠시 이 말에 관해 생각해 보자. 우리에게는 우리 교회를 은혜로 가득하고 사람을 우선시하는 토브 문화로 형성해낼 수 있는 능력이 없다. 오히려 우리는 다양한 무능력과 비호환성만을 드러낼 뿐이다. 예컨대, 우리 중 어떤 사람들은 내성적인데 반해, 어떤 사람들은 공격적일 만큼 외향적이어서 서로 잘 섞이지 않는다. 우리는 서로 다른 민족적 배경을 가지고 있어서 서로를 신뢰하지 않는다. 남성과 여성으로서 우리는 늘 서로를 이해하지 못하거나 인정하지 않는다. 우리는 지위와 위계와 힘을 좋아하기에 서로를 은혜와 사랑으로 대하기가 어렵다. 물론 우리에게도 다양한 능력이 있지만, 여전히 우리에게는 성령이 필요하다. 성령은 우리의 능력을 초월하고, 우리를 사람을 우선시하고 은혜를 베푸는 사람들로 가득한 번영하는 가족으로 변화시켜 주신다.

은혜로 형성된 교회 문화에 요구되는 것들

　바울의 선교 사역에서 가장 분명한 것은, 바울은 사람들을 구원으로 이끄는 것만이 아니라 구원받은 사람들—특히 같은 집단에서 교류하지 않았던 사람들—이 서로 조화롭게 잘 지내는 법을 배우게 하려고 노력했다는 것이다. 한마디로 그의 선교는 서로 긴밀하게 연결되어 있던 이스라엘 민족을 다민족 백성으로 확장하는 것이었다. 돌이켜 보면, 바울은 C. S. 루이스가 했던 유명한 말을 차용하고 싶어 했을지도 모른다. "자기에게 용서해야 할 무언가가 있기 전까지는, 사람들은 누구나 용서를 아름다운 개념이라고 말한다."[4] 마찬가지로, 본질적으로 다른 사람들을 하나님의 가족으로 통합시키는 것도 우리가 실제로 그 일을 시도해 보기 전까지는, 그것을 아름다운 개념이라고 말할 수 있을지도 모른다.

　놀랄 것도 없이, 은혜에 기반한 형제자매로 구성된 가족을 만드는 일에는 **신뢰**가 필요하다. 신뢰는 사람들을 하나로 묶어주는 눈에 보이지 않는 접착제와 같다. 권력과 두려움은 신뢰를 훼손하지만, 은혜는 신뢰를 만들어낸다. 신뢰가 없이는 참된 형제자매 관계도 있을 수 없다. 누군가를 신뢰한다는 것은 그 사람을 믿음으로써 세상을 안전하게 느끼게 하는 것이다. 그런데 유감스럽게도, 두려움에 기반한 문화에서는 신뢰가 깨지고 형제와 자매로서의 삶이 불가능해진다. 교회라고 불리는 형제와 자매들의 모임이 서로를 신뢰하지 못하는 관계에 있을 때, 그 가족은 파벌, 부족, 그리고 이익 집단으로 붕괴된다.

서로를 신뢰하는 관계는 **상호성** 위에 구축된다. 무언가를 얻기 위해서는 무언가를 주어야 한다. 어떤 형제나 자매가 가족에게 무언가를 베풀고, 다른 형제나 자매가 그 선물을 받을 때, 거기서 상호성의 사회, 즉 상호 선물을 교환하는 사회가 형성된다. 그것이 교회다. 반면에 권력에 기반하고 두려움을 유발하는 교회의 문화는 일방통행의 길이다. 그런 상황에서 신뢰의 흐름은 목사, 리더, 권력을 가진 자들에게로 향한다. 그러나 은혜에 기반한 교회에서는 상호성이 자유롭게 흐른다. 선물이 그러하듯이 말이다.

우리의 주제를 요점별로 정리해 보자. 모든 형제와 자매가 자신들을 하나님의 선물을 받은 자로 인식할 때, 또한 하나님의 은혜로 변화되어 서로를 사랑하고 신뢰하는 동등한 참여자가 될 때, 은혜에 기반한 **자유**의 문화가 형성될 것이다.

성경에서 자유는 (모든 끔찍한 형태로 나타나는 죄)**로부터의** 자유이자, (하나님이 계획하고 바라시는 자녀와 형제자매가 되는 것)**을 위한** 자유다. 신뢰가 자유를 만들어내듯이, 자유는 신뢰를 만들어낸다. 다시 상호성이다.

두려움에 기반한 문화는 율법주의, 권위주의, 지위, 그리고 인정에 기반한 관계를 통해 자유를 질식시킨다. 그것은 자유가 아니고, 사랑도 아니다. 그러나 "온전한 사랑은 두려움을 내쫓는다"(요일4:18). 교회 안에 두려움이 만연할 때, 그곳에는 참된 사랑이 존재하지 않는다.

은혜로 형성된 교회 문화의 마지막 요소는 **공간** 혹은 **여지**, 즉 배우고 실수할 수 있는 여지, 성장과 용서를 위한 여지다. 두려움을 유발하는 권력의 문화에서 실수는 말을 통한 학대를 촉발하거나, 지위를 강등시키거나, 공개적인 망신을 주는 결과로 이어진다. 두려움은 용서라는 기독교의 미덕을 압도하거나 약화시킬 수 있다. 은혜로 형성된 문화에서는 형제와 자매들이 은사와 소명을 발견할 수 있는 공간이 허락된다. 그들이 은사 안에서 성장하며 실수할 수 있는 공간(과 은혜)이 허락된다. 또한 그곳에는 다른 사람의 잘못을 용서할 수 있는 공간도 존재한다. 지속적인 은혜의 행위들은 은혜로 가득한 토브 문화를 만들어낸다.

A CHURCH CALLED

TOV

8장
토브 처치는 사람을
우선시하는 문화를 키운다

토브 써클에서 우리는 공감, 긍휼, 은혜를 키우는 교회를 발견한다. 이런 가치들은 결국 교회 안에 **사람을 우선시하는** 문화를 키우는 토대가 된다. 사람을 우선시하는 교회는 교회를 주로 하나의 기관(또는 조직)으로 보는 개념에 **저항할** 것이다.

교회를 주로 하나의 기관으로 보게 되면, 특정한 신학이나 신념 체계를 지킨다는 명목으로 공감, 긍휼, 은혜와 같은 가치들이 쉽게 무시될 수 있는 문화를 만들게 된다. 교회가 이런 일을 의도적으로 하지는 않을 수 있지만, 어떤 기관이 성장하게 되면, 자연스럽게 '기관의 변질'(institution creep)*이 발생하는 경향이 있다. 즉, 기관의 필요—냉담하고, 잘못된 방향으로 가며, 은혜와는 무관할 수 있는— 가 그 기관에 속한 **사람**의 필요를 대체하기 시작한다. 그러면 사람

---

* institution creep는 기관이나 제도가 본래의 역할이나 경계를 넘어서 점진적으로 확장되거나 변질되는 현상을 가리킨다.

들이 기관에 의해 억압당하며 상처 받게 된다.

기관으로서의 교회는 강압적이 될 수 있다. 그러나 사람을 우선
시하는 문화는 사람을 최고 수준의 존엄과 존중, 진실을 가지고 대
할 것이다.

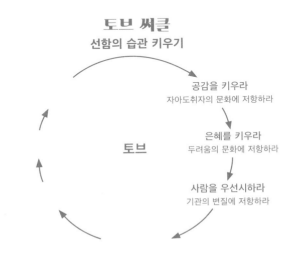

최근 기억에 남는 사람 중에서 사람을 우선시하는 관점과 존
엄, 존중, 진실의 미덕을 가장 잘 보여준 사람은 프레드 로저스(Fred
Rogers, 1928-2003)라 할 수 있다. 그렇다, 「로저스 씨의 이웃(Mister Rogers'
Neighborhood)」*에 등장하는, 모든 사람의 친구인 그 사람이다. 그는 교
회에서보다 훨씬 더 어려울 것으로 보이는 TV 방송 분야에서 토브
의 문화를 만들어냈다. 그는 미국 문화의 분위기가 급변하는 시기

---

* 1968년부터 2001년까지 계속되었던 TV 어린이 교육 프로그램.

에서도 30년 이상이나 선함의 문화를 유지해냈다.

프레드 로저스는 어린 시절에 괴롭힘과 따돌림을 당했다. 그래서 그는 소외감을 느끼는 사람들과 어울리기 힘들어하는 사람들의 마음을 깊이 공감할 수 있게 되었다. 성인이 된 그는 목회, 음악, 아동 발달 분야에서 받은 훈련을, 그의 기독교 신앙과 가족으로부터 배운 관대, 친절, 관용, 공감이라는 미덕과 결합시켜 어린이들의 정서적, 도덕적, 영적, 지적 삶에 초점을 맞춘 독특한 텔레비전 프로그램을 만들었다.

미국 의회에서 연설하면서 프레드 로저스는 자신의 사명을 다음과 같이 설명했다.

저는 모든 어린이가 자신이 독특하다는 것을 깨달을 수 있게 하려고 매일 그들에게 관심을 표현합니다. 저는 그 프로그램을 이런 말로 마무리합니다. "너 자신으로 존재한다는 것만으로도 오늘은 특별한 날이 되었단다. 세상에 너 같은 사람은 없어. 나는 너를 좋아해. 네 모습 그대로 말이야."[1]

프레드 로저스에 관한 전기 『좋은 이웃(The Good Neighbor)』의 저자인 맥스웰 킹(Maxwell King)은 로저스 씨의 삶의 중심에 자리 잡은 강한 자기 훈련에 대해 다음과 같이 묘사한다.

프레드 로저스는 매일 4시 30분과 5시 30분 사이에 일어나 성경을 읽으며 하루를 준비한 후, 피츠버그 운동 협회로 수영하러 갔다. 그러나 그의 준비는 전문적이라기보다는 영적이었다. 그는 성경에서 관심 있는 구절을 연구한 후 그날 만날 사람들을 마음속으로 그리면서 최대한 배려하며 베풀기 위해서 준비했다. 이른 아침 시간에 프레드가 드리는 기도는 성공이나 성취를 위한 것이 아니라, 그날에 있을 모든 만남에서 자기가 할 수 있는 한 최고의 사람이 되고자 하는 선한 마음을 위한 것이었다.[2]

프레드 로저스를 알았던 사람들은 그가 스크린에 나올 때나, 닫힌 문 뒤에서나, 스튜디오 안에서나 같은 사람이었다고 말했다. 그의 인격에는 이중성이 존재하지 않았다. 종종 유명한 스타들의 명성을 훼손하고 심지어 짓밟기까지 했던 「에스콰이어(Exquire)」 잡지의 콧대 높은 인터뷰어 톰 주노드는 로저스 씨에 관해 이렇게 말했다. "프레드의 놀라운 점은 그가 TV에 나오는 것과 정확하게 같은 사람이라는 거예요. 어떤 쇼도, 어떤 연기도 없었어요. 그는 그 자신이었어요."[3] 또한 로저스와 여러 해 같이 일했던 엘리자베스 시맨스도 이렇게 말했다. "그는 거만하거나 오만하지 않았어요. 그는 무엇이든, 혹은 누구든 당연한 것으로 여기지 않았어요. 물론 그에게도 결점은 있었죠. 하지만 그는 정말, 정말로 훌륭한 사람, 그리고 선한 사람이었어요."[4]

로저스 씨를 특이한 사람으로 보도록 하는 유혹이 있을 수도 있다. 왜냐하면 그의 인격이 너무 독특하고, 너무 반문화적이고, 심지어 예상하기조차 힘든 면이 있기 때문이다. 그러나 프레드 로저스를 돋보이게 하는 요소는 우리가 도달할 수 없는 무언가가 아니었다. 맥스웰 킹이 말하듯이, "프레드 로저스는 결코—한 번도—일이나 삶의 긴급성이 그가 인간의 기본적인 가치로 여겼던 것들, 즉 진실, 존중, 책임, 공정과 긍휼, 그리고… 친절 같은 것들에 집중하는 것을 방해하게 하지 않았다."[5] 다시 말해, 그는 **사람이 우선이었다**. 그는 그저 토브를 실천했고, 고집스럽고도 일관되게 그 길을 걸어갔을 뿐이다. 분명히 그 길은 우리 모두에게도 열려 있다.

토브는 언제나 먼저 개인들의 마음에 뿌리를 내리고, 그런 다음 같은 마음을 가진 다른 사람들과 함께 일하며 선한 문화를 만들어 간다.

사람을 우선시하는 교회 되기

2019년 8월에 남침례회 소속 목사이자 에씩스데일리(EthicsDaily. com)의 전무이사였던 미치 랜달(Mitch Randall)은 교회가 일터에서와 같이 다양한 형태의 과실을 규명하는 지혜를 배워야 한다고 촉구했다. 랜달은 **신학적 과실**(theological malpractice)이라는 정의를 만들고자 했다. 그의 요점 중 하나는 사람 대 기관(과 정책)의 문제를 다룬다.

> 피해자의 인간성보다 교회라는 기관을 더 중요시하는 믿음은 복
> 음의 핵심적 가르침을 놓치게 된다. 다시 말해, 하나님과 이웃을
> 사랑하는 것이 기관과 직업의 명성을 보존하는 것에 밀려날 때,
> 그것은 정의상 신학적 과실에 해당한다.[6]

정확한 말이다! 선한 문화는 기관 대신 사람에게 초점을 맞춤으로써 우리의 삶을 그리스도의 모범에 따라 조율하고자 한다.

랜달은 신학적 과실을 "가부장주의와 여성 혐오에 기반한, 잘못된 해석학적 철학으로 말미암은 복음의 왜곡으로, 이는 성직자, 교회, 교단, 제도의 명성을 보호하고 피해자의 권리를 훼손하여 육체적, 정신적, 정서적, 영적 피해를 유발하는 것"이라고 규정한다.[7] 쉽게 말해, 신학적 과실은 다음과 같이 요약될 수 있다.

① 그것은 토브의 복음을 왜곡한다.
② 그것은 남성 중심에서 시작되어 반여성적 태도를 조장한다.
③ 그것은 사람을 희생시켜 기관을 보호한다.
④ 그것은 기관의 리더를 보호한다.
⑤ 그것은 인권을 침해한다.
⑥ 그것은 사람에게 피해를 준다.

신학적 과실의 핵심에는 모든 사람을 하나님의 형상의 담지자로 대하지 못하는 것이 자리하는데, 이는 우리 기독교 신앙의 핵심

을 공격하는 것이다.

그렇다면 우리는 기관의 변질과 신학적 과실에 저항하기 위해 무엇을 할 수 있을까? 우리는 교회 안에서 사람을 우선시하는 문화를 되찾기 위해 무엇을 할 수 있을까? 우리는 다음과 같은 다섯 가지 실천 사항을 제안하고자 한다. ① 사람을 사람으로 대하라, ② 다른 사람들을 공동체 안으로 받아들이라, ③ 모든 사람이 하나님의 형상대로 지음 받았음을 인정하라, ④ 사람들을 형제와 자매로 대하라, ⑤ 사람들을 바라보는 예수와 같은 눈을 개발하라.

① 사람을 사람으로 대하라

내(스캇)가 경험한 개인적인 예를 하나 들겠다. 교회에서 우리 가족—크리스와 나, 로라와 마크, 루카스와 아니카, 악셀과 핀리—은 모두 함께 앉는다. 대개 우리 앞에는 레슬리와 길이 앉는데, 종종 파울라와 크리스틴, 또는 로저나 에이프릴이 앉을 때도 있다. 우리 가족이 앉는 줄의 끝에는 크리스의 언니인 팻이 앉는다(가끔 로리가 앉기도 한다). 우리 가까이에는 80대의 은퇴한 신학교 교수이자 학장인 앨리스와 90대인 그녀의 남편 랜디가 있는데, 그는 전직 선교사이자 목사로 교회의 모든 사람의 이름을 아는 것처럼 보이며, 종종 우리를 위해 기도하고 있다고 말한다. 간혹 크리스와 내가 여행이나 강의 때문에 주일 예배에 참석하지 못할 때면, 랜디는 늘 내게 우리를 위해 기도하겠다고 말한다. 반대로 랜디와 앨리스가 두 주 연속으로 예배에 참석하지 못했을 때에는, 내가 또 다른 정기적인 예배 참석자인 로살리에게 그 두 사람은 가족을 만나러 여행 중이라고 말해주기도 했다. 이외에도 나는 우리 회중 안에 있는 중요한 인맥에 관해 더 많이 말할 수도 있다. 하지만 이쯤만 해도 독자들은 내가 무슨 말을 하려는 것인지 이해할 것이다.

우리 가족에게 교회는 전적으로 사람에 관한 것이다. 나는 매주 우리 교회에 출석하는 사람이 얼마나 되는지 잘 모른다. 어떤 때는 예배당이 가득 차고, 어떤 때는 그렇지 않다. 아이들은 부산스럽고 시끄럽다. 그러나 아이들은 원래 시끄럽고, 사람들은 부산하다. 아이들이 중앙 예배당을 떠나 각자의 교실로 갈 때는 마치 퍼레이드와 같으며, 그걸 보는 어른들은 모두 얼굴에 미소를 짓는 것 같다. 이런 아이들이 우리 눈앞에서 자라고 있다. 대다수의 사람들이 서로 서로를 아는 것처럼 보인다. 간혹 크리스와 내가 주일에 다른 일이 있어서 예배에 참석하지 못할 때면, 나는 특정한 사람들, 가령 플래너리 오코너*나 윌라 캐더**에 관해 함께 이야기하고 싶었던, 에단 같은 사람을 그리워한다. 혹은 앤드류나 로리, 오토, 엘라나와 앤토니 그리고 그들의 아들인 엘리 같은 사람들을 그리워한다.

지금 우리는 작은 것이 아름답고 큰 것은 그렇지 않다고 말하는 게 아니다. 우리는 그렇게 믿지 않는다. 어떤 대형교회들은 주일이나 한 달에 한 번 만나는 수많은 소그룹이나 가정교회로 이루어져 있다. 어떤 대형교회들은 모든 사람에게 서로를 알고 또 알려질 수

---

* Flannery O'Connor, 미국의 소설가이자 수필가.
** Willa Cather, 미국의 소설가.

있는 소그룹에 참여하라고 격려하면서, 사람을 우선시하는 사역을 형성하려고 열심히 노력한다. 그럼에도 우리는 대형교회들이 사람을 우선시하는 문화를 만드는 것에 관해서 좀 더 의도적이어야 한다고 말하고자 한다. 그렇지 않으면 교회의 분위기가 급속하게 "와서 내 설교를 들으라" 혹은 "와서 음악을 들으라"는 식의 문화로 변할 수 있기 때문이다.

토브 써클은 교회가 사람을 사람으로 보고, 또 그들을 사람으로 대할 때, 곧 그들이 하나님이 계획하신 모습으로 성장하도록 양육할 때 시작된다. 이름과 역사와 이야기를 가진 사람들, 잘 지내는 사람들과 그렇지 못한 사람들, 교회의 학대에서 회복 중인 사람들, 수술과 질병을 겪은 사람들, 늙어가는 사람들, 부유하거나 가난한 사람들, 그리고 그 사이 어딘가에 있는 모든 사람들, 상처를 입고 치유가 필요한 사람들, 실직하거나 불완전 고용 상태에 있는 사람들, 격려나 실질적인 지원이 필요한 사람들, 사람을 사람으로 대하는 것의 핵심은 예수께서 말씀하신 다음의 여덟 단어로 요약될 수 있다. "남에게 대접을 받고자 하는 대로 너희도 남을 대접하라"(눅6:31).

② 다른 사람들을 공동체 안으로 받아들이라

교회를 사람으로 생각하는 것은 아주 간단하지만, 이 개념을 충분하게 구현하는 것은 종종 쉬운 일이 아닐 수 있다. 사람들은 고립되어 살아가지 않고 서로 연결된 관계 속에서 살아간다. 그리고 그 관계의 핵심은 바로 소속감이다.

사람들이 인정하든 안 하든, 누구나 소속되고 싶어 한다. 누구나 자신이 중시되는 느낌을 받고 싶어 한다. 사람을 우선시하는 교회 문화의 핵심에는 언제나 다른 사람들을 공동체 안으로 받아들이고자 하는 노력이 있다. 그것은 관계를 맺는 것에서, 즉 사람들의 이름을 익히고, 그들에게 그들의 이야기를 해달라고 격려하고, 당신의 이야기를 그들과 나누고, 그들을 교회 가족의 삶(교회 건물 안팎에서 이루어지는)에 포함시키고, 그들을 교회 공동체의 일원이 되도록 초대하는 것에서 시작한다.

다른 사람들을 공동체 안으로 받아들이는 것은 그들을 당신의 집으로 환영하며 맞아들이고, 그들과 함께 식사하는 것을 의미할 수 있다. 이에 대한 예로, 자신의 식탁을 개방함으로써 토브의 대리인이 되었던 케이시 플레쳐와 데이비드 심슨 부부의 이야기를 들어보겠다.

워싱턴 DC에 있는 공립학교에 다녔던 케이시와 데이비드의 아들에게는 가난한 가정 출신의 친구가 몇 명 있었다. 그는 그 친구들을 자기 집으로 초대하기 시작했다. 그중 한 친구가 또 다른 가난한 친구들 몇 명을 초대했고, 머지않아 24명의 아이들이 매주 저녁을 먹으러 왔다. 그리고 곧 다른 어른들도 왔고, 그 집의 관대한 식탁은 모두를 위한 치유의 식탁이 되었다.[8]

어느 날 저녁, 그 식탁에 지역사회의 자원을 공립학교에 연결해 주는 커뮤니티즈 인 스쿨즈(Communities In Schools)의 설립자인 빌 밀리켄이 참석했다. 케이시 플레쳐와 데이비드 심슨이 세운 관계와 그들이 수행하고 있는 일을 목격한 그는 이렇게 말했다. "저는 이 분야에서 50년간 일했지만, … 프로그램이 삶을 바꾸는 것을 본 적이 없습니다. 오직 관계만이 삶을 바꿀 수 있습니다."[9] 다른 곳에서도 그는 이렇게 말했다. "좋은 프로그램은 건강한 관계가 형성되는 환경을 만들어낼 뿐입니다."[10]

관계를 수립하는 데는 시간이 걸린다. 그리고 사람들이 교회의 참된 토브 써클 안으로 온전하게 통합되는 데도 시간이 필요하다. 시간이 지나면서 우리는 서로의 이름을 알고, 시간이 지나면서 이야기를 배우고, 시간이 지나면서 우리의 이야기를 하고, 시간이 지나면서 그리스도 안에서 참된 형제와 자매가 되고, 시간이 지나면서 서로의 방식을 배우고, 우리가 무언가를 결정할 때 서로를 생각하는 것을 배우게 된다. 낯선 사람들이 하나의 가족이 되는 데는 시간이 걸린다. 그러나 일단 우리가 이 수준의 헌신에 이르게 되면, 우리는 사람을 사람으로 대하지 **않을 수** 없게 된다. 그리고 이는 언제 사람들이 다른 사람들에게 사람으로 취급되지 않는지도 **알게** 된다는 것을 의미한다.

③ 모든 사람이 하나님의 형상으로 지음 받았음을 인정하라

우리 그리스도인은 모든 사람이 하나님의 형상의 담지자가 되도록 계획되었다는 것을 알고 있다. 하나님이 말씀하시기를, "우리가 우리의 형상을 따라 우리의 모양대로 사람(human being)을 만들자"(창1:26)라고 하셨다. 이 구절에 대한 다른 번역은 이러하다. "우리의 형상을 따라, 우리의 모양대로 인류(mankind)를 만들자"(창1:26, NIV). 우리에 대한 이런 설계와 함께 목적 진술도 등장한다. 그것은 우리로 하여금 하나님이 지으신 것을 "다스리게" 하는 것이다. 형상의 담지자로서 우리의 역할은 하나님을 대신해 하나님의 세계를 위임 통치하는 것이다. 이것이 우리 각자와 모두에게 주어진 사명이다.

형상의 담지자가 된다는 것은 무엇을 의미할까? 사도 바울은 예수에 관해 이렇게 말한다. "그는 보이지 아니하는 하나님의 형상"이시다(골1:15). 다시 말해, 예수 그리스도는 **하나님의 유일하고 참된 형상**이시다. 이는 또한 하나님이 인간을 창조하셨을 때, 그분이 사용하신 원형이 바로 예수였음을 의미한다. 그리고 모든 것 중에서 최고의 토브 소식은 우리가 우리의 사악함에서 벗어나 그리스도의 형상으로 변화되는 중이라는 것이다. 바울은 이 진리를 세 차례에 걸쳐 서로 다른 방식으로 확증한다. 따라서 우리는 이것에 분명하게 주목할 필요가 있다.

- 로마서 8장 29절 - "하나님이 미리 아신 자들을 또한 그 아들처럼 되게 하기 위하여 미리 정하셨으니"[11] 혹은 "그 아들의 형상을 본받게 하기 위하여 미리 정하셨으니"[12]
- 고린도후서 3장 18절 - "우리가 다 수건을 벗은 얼굴로 거울을 보는 것 같이 주의 영광을 보매 그와 같은 형상으로 변화하여 영광에서 영광에 이르니 곧 주의 영으로 말미암음이니라"
- 고린도후서 4장 4절 - "그중에 이 세상의 신이 믿지 아니하는

자들의 마음을 혼미하게 하여 그리스도의 영광의 복음의 광채
가 비치지 못하게 함이니 그리스도는 하나님의 형상이니라"

바로 이것이 우리가 사람을 '헌금 단위'(giving units)가 아니라 사람
으로 대해야 하는 이유다. 우리가 만나는 각 사람은 하나님에 의해
그리스도를 닮도록 계획되었다. 그런 존재로서 우리는 모든 사람
에게 **그들이 누구인지**에 대해 깊은 존중과 경의를 표해야 한다. 설
령 그들 안에 있는 하나님의 형상이 사악한 선택으로 인해 더러워
지거나 덧칠되었다고 할지라도 말이다. 모든 사람을 하나님의 형
상대로 지음 받은 존재로 인식하는 것은 그들의 현재 사악한 상태
만이 아니라, 항상 그들의 **잠재성**을 본다는 것을 의미한다. 바울은
고린도 교인들에게 이렇게 말한다. "너희 중에 이와 같은 자들이
있더니 주 예수 그리스도의 이름과 우리 하나님의 성령 안에서 씻
음과 거룩함과 의롭다 하심을 받았느니라"(고전 6:11). 나는 고린도 교
인들—모든 사람들—을 대상으로 이렇게 말하는 바울의 용기에 거
듭해서 깊은 인상을 받는다.

선함의 문화는 언제나 죄를 죄로 인정하고 마주한다(우리는 이것을
진실을 말하고 진실의 문화를 키우는 것에 관해 다루는 마지막 장에서 좀 더 깊이 살펴볼 것이다). 그
리고 선함의 문화는 언제나 사람들을 참된 회개로 이끌고자 한다.
그러나 우리가 교회에서 죄에 직면할지라도, 우리는 모든 개개인에
게 내재한 **하나님의 영광스러운 형상**을 놓치지 말아야 한다.

④ 사람들을 형제와 자매로 대하라

신약성경에서 기독교 신자들을 가리키는 가장 일반적인 단어는 단연코 **교회**가 아니라 **형제자매**다. 바울이 도망친 노예 오네시모를 그의 주인 빌레몬에게 보낼 때, 그는 빌레몬에게 오네시모를 "종과 같이 대하지 아니하고 종 이상으로 곧 사랑받는 **형제**로" 받아들이라고 말했다(몬1:16). 다른 사람을 사람으로 대할 때 기대할 수 있는 결과는 그들을 형제와 자매로 보기 시작하는 것이다.

바울의 비전은 당시로서는 놀라울 정도로 진보적인 것이었다. 그는 그리스도의 몸에 속한 우리는 더 이상 서로를 사회적 지위, 민족적 지위, 혹은 성적 지위에 따라 대해서는 안 된다고 말한다. "너희는 유대인이나 헬라인이나 종이나 자유인이나 남자나 여자나 다 그리스도 예수 안에서 하나이니라"(갈3:28). 즉, 우리 모두는 형제자매다.

가족의 핵심은 관계에 있으며, 토브 써클 안에서 우리 관계의 토대는 우리가 그리스도 안에서 하나가 된 형제자매라는 것이다. 선함의 문화에서는 서로를 사람으로 존중해야 한다. 왜냐하면 우리가 누구인지(하나님의 형상의 담지자) 그리고 우리가 누구에게 속해 있는지 서로 알기 때문이다. 그리스도 안에서 우리는 형제자매다.

토브의 문화를 키우기 위해서는 사람을 형제자매로 대하지 않는 모든 것에 저항해야 한다.

그렇다면 우리는 형제자매를 어떻게 대해야 할까?

어쩌면 당신은 형제나 자매가 없이 자랐을 수도 있다. 혹은 형제자매와 그다지 좋지 않은 관계에 있을 수도 있다. 그러나 우리가 여기서 말하는 것은 건강한 가정 환경에서 형제자매가 상호작용하는 방식이다. 그러면 적어도 다음과 같은 말은 사실일 것이다.

형제자매는 서로에게 관심이 있다.
형제자매는 서로 돌본다.
형제자매는 서로 보호한다.
형제자매는 서로 믿는다.
형제자매는 서로 신뢰한다.
형제자매는 서로에게서 좋은 것과 나쁜 것을 모두 보면서도 여전히 사랑한다.

선함의 문화를 지닌 교회는 사람을 사랑하고, 오직 그들을 위해 최선의 것만을 원하기 때문에 옳은 일을 행할 것이다.

⑤ 사람들을 바라보는 예수와 같은 눈을 개발하라

예수께서는 사람들을 보실 때 그들의 외모를 지나쳐 곧장 그들의 중심으로 향하셨다. 그분은 그들의 가식이나 자기방어적인 겉모습을 넘어서 그들의 실제적인 필요에 집중하셨다. 복음서는 종종 사람들에 대한 예수의 관점을 묘사하기 위해 **긍휼**—동정, 불쌍히 여김, 자비로 가득함을 의미함—이라는 단어를 사용한다.[13] **긍휼**은 인간의 고통을 보았을 때 내장이 뒤틀리는 것 같은 고통을 의미하는 단어다. 복음서 기자들과 사도들은 예수께서 긍휼로 가득 차 있었음을 어떻게 알았을까? 선택지는 세 가지뿐이다. 예수께서 직접 말씀하셨거나, 예수의 얼굴에 그런 사실이 내비쳤거나, 아니면 예수께서 눈물을 흘리셨거나다. 두 번째와 세 번째가 가능성이 커 보인다. 그러나 곤경에 처한 이들을 향한 예수의 감정적 반응은 단지 그들의 상황에 대해 '안타깝게 느끼는 것'에 그치지 않았다. 오히려 그것은 **행동**을 촉발하는 감정적 반응이었다. 복음서 기자들은 예수의 긍휼에 대해 묘사할 때마다 우리에게 그분이 **행하신** 일에 관해서도 말한다. 그분은 치유하셨고, 고치셨고, 깨끗하게 하셨고, 가르치셨고, 돌보셨다.

　오늘날 많은 사람들이 이 점에서 사도 바울을 오해하고 있지만, 사실 바울 역시 사람들에 대해 비슷한 마음을 가지고 있었다. 사람들은 바울을 권력 지향적이고, 일중독이고, 돈을 좋아하고, 반여성주의적이고, 노예제를 옹호하는 권위주의자라고 생각하며, 또한 새롭게 그리스도인이 된 사람들을 모은 후 그들에게 몇 가지 규칙을 정해 주고는 다음 지역으로 떠났다가, 나중에 그들 모임에서 벌어진 터무니없는 소문을 듣고는 분노에 찬 편지를 급히 써 모든 사람에게 어떻게 살아야 할지를 알려준 사람으로 생각한다. 물론 이것이 과장된 표현이긴 하지만, 오늘날 일부 사람들이 기독교를 비판하는 내용을 들어보았다면, 이것이 크게 벗어난 표현은 아니라고 생각할 것이다. 하지만 다음의 고린도후서 2장 12-13절을 읽고도 과연 위에서 언급한 바울에 대한 비판적인 견해가 합당한지 자문해 보라.

내가 그리스도의 복음을 위하여 드로아에 이르매 주 안에서 문이 내게 열렸으되 내가 내 형제 디도를 만나지 못하므로 내 심령이 편하지 못하여 그들을 작별하고 [그를 찾기 위하여] 마게도냐로 갔노라

여기에 한 사람이 있다. 그는 고린도 교인들(적어도 바울이 생각하기에, 그들은 바울이 그들에게 품었던 사랑과 같은 사랑을 바울을 향해 품고 있지 않았다)에 대한 강렬한 사랑과 자신의 제자 디도를 향한 염려 때문에 발걸음을 멈추고, 디도를 만나 그와 고린도 교인들의 안부를 듣기 전에는 길을 떠날 수가 없었던 사람이다. 런던에 있는 성 바울 대성당의 행정 책임자인 폴라 구더는 이에 대해 다음과 같이 말한다. "모든 시대를 통틀어 가장 위대한 복음 전도자인 바울은 그의 친구 디도가 그곳에 없었다는 이유로 복음 전할 기회를 그냥 보내버리고 말았다."[14] 디도는 단지 '그의 친구'가 아니라, 그의 '사랑하는 형제'였다. 사람이 우선이었던 것이다.

이제 골로새 교회에 대한 바울의 사명에 초점을 맞춰보자. 이 교회의 사람들은 거의 대부분 바울이 만난 적도 없는 사람들이었다! 아래에 사람을 중시하는 단어들을 볼드체로 강조했다.

우리가 그를 전파하여 **각 사람**을 권하고 모든 지혜로 **각 사람**을 가르침은 **각 사람**을 그리스도 안에서 완전한 자로 세우려 함이니 이를 위하여 나도 내 속에서 능력으로 역사하시는 이의 역사

를 따라 힘을 다하여 수고하노라 내가 **너희**와 라오디게아에 있
는 자들과 무릇 내 육신의 얼굴을 보지 못한 **자들**을 위하여 얼마
나 힘쓰는지를 **너희**가 알기를 원하노니 이는 **그들**로 마음에 위
안을 받고 사랑 안에서 연합하여 확실한 이해의 모든 풍성함과
하나님의 비밀인 그리스도를 깨닫게 하려 함이니

_골로새서 1:28-2:2

"사랑 안에서 연합하여" 함께 고민하고, 격려하고, 엮이는 것.
바울은 오직 긍휼의 마음으로 사람을 가장 우선시하는 사람이었
다. 그것이 그의 전체 사역의 토대였다.

믿음과 행위의 핵심은 서로에게 속하는 것에 있다. 신약성경의
비전은 우리를 개인주의에서 **벗어나** 다른 사람들과의 헌신적인 관
계를 **향해** 돌아서게 한다. 성경이 말하는 토브의 비전 역시 사람들
이 다른 사람들과 관계를 맺는 것이 핵심이다. 그것은 서로에게 선
한(tov) 사람이 되는 것이다. 사람을 우선시하는 문화는 본능적으로
사람을 하나님의 형상의 담지자로, 그리고 형제자매로 대한다.

토브 써클에서 관계는 성경에 나오는 가장 아름다운 단어 중 하
나인 **진실**(truth)에 의해 형성된다. 토브에서 진실은 너무 중요하기에
우리는 다음 장에서 그것의 의미를 탐구할 것이다. 진실을 말하는
것은 유해한 교회가 늘 실패하는 문제이기 때문에, 이 주제를 면밀
하게 살펴볼 필요가 있다.

9장

토브 처치는 진실을 키운다

만약 당신이 자신에 관한 잔인한 진실을 듣고자 한다면, 번잡스러운 초등학교 1학년 교실로 들어가 보라. 매일 그들은 아무렇지 않게, 그러나 너무 솔직하게 내(로라)게 이렇게 말한다.

"배린저 선생님, 이빨에 초록색의 뭔가가 끼어 있어요."

"오늘은 지쳐 보이네요, 배린저 선생님."

"저는 어저께 선생님의 머리가 더 좋았어요."

"말도 안 돼요."

"얼굴이 왜 그렇게 반들반들해요?"

"저는 선생님이 진짜 금발이 아니라는 걸 알 수 있어요."

"선생님의 눈이 달라 보여요. **화장을 안 하신 건가요?**"

그리고 모든 여성이 가장 싫어하는 질문:

"뱃속에 아기가 있는 건가요, 배린저 선생님?" (아니!)

나의 1학년 학생들은 자기네 집에서 일어난 일에 관해서도 상세하게 이야기한다.

"아빠는 맥주를 좋아해요. 엄청."
"엄마는 아빠보다 나이가 아주 많아요."
"우리 이웃은 늘 우리를 경찰에 신고해요."

그런데 여기에 중요한 것이 하나 있다. 그것은 내가 이 1학년 학생들이 무슨 생각을 하는지 궁금해할 필요가 없다는 것이다. 그들은 내게 나 자신과 그들 자신, 그리고 자기네 가족의 삶에 관해 있는 그대로 진실을 말한다. 나는 그것들에 관해 물어볼 필요조차 없다. 매일 그들은 부탁받지도 않았는데, 직접적이고 즉각적인 피드백을 준다.

"그 이야기는 별로 재미있지 않았어요."
"우리가 공부할 수 있도록 말씀 좀 그만해주세요."

아이들은 자연스럽게 진실을 말한다. 우리는 자연스럽게 진실을 말하는 아이들의 성향에서 배워야 할 것이 많다. 진실을 말하는 것이야말로 예수께서 "진실로 너희에게 이르노니 너희가 돌이켜 어린아이들과 같이 되지 아니하면 결단코 천국에 들어가지 못하리라"(마18:3)고 하셨던 말씀이 의미하는 것 중 하나이지 않을까?

진실을 말하는 문화 형성하기

성경은 우리에게 진리*를 알고, 진리를 말하고, 진리 안에서 살아가라고 요구한다. 그뿐 아니라 우리는 우리의 믿음이 진리**라고** 고백한다. 진리는 신약성경 기자들이 예수, 복음, 구원, 그리고 그리스도인의 삶의 방식을 묘사할 때 가장 자주 사용하는 단어 중 하나다. 바울은 우리에게 "우리 구주 하나님은⋯ 모든 사람이 구원을 받으며 진리를 아는 데에 이르기를 원하시느니라"(딤전2:3-4).고 말한다. 나중에 바울은 이렇게 덧붙인다. "이 집은 살아 계신 하나님의 교회요 진리의 기둥과 터니라"(딤전3:15).

그러므로 만약 하나님이 진리이시고, 우리의 믿음이 진리라면, 그리고 우리가 진리 안에서 살아가야 한다면, 진리에 저항하거나 진리를 훼손하는 그 어떤 것도 하나님의 것이 아니며, 진리(진실)를 말하는 토브 문화의 일부도 아니다. 토브 처치에서는 거짓말, 속임

---

* 영어에서는 "진실"과 "진리"가 모두 truth이다.

수, 위장, 억압, 가스라이팅, 혹은 왜곡과 같은 것들이 설 자리가 없다. 이런 것들은 모두 유해한 것들이다.

그러므로 진실을 말하는 것은 그리스도인으로서 **우리가 누구인지**를 보여주는 것이며, 진실을 말하지 않을 때 우리는 우리의 **정체성과 소명**을 부인하는 것이다.

그렇다면 진실을 말하는 문화를 형성하기 위해서는 무엇이 요구될까? 진실을 말하는 문화는 오직 진실을 알고, 진실을 행하고, 진실에 복종하는 훈련을 통해서만 형성될 수 있다. 또한 진실을 말하는 것은 우리에게 거짓된 것에 **저항하고** 참되지 않은 모든 것에 맞서 싸울 것을 요구한다. 우리는 진실의 중요성을 강조해야 한다. 왜냐하면 너무 많은 교회들이 그 기준에 미치지 못하고 있기 때문이다.

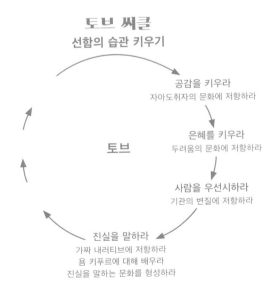

토브 써클
선함의 습관 키우기

공감을 키우라
자아도취자의 문화에 저항하라

은혜를 키우라
두려움의 문화에 저항하라

토브

사람을 우선시하라
기관의 변질에 저항하라

진실을 말하라
가짜 내러티브에 저항하라
욤 키푸르에 대해 배우라
진실을 말하는 문화를 형성하라

진실을 알기

만약 우리가 진실을 말하는 문화를 만들어내고자 한다면, 먼저 진실이 무엇인지 식별할 수 있어야 한다. 기독교는 진리가 단지 어떤 이상이거나 어떤 생각이나 철학의 집합이 아니라는 놀라운 주장을 한다. 그보다 진리는 예수 그리스도의 인격 안에 **구현되어** 있다. 요한복음은 우리에게 "우리가 그의 영광을 보니 아버지의 독생자의 영광이요 **은혜와 진리가 충만**하더라"(요1:14)고 말한다. 예수께서는 자신에 대해 "내가 곧 길이요 **진리**요 생명이니 나로 말미암지 않고는 아버지께로 올 자가 없느니라"(요14:6)고 말씀하셨다.

때로는 성경 구절을 인용하는 것이 그것의 진리를 받아들이는 것보다 쉬울 때가 있다. 하지만 우리의 신앙에 관한 이러한 근본적인 진리를 간과해서는 안 된다. 하나님은 예수 그리스도 안에서 계시되시기 때문에, 그분의 삶의 방식, 그분이 가르치시는 것, 그리고 그분이 행하시는 것은 진리를 측정하는 **유일하게** 참된 기준이 된다.

C. S. 루이스는 선함에 있어 최고의 척도인 예수에 관한 진리가 어떻게 영혼의 수준에까지 침투하는지 한 예화를 들어 아름답게 묘사한다. 그의 소설『사자와 마녀와 옷장(The Lion, the Witch and the Wardrobe)』에서 그는 이렇게 쓴다.

아이들에게 최대한 자신 곁에 바짝 다가서라고 신호하면서… [비버는] 낮게 속삭이며 덧붙였다.

"아슬란이 움직이고 있다는 소문이 있는데, 아마도 이미 이 땅에 왔을지도 몰라."

그러고 나서 아주 이상한 일이 벌어졌다. 아이들 중 누구도, 당신도 그렇듯이, 아슬란이 누구인지 알지 못했다. 그러나 비버가 그 말을 했을 때 모두가 서로 전혀 다른 느낌을 받았다. 아마도 당신에게도 이런 일이 꿈속에서 종종 일어났을 것이다. 즉 누군가가 당신이 이해하지 못하는 것에 대해 말했는데, 그것이 굉장한 의미를 가진 것처럼 느껴졌을 때가 있을 것이다. 그것은 둘 중 하나다. 하나는 그 꿈 전체를 악몽으로 만드는 무서운 것일 수도 있고, 다른 하나는 말로 표현하기 어려울 정도로 사랑스러운, 그래서 그 꿈을 평생 기억하고 다시 그 속으로 들어갈 수 있기를 바랄 만큼 너무나 아름다운 것일 수도 있다. 지금이 바로 그런 순간이었다. 아슬란이라는 이름을 들은 아이들은 모두 자기 안에서 무언가가 뛰는 듯한 느낌을 받았다. 에드먼드는 신비한 공포감을 느꼈다. 피터는 갑자기 용기와 모험심이 솟아남을 느꼈다. 수잔은 마치 어딘가에서 달콤한 냄새나 기분 좋은 음악이 흘러나오는 듯한 느낌을 받았다. 그리고 루시는 아침에 일어나 보니 휴일이나 여름이 시작되고 있음을 깨달을 때 오는 그런 느낌을 받았다.[1]

물론 당신은 이렇게 말할 수 있을 것이다. 나는 당신 편이다. 나

는 예수께서 진리이심을 믿는다. 그리고 우리는 진리 안에서 살아가야 한다. 나 역시 그렇게 믿는다. 그러나 우리는 **어떻게** 진리를 알 수 있을까? 예수께서는 우리를 위해 이 질문에 답하신다. 요한복음 15-16장에서 성령의 오심에 관해 말씀하시면서, 예수께서는 성령을 "너희를 모든 진리 가운데로 인도하실" "진리의 성령"이라고 부르신다(요15:26; 16:13). 그리고 "물 세례와 십자가 위에서 피 흘리심으로" 예수를 하나님의 아들로 계시하는 것에 관해 "진리이신" 성령이 "자신의 증언으로" 그 사실을 확증하신다(요일5:6). 그러므로 우리가 진리를 알고 배울 수 있는 것은 성령의 권능을 통해서다. 뿐만 아니라 우리가 진리를 **행할** 수 있는 것도 마찬가지로 성령의 권능을 통해서다.

진리 행하기

예수께서는 진리이시므로, 만약 그분이 우리 안에 거하시고 우리가 그분 안에 거한다면, 진리가 우리의 삶의 방식이 된다. 그리고 진리와 함께 사랑이 나타난다. 왜냐하면 사랑은 "진리와 함께 기뻐"하기 때문이다(고전13:6). 우리는 진리 안에서 기뻐하고, 진리가 말해지지 않을 때 슬퍼한다. 바울은 "하나님의 일꾼으로서 우리는… 진리의 말씀 안에서 우리를 자천한다"(고후6:4, 7)라고 말한다. 또 바울은 이렇게 말한다. "그런즉 거짓을 버리고 각각 그 이웃과 더불어 참된 것을 말하라"(엡4:25). 그리고 그는 우리에게 "그런즉 서서 진리로 너희 허리띠를 띠라"(엡6:14)고 권면한다.

그러므로 그리스도인의 삶의 방식은 모두 진리를 말하는 것과 깊이 관련된다. 사도 요한은 이 개념을 대담한 색채로 묘사하며 이렇게 쓴다. "만일 우리가 하나님과 사귐이 있다 하고 어둠에 행하면 거짓말을 하고 진리를 행하지 아니함이거니와"(요일1:6). 어둠 속에서 살아가는 것은 진리를 말하는 것과 정반대다. 마찬가지로 어떤 교회가 진실을 가리기 위해 가짜 내러티브를 선택할 때, 그들은 빛 대신 어둠을, 그리고 진리 대신 거짓을 선택하는 것이다.

미국 공공신학 분야에서 가장 탁월한 지성인인 미로슬라프 볼프(Miroslav Volf)와 그의 동료 매튜 크로스먼(Matthew Croasmun)은 『세상에 생명을 주는 신학(For the Life of the World)』*에서 진리를 그리스도인의 성품과 연결한다. 그들은 이렇게 말한다. "진리를 추구하는 것은 참된 삶을 사는 것에서 필수적인 측면이다. 그리고 참된 삶을 사는 것은… 그 삶의 진실된 표현을 찾기 위한 조건이다."[2] 간단히 말해, 예수를 따르는 자들은 진실을 말하는 자들이 되어야 한다는 것이다. 마찬가지로 진실을 말하는 문화는 진리 안에서 살아가는 사람들에게서 나오고, 진리 안에서 사는 삶은 진실을 말하는 사람들을 키워낸다. 삶과 말—참된 삶을 사는 것과 진실을 말하는 것—은 불가결하게 연결되어 있다.

---

* IVP 역간.

진실에 굴복하기

진실을 말하는 것이 항상 쉬운 일은 아니다. 2018년에 본다 다이어가 자신의 이야기를 「시카고 트리뷴」에 공유하기로 동의했을 때, 그녀는 자신이 그로 인해 겪게 될 개인적인 혼란을 전혀 예상하지 못했다. 2019년 9월, 그녀는 댈러스 신학교에서 열린 노 모어 사일런스(No More Silence) 컨퍼런스에서 자신의 이야기를 들려주었다.

> 저는 앞에 나서고 싶지 않았어요. 저는 말하는 사람이 되고 싶지 않았어요. 그러나 제가 사랑하는 교회의 순결함과 진실성을 위해… 저는 비록 그것이 모든 것을 잃는 것을 의미한다 할지라도 용기를 내서 목소리를 내야 한다는 것을 알게 되었어요. 하지만 어떤 날은 정말 거의 모든 것을 잃은 것처럼 느껴지기도 했어요. 앞에 나서는 것은 제가 지금껏 내렸던 가장 어렵고, 가장 도전적이고, 고통스럽고, 제 삶을 송두리째 바꾸는 결정이었어요. 그것이 제게 요구하는 비용은 값을 매길 수 없을 정도예요. 저는 사랑하는 교회가 저와 다른 9명의 여성들의 주장을 믿지 않을 줄은 전혀 예상하지 못했어요. 수년간 의혹이 소용돌이쳤는데도, 교회가 문제가 되었던 목사를 계속해서 믿고, 그런 문제들을 알면서도 아무런 행동을 취하지 않을 줄도 예상하지 못했어요. 저는 그들이 저의 인격을 공개적으로 공격하리라고는 상상하지 못했어요. 저는 순진했고, 제가 완전하게 알지 못할 수도 있다는 이유로 교회가 전 세계적인 차원에서 저를 박해하고, 중상모략

하고, 거짓말을 퍼뜨리고, 계속해서 괴롭히리라고는 상상조차 하지 못했어요. 저는 앞에 나서는 것이 얼마나 힘든 일인 건지 알지 못했어요.[3]

진실을 말하는 문화는 우리에게 진실에 굴복할 것을—겸손하고, 취약해지고, 가장 어려운 순간에도 진실에 기꺼이 복종할 것을—요구한다. 하나님은 우리를 빛으로 향하도록 부르신다. 그분이 빛이실 뿐만 아니라, 또한 우리가 "참 빛 곧 세상에 와서 각 사람에게 비추는 빛"(요1:9) 안에서 살아가기를 원하시기 때문이다. 누구보다도 인간의 마음을 잘 아시는 예수께서 하신 이러한 말씀에 주목하라. "진리를 따르는 자는 빛으로 오나니 이는 그 행위가 하나님 안에서 행한 것임을 나타내려 함이라"(요3:21). 우리더러 참된 빛 안에서 살라고 하시는 하나님의 부르심은 우리가 진리를 알고, 진리를 삶의 방식으로 삼고, 성령이 계시하시는 진리에 우리의 마음을 열고, 진리에 노출됨으로써 하나님 앞에서 정직하게 살아갈 수 있어야 한다는 권면이다.

진실만이 우리를 치유하고 자유케 한다

토브 써클의 중심에는 우리가 다른 어떤 방식으로도 발견할 수 없는 구원, 치유, 회복의 능력이 있다. 진리는 한 인격이다. 그 인격이 우리에게 진실을 말하고, 그가 한 말이 우리를 치유한다. 성경은 하나님의 놀라운 역사를 여러 방식으로 묘사한다. 하나님은 구원하시고, 구출하시고, 몸값을 지불하시고, 치유하시고, 치료하시고, 화해시키신다. 예수께서는 그것을 이렇게 말씀하신다. "진리를 알지니 진리가 너희를 자유케 하리라"(요8:32).

토브의 문화에서는 하나님의 백성이 하나님의 진리의 빛 안에서 살아가기로 선택하기 때문에 진리가 우세하다. 빛 안에서 사는 것은 우리를 자유롭게 하여 빛을 사랑하고 어둠을 미워하게 만든다. 또한 그것은 우리에게 어둠 속으로 빛을 비춰 다른 사람들을 자유롭게 하여 빛 안에서 살아가도록 동기를 부여한다. 진리 안에서 살아갈 때, 우리는 빛에 노출되는 고통이 하나님이 어둠의 찌꺼기를 불태우고 우리를 빛의 자녀로 만들기 위해 계획하신 선한 고통임을 이해한다. "너희가 전에는 어둠이더니 이제는 주 안에서 빛이라 빛의 자녀들처럼 행하라 빛의 열매는 모든 착함과 의로움과 진실함에 있느니라"(엡5:8-9).

하나님의 심판은 "진리를 억압하는"(롬1:18) 자들과, 우리가 4장에서 묘사했던 가짜 내러티브를 만들어내는 자들에게 임한다. 가짜 내러티브는 단순한 '왜곡'이나 '브랜드 보호'에 불과한 것이 아니다. 물론 그런 것일 수도 있지만, 그보다 그것은 **어둠**이며, 빛의 반대다.

야고보는 그의 서신에서 인간의 두 가지 추악한 특징을 지적하며 다음과 같이 현명하게 조언한다. "그러나 너희 마음 속에 독한 시기와 다툼이 있으면 자랑하지 말라 진리를 거슬러 거짓말하지 말라"(약3:14). 나(스캇)는 그리스어 젤로스(*zelos*)에서 나온 **시기**라는 단어의 번역을 명확하게 하고 싶다. 야고보가 그 단어로 가리키고자 한 것은 다른 사람들을 제압하려는 갈망이다. 곧 그는 힘 있는 자들이 그들의 힘을 사용해 약한 자들을 제압하는 것에 관해 말하고 있는 것이다. 가짜 내러티브를 만들어내는 동기는 브랜드를 보호하고, 명성을 방어하고, 야망 있는 리더, 열성적인 교회, 그리고 리더들 집단의 영광을 보존하고자 하는 과도한 야심에서 비롯된다.

월로우 크릭 교회의 교육 목사였던 마이크 브로는 2019년 1월에 그 교회를 다시 방문했을 때, 진실을 억압하는 것이 영혼에 얼마나 해로운 영향을 미치는지에 대해 다음과 같이 말했다.

그것은 이렇게 시작합니다. 처음에는 단지 약간의 과장, 약간의 꾸밈, 약간의 정치적 왜곡이 있었을 뿐입니다. 그런데 우리가 그것에 대해 알기도 전에 어느덧 우리의 삶에서 진정성은 사라지고, 우리는 더 이상 진짜가 아니게 됩니다.
그런데 대체 우리는 왜 그렇게 하는 걸까요? … 때로 우리는 어떤 이미지를 비추기 위해 진실을 감춥니다. 때로는 어떤 브랜드를 지키기 위해 그렇게 합니다. 때로는 우리의 흔적을 감추기 위해 그렇게 합니다. 권력을 유지하기 위해서도 그렇게 합니다. … 저는 참으로 훌륭하고, 친절하고, 겸손하고, 고귀한 사람들이 버스 밑으로 내던져지는 것을, 그리고 그들의 가족들이 큰 충격을 받는 것을 보았습니다. … 진실을 숨기는 것은 가족을 파괴합니다. 여러분의 가족, 저의 가족, 이 공동체의 가족을 말입니다. 그러나 투명성과 진실은 여러분을 자유롭게 합니다. …
진리가 여러분을 자유롭게 한다는 것은 분명한 사실이지만, 그것이 여러분을 한동안 비참하게 만들 수 있다는 것 역시 사실입니다. … 그러나 제가 확실히 아는 것은 이것입니다. 곧 진리는 언제나 그 과정의 끝에서 성장과 자유로 이어진다는 것입니다.[4]

교회가 진실을 말하는 것에 저항할 때

교회가 듣기를 거부하면, 즉 리더들이 의혹을 부인하고, 부인하고, 부인하고, 계속해서 가짜 내러티브를 퍼뜨리면 어떤 일이 벌어질까? 교회가 그들의 브랜드, 그들의 명성, 그리고 그들의 내러티브를 보존하기 위해 방어 태세를 갖추면 어떤 일이 벌어질까? 진실을 드러내기 위한 모든 채널이 막히면 어떤 일이 벌어질까? 때로는 교회의 가짜 내러티브가 진실을 억누르기 때문에, 진실을 말하는 사람들이 대중 앞에 나서야 할 때가 있다.

학대의 고통을 다시 들추는 것이 아무리 힘든 일이라 할지라도, 상처를 입은 사람들은 그들의 이야기가 전해지기를 **원한다**. 그들은 자신의 고통이 인식되고, 진실이 알려지기를 원한다. 학대를 당한 사람들은 진실을 말해야만 치유 과정을 시작할 수 있다. 그러나 학대를 당한 사람들이 진실이 드러나기를 바라는 만큼, 학대를 가

한 사람들은 그 이야기가 은폐되고 침묵되기를 바란다.

우리가 이미 설명했던 이유들로 인해, 그리고 종종 '성경적'이라는 미명 하에, 교회의 리더들은 학대의 피해자들과 경험자들 그리고 그들을 지지하는 사람들에게 사실을 공개하지 말고 침묵이라는 '품위'를 유지하라고 요구한다. 그러나 어둠을 사라지게 하려면 빛이 필요하듯이, 때로 우리가 할 수 있는 가장 성경적인 일은 악을 공개해 진리의 빛에 노출시키는 것이다. 물론 가능하다면, 우리는 다른 사람들을 개입시키기 전에 죄를 지은 자와 일대일로 마주해야 한다. 하지만 그것은 성적 학대나 권력 남용의 경우에는 해당되지 않는다. 피해자에게 그런 식으로 가해자와 마주하라고 요구하는 것은 그것 자체가 또 다른 학대다.

언젠가 케리 라듀서가 내(로라)게 말하기를, 빌 하이벨스가 그녀에게 부적절하게 행동했다고 교회에 불만을 제기했을 때, 윌로우크릭 교회의 리더 두 사람이 그녀를 찾아와 (다시 마태복음 18장을 언급하며) 빌 하이벨스와 일대일로 만나서 그에 대한 그녀의 우려를 논의해 보라고 권했다고 했다. 케리는, 그녀의 피드백이 "빌에게 선물"이 될 것이며, 또 빌은 "오해를 살 수 있었던" 상황에 대한 피드백을 들을 필요가 있다고 전해 들었다. 그런 말을 들으면서 케리는 이미 어떤 가정들이 만들어지고 있고, 또한 결론도 이미 내려져 있다는 느낌을 받았다. 그럼에도 그녀는 진실을 위해 하이벨스와 만나려고 했다. 하지만 그녀는 **혼자** 그를 만나고 싶지는 않다고 단호하게 말했다. 케리는 여러 번 중립적인 제3자의 참석을 요구했지만, 계속해서 거절당했다고 했다. 하이벨스와 일대일로 만나는 것이 현명하지 않다고 판단한 그녀는 그렇게 하지 않기로 신중하게 결정했다.[5]

만약 교회와 교회의 리더가 계속해서 듣지 않는다면, 만약 그들이 진실되지 않거나 뻔뻔할 정도의 가짜 내러티브들을 계속해서 통제하려 한다면, 그때는 진실을 공개하는 것이 성경적인 것이며 최선의 선택이다.

이 문제를 좀 더 깊이 살펴보자. '공개'에 해당하는 성경의 언어는 **예언적 행동**이다. 이는 성경 전체에서 나타난다. 구약성경 전체에서 리더들이 진실을 억누르고 가짜 내러티브를 펼쳤을 때, 선지자들은 때때로 사람들의 주의를 끌기 위해 하나님의 메시지를 행동으로 표현했다. 예레미야는 하나님이 하실 일을 보여주기 위해 여러 사람 앞에서 항아리를 깨뜨렸다(렘19:1-13). 또 다른 경우, 그는 깨끗한 베 띠를 가져다가 언덕에 묻었다. 그리고 나중에 그것을 다시 꺼냈는데, 그때는 쓸모없게 되어 있었다. 이 모든 것은 백성의 죄에 대한 하나님의 심판을 예시한 것이었다(렘13:1-11).

선지자들은 협상 테이블로 부름 받지 않았다. 그들은 대화와 화해를 위해 회의실이나 사무실 혹은 지역의 커피숍으로 부름 받지도 않았다. 그들은 공개적으로 선언하도록 단상으로 부름 받았다. 교회의 리더들이 진실을 억압할 때, 그것을 공개하는 것은 완전히 성경적인 일이다. 진실을 밝히지 않는 것만큼 **비**성경적인 것은 없다.

예언적인 행동과 선포는 성경과 교회의 역사를 통틀어 진실을 전하고, 회개시키고, 회복을 촉진하는 역할을 해왔다. 그러나 분명히 해둘 것이 있다. 예언적 행동은 누군가가 **가장 먼저** 행해야 할 일이 아니다. 윌로우 크릭 교회의 경우, 학대의 경험자들과 그들을 옹호하는 자들은 진실을 공개하기까지 4년을 기다렸다. 개인 간 대화 및 비공개 방식 등 모든 시도가 소진되었을 때, 비로소 공개적인 행동이 성경적으로 정당화되었다. 우리는 그 4년 동안 윌로우 크릭 교회에서 여성들이 진실을 밝혀달라고 개인적으로 간청했음에도 불구하고, 교회 지도부가 그녀들에게 진실을 공개하지 말라고 부탁하고, 나아가 그것을 공개한 사람들을 공개적으로 비난했다는 것을 알고는 깊은 충격을 받았다. 적어도 12명의 사람들로부터 교회가 침묵과 비공개 합의에 동의하는 대가로 꽤 많은 돈을 제공했다는 말을 들었을 때는 더 혼란스러웠다.

만약 「시카고 트리뷴」이 마냐 브라치어 파쉬만(Manya Brachear Pashman)과 제프 코엔(Jeff Coen)이 쓴 기사를 내보내지 않았다면, 아마도 그 여성들은 지금도 여전히 윌로우 크릭 교회에 문제 해결을 위해 간청하고 있고, 교회는 여전히 상황을 지연시키고 있었을 것이다. 그러나 이것은 단지 어느 한 교회에 국한된 문제가 아니다. 선함과 진실을 선택했던, 그래서 자신들의 이야기를 사적으로 말하고 교회의 절차를 따랐던 학대의 경험자들은 거듭해서 침묵을 강요당하는 일이 반복되었다. 그 과정에서 진실은 억압되었고, 가해자들은 여전히 권력의 자리에 남아 있었다. 침묵 유지의 전략을 사용해온 교회들은 블로거들, 기자들, 그리고 작가들을 활용해 피해자들을 공적으로 책망하도록 만들었다. 강력한 힘을 가진 가해자들과 교회 리더들이 옳은 일 행하기를 거절할 때가 예언적이고 성경적인 행동을 해야 할 때다. 진실을 공개해야 할 때다.

욤 키푸르(속죄일)를 모델로 삼기

인간의 역사가 숨기고 덮으려는 시도로 시작되기는 했지만, 성경은 죄를 숨기는 일에 공모하지 않는다. 성경을 읽는 사람이라면 누구나 성경 인물들의 모습이 있는 그대로 드러난다는 것을 잘 안다. 아브라함은 제 목숨을 구하려고 자기 아내에 대해 **두 번이나** 거짓말을 했다. 야곱은 형의 장자권을 훔치기 위해 아버지를 속였다. 요셉의 형제들은 요셉을 노예로 판 후에 아버지를 속이기 위해 그가 죽었다고 말했다. 모세는 애굽인을 죽인 후 광야로 도망쳤고, 거기서 40년간 망명 생활을 했다. 다윗은 간음했고, 간음한 여자의 남편을 죽일 계획을 세웠다. 그 후에 솔로몬이 등장하는데, 그는 7백 명의 아내와 3백 명의 첩을 두었다. 그에 관해 묘사하려면 너무 많은 페이지가 필요하다. 신약성경에서 야고보와 요한은 제자들 가운데서도 권력과 지위를 차지하려고 경쟁했고, 예수를 거부하는 마을을 파괴하기 위해 하늘에서 번개가 내리기를 바라기까지 했다. 한때 베드로는 예수를 전혀 모른다고 부인했고, 몇 해 뒤에는 바울과 격렬한 논쟁을 벌이기도 했다.

성경을 읽는 것은 모든 이야기가 행복한 결말에 이르는 동화책을 읽는 것과는 다르다. 하나님은 우리 인간의 실패에 대해 기꺼이 진실을 말씀하려 하신다. 그리고 우리도 진실을 말하기를 원하신다. 하나님은 또한 속죄, 용서, 화해에 관한 그분만의 이야기를 가지고 계셨다. 그것은 욤 키푸르(Yom Kippur)에 관한 이야기인데, 오늘 우리에게 아주 중요한 교훈을 담고 있다.

기억하기 어려울 만큼 오랜 옛날부터 이스라엘은 매년 욤 키푸르(속죄일, the Day of Atonement)를 지켜왔다. 이날은 이스라엘이 그 자신에 대해 진실을 말하고, 그러면 이스라엘의 토브이신 하나님이 지극히 은혜로운 용서로 그 백성을 용서하시는 날이다.

하나님의 거처로 정해진 장소인 성전을 정화하는 희생 제사, 그리고 이스라엘이—하나의 백성이자 개인으로서—죄에서 깨끗해져야 한다는 분명한 필요와 함께, 욤 키푸르에는 다음과 같이 세 가지가 중요했다.

① 모두가 함께 모인다.
② 모두가 육체적 쾌락을 금한다(음식과 물을 금하고, 목욕이나 몸에 기름을 바르지 않고, 성관계를 하지 않는다).
③ 아무도 일하지 않는다.

그러므로 욤 키푸르는 모든 회중이 자기를 부인하는 것에 초점을 맞추는 행위로, 백성의 마음을 하나님과 지난해에 지은 자신들의 죄, 그리고 하나님의 용서와 화해의 은혜에 집중시키는 날이다. 이날에 관해 성경이 전하는 내용은 다음과 같다.

> 여호와께서 모세에게 말씀하여 이르시되 일곱째 달 열흘날은 속죄일이니 너희는 성회를 열고 스스로 괴롭게 하며 여호와께 화제를 드리고 이 날에는 어떤 일도 하지 말 것은 너희를 위하여 너희 하나님 여호와 앞에 속죄할 속죄일이 됨이니라 이 날에 스스로 괴롭게 하지 아니하는 자는 그 백성 중에서 끊어질 것이라 이 날에 누구든지 어떤 일이라도 하는 자는 내가 그의 백성 중에서 멸절시키리니 너희는 아무 일도 하지 말라 이는 너희가 거주하는 각처에서 대대로 지킬 영원한 규례니라 이는 너희가 쉴 안식일이라 너희는 스스로 괴롭게 하고 이 달 아흐렛날 저녁 곧 그 저녁부터 이튿날 저녁까지 안식을 지킬지니라
>
> _레위기 23:26-32

유대 문화의 핵심에는 고백, 회개, 희생 제사, 정화, 그리고 용서에 대한 헌신이 있었다. 이스라엘은 죄와 연관된 평범하고 일상적인 희생 제사 외에도, 자신들의 죄를 기억하고 고백하기 위해, 그리고 그들의 토브이신 하나님과 잘 지내기 위해 특별한 날을 따로 정해 두었다.

오늘날 우리는 하나님께 그리고 서로에게 우리의 죄를 고백하라는 요구를 받는다(약5:16; 요일1:8-10). 고백은 우리가 행한 일을 인정하

고, 거론하고, 설명하고, 남김없이 자백하는 것을 의미한다. 우리는 고백을 통해 하나님과 화해한다. 진실을 말하는 고백 없이 우리의 죄를 지나쳐 '가려는' 것은 하나님의 은혜를 값싸게 만드는 것이다.

"값싼 은혜"라는 표현은 디트리히 본회퍼의 유명한 책, 『나를 따르라(The Cost of Discipleship)』에서 나타난다. 다음은 본회퍼의 통찰력 있는 말의 한 부분이다.

> 값싼 은혜는 싸구려 상품이요, 떨이로 팔아버린 용서이고, 떨이로 팔아버린 위로이며, 떨이로 팔아버린 성례전이다. 그것은 교회 창고에 무한하게 쌓여 있는 은혜다. 그 창고에서 어떤 주저함이나 제한 없이 부주의한 손에 의해 마구 분배된다. 그것은 대가 없는 은혜, 비용이 들지 않는 은혜다. …
>
> 은혜에 관해 이런 교리를 가르치는 교회는 자신에게도 그런 은혜를 부여한다. 세상은 이런 교회에서 자신의 죄를 은폐할 값싼 수단을 발견한다. 세상은 그런 죄에 대해 뉘우치지도 않고, 그것에서 벗어나기를 바라지도 않는다. …
>
> 값싼 은혜는 죄인이 아니라 죄를 정당화하는 수단이다. …
>
> 값싼 은혜는 회개 없는 용서를 가르친다. 그것은 공동체의 훈련이 없는 세례다. 그것은 죄에 대한 고백이 없는 성만찬이다. 그것은 개인적 고백이 없는 면죄다. 값싼 은혜는 제자도 없는 은혜요, 십자가 없는 은혜이며, 살아계신 성육신의 예수 그리스도 없는 은혜다.[6]

은혜가 값싼 것이기는커녕 예수 그리스도께서 우리를 위해 피흘려 사신 것이듯, 진실을 말하는 것에도 대가가 따른다.

팻 바라노브스키가 빌 하이벨스에게 당한 학대 이야기가 「뉴욕타임즈」에 게재되었을 때, 윌로우 크릭 교회의 수석 교육 목사였던 스티브 카터는 기사에서 읽은 것과 교회 리더들의 부적절하고 유해한 반응을 알게 된 것 때문에 몸에 병까지 들었다. "장로들과 여러 차례 대화한 후에 분명해진 것은, 제가 윌로우 크릭 교회가 긍정적인 방향으로 나아가는 데 필요하다고 믿는 것과 그들이 최선이라고 여기는 것 사이에 근본적인 견해 차이가 있다는 것이었습니다."[7]

스티브는 윌로우 크릭 교회의 리더들에게 진실과 투명성을 호소했다. 하지만 그의 호소가 받아들여지지 않자 그는 교육 목사 자리에서 물러나며 이렇게 말했다. "제가 마치 어떤 통일된 입장을 대변하는 것처럼 그 무대에 서는 것은 오해를 불러일으킬 것입니다."[8]

우리가 보기에 스티브가 갑작스럽게 윌로우 크릭 교회를 떠난 것은 예언적 행동이었다. 즉각 사임이라는 그의 공개적 행동은 그 어떤 말보다 더 큰 울림을 주었다. 그의 결단은 용기 있는 것이었고, 정직한 것이었다. 그리고 그것은 자신의 이익에 앞서 **사람을 우선시한 것**이었다. 요약하자면, 그것은 토브를 위한 결단이었다.

제임스 맥도널드에게 책임을 물으려던 반복적인 시도에 다른 장로들이 반응을 보이지 않자, 당회에서 물러났던 하베스트 바이블 채플의 장로들 몇 사람에게서도 비슷한 이야기가 전해진다. 그들은 하베스트에서 공개적으로 출교를 당했을 뿐 아니라, 진실을 공개하려 했던 그들의 결정이 "철저하게 사탄적"[9]이라고 불리는 굴욕을 당하기까지 했다.

진실을 말하는 것은 어렵다. 그러나 욤 키푸르는 철저하게 진실을 말하는 것을 중요시한다. 왜냐하면 정직한 고백을 통해서만 죄의 어둠이 밝혀지고, 그리스도의 속죄의 피에 노출될 수 있기 때문이다.

욤 키푸르 건너뛰기

「시카고 트리뷴」이 빌 하이벨스에 관한 폭로 기사를 내보내고 약 16개월이 지난 2019년 7월 19일, 윌로우 크릭 교회의 새로운 장로회는 회중에게 이메일을 보냈는데, 그것은 우리가 "욤 키푸르의 순간"—고백, 한탄, 회개, 용서, 그리고 화해의 시간—이라고 부르는 것의 필요성을 마침내 인정하는 것처럼 보였다.[10] 장로들은 하이벨스가 "사악하고, 위협적이며, 과도하게 통제적인 행위를 부인하며 시인하지 않은 것"[11]을 인정했다. 또한 많은 사람들이 "관계와 신뢰, 그리고 공동체 의식이 깨진 것"[12] 때문에 피해를 받았음을 인정했다. 이는 성경적으로 건전한 고백이다. 교회의 웹사이트에도 게재된 그 편지에는 여성들과 그들을 지지하는 사람들에 대한 사과가 포함되어 있었다.

> 여성들과 그들을 지지하는 사람들에게: 2018년 3월, 「시카고 트리뷴」 기사가 나온 후 여러 날과 여러 달 동안 교회의 대응은 말과 글을 통한 공격으로 이어졌습니다. 우리는 그것이 여러분과 여러분의 가족 그리고 기독교 공동체 안에서 여러분이 가진 전문적인 지위에 끼친 영향에 대해 들었습니다. 우리는 2018년 6월에 있었던 담당 목사들과 2018년 8월에 있었던 전임 장로들의 사과에도 불구하고, 여러분을 거짓말쟁이와 공모자로 규정하는 내러티브가 계속되고 있다는 것을 알았습니다. **2019년 초에 독립자문그룹**(IAG)**은 여러분의 주장이 신뢰할 만하다고 판단했고, 우리는 그들의 조사결과를 절대적으로 지지합니다. 우리는 빌에 관한 여러분의 주장을 믿습니다.** 우리는 말과 글을 통한 공격에 참여했던 모든 사람에게 기도하는 마음으로 자신들의 행동을 살펴보고, 잘못된 일에 대해 사과하고, 관계를 개선하기 위해 노력할 것을 요청합니다.[13]

그 편지가 "과거와 현재의 윌로우 가족 모두에게 장로들과 함께 예배와 반성의 시간에 참여할 것"을 요청하면서 마무리되었을 때, 그들은 고백과 슬픔이라는 집단적인 욤 키푸르의 시간을 준비하는 것처럼 보였다. 그러나 안타깝게도 그 회의에서 일어난 일은 상처받은 사람들에게 다시 상처를 주는 제도적 배신의 또 다른 사례였다.[14] 비록 장로들이 교회가 "권력 남용, 성범죄, 그리고 우상숭배에 의해 훼손되었다"[15]라고 인정하기는 했지만, 그들은 빌 하이벨스의 사악한 버릇을 억제할 수 없게 했던 근본적인 문화에 대해서는 언급하지 않았다. 비록 그들이 "다뤄지지 않은 죄가 계속되고, 남성들과 여성들이 상처받는 것"[16]에 대해 언급하기는 했지만, 그들은 그 죄를 은폐한 권력의 역학에 관해서는 말하지 않았고, 그 여성들과 그들을 지지하는 사람들이 공모해 거짓말했다고 공개적으로 그리고 의도적으로 비난했던 것에 대해서도 사과하지 않았다. 또한 그들은 그렇게 많은 회중을 그 여성들에 맞서 빌 하이벨스 편에 서도록 이끌었던 윌로우 크릭 교회의 문화적 역학에 대해서도 말하지 않았다. 오히려 그들은 화해의 메시지와 미래에 대한 그들의 비전으로 방향을 전환하려 했다. 요컨대, 이제 화해하고 앞으로 나아가자는 것이었다! 그러나 화해는 고백과 회개 없이는 불가능하다. 사도 바울이 고린도 교인들에게 하나님이 "그리스도로 말미암아 우리를 자기와 화목하게 하셨다"(고후5:18)라고 말했을 때, 그들은 화해의 **대가**가 무엇인지 분명하게 이해했다. 그러나 윌로우 크릭 교회의 새 장로회가 회중에게 보낸 이메일이 "2018년의 사건을 직접 다루는 마지막 공적 선언"이 될 것이라고 선언했을 때, 그들은 효과적으로 욤 키푸르를 건너뛰고 값싼 은혜를 선택한 것이나 다름없었다.

욤 키푸르의 기독교적 실천

욤 키푸르는 단회성 행사가 아니었다. 그것은 매년 하나님의 백성에게 그들의 죄에 관해 진실을 말하고, 하나님의 용서를 구하도록 상기시키는 연례 행사였다.

마찬가지로 우리 역시 교회에서 정기적으로 욤 키푸르와 같은 시간을 가짐으로써, 진실을 말하는 것이 우리 문화의 근간이 되게 해야 한다. 교회의 전통적인 달력에 관심이 있는 회중은 이미 적절한 기반이 준비되어 있다고 할 수 있다. 그것은 다름 아닌 고난주간에 완성되는 40일간의 사순절이다. 만약 우리가 사순절에 금식과 회개를 통해 죄를 슬퍼하는 것을 성금요일과 부활절에 용서의 은혜를 기대하는 것과 결합한다면, 성찰, 자기 부인, 고백, 용서로 완성되는 기독교적 대응물로서 그 옛날의 욤 키푸르를 갖추게 될 것이다. 교회력을 지키지 않는 교회들에서는 고백의 습관이 잘 발달하지 않았을 수도 있다. 따라서 그런 교회들은 고백이 그들의 문화의 일부가 되도록 나름의 수단과 방법을 고안할 필요가 있다.

사순절이라는 관습은 리더가 실패하거나 회중 안에서 죄가 나타날 때, 교회로 하여금 잘 대응할 수 있게 해줄 것이다. 교회의 리더가 실패할 때, 회중은 욤 키푸르의 순간으로 들어가 길을 살피고, 죄를 분별하고, 고백과 회개를 통해 하나님의 은혜를 구할 수 있다.

죄가 드러나고 처리되어야 할 때 교회 리더들이 흔히 사용하는 상투적인 말은 그들이 지금 교회의 삶에서 '한 국면' 혹은 '한 시기를 지나고 있다'는 것이다. 그러나 정확히 그들이 통과하고 있는 것은 무엇일까? 나(스캇)는 대부분의 리더들이 단지 그 시기에서 벗어나고 싶어 할 뿐이지, 그것을 회복을 위한 욤 키푸르의 기회로 생각하지 않는다고 확신한다. 그러나 이런 욤 키푸르의 순간들—자기 성찰과 고백의 '시기'—을 끌어안지 않는 교회들은 자신들에게 있는 문제의 깊이를 보는 일에서 실패하고, 그로 인해 회개하며 하나님과 화해하는 일에서도 실패하게 된다.

욤 키푸르를 택하든, 사순절을 택하든, 아니면 일반적인 기독교적 고백의 관습을 택하든, 우리에게 고백과 회개가 필요하다는 사실을 인정해야 한다. 우리는 가짜 내러티브들의 본질을 볼 수 있어야 한다. 그것들은 **가짜**다. 그것들은 인식되어야 하고, 버려져야 하고, 진실을 말하겠다는 헌신으로 대체되어야 한다.

웨이드 뮬렌 박사는 그의 트위터를 통해 이것을 시적으로 표현했다.

슬픔은 꾸며낸 것이고,
고백은 부분적이고,
용서는 악용되고,
보상은 나중 일이고,
화해는 환상이다.
진실이 밝혀지지 않는 한.[17]

제임스 볼드윈(James Baldwin)은 『티켓 값(The Price of the Ticket)』에서 이렇게 쓰고 있다. "자신의 과거에 대해 진실을 말하지 못하는 사람은 누구나 그 과거에 갇히게 된다. … [그는] 자신의 약점이나 강점을 제대로 평가하지 못하고, 너무나 자주 이것을 저것으로 착각한다."[18] 그는 우리에게 진실을 말하며, 그것의 역사를 드러내라고 촉구한다. 설령 "그것의 대가가 [반드시 필요한] 기록에 대한 냉철하고 단호한 평가"와 더불어 "오랜 시간 과거를 돌아보는 것"이 될지라도 말이다.[19]

볼드윈의 도전에서 영감을 얻어 그의 말을 우리의 목적에 적용하자면, 교회에서 "우리는 처음 시작할 때부터 염두에 두었던 것을 마침내 실현할 수 있는 기회를 가졌다."[20] 그러나 만일 어둠의 힘이 사악한 행동과 학대, 은폐, 가짜 내러티브, 그리고 공개된 뻔한 거짓말을 초래해온 교회에서 그런 기회를 잡고자 한다면, 그것은 오직 오랜 시간 과거를 돌아보며, 기록에 대해 냉철하고 단호한 평가를 내리는 것을 통해서만 가능하다. 다시 말해, 테이즈 크릭 장로교회에서 로버트 커닝햄이 시작한 것과 같은 욤 키푸르의 순간이 필요하다(본서의 3장을 보라). 만약 목사와 장로와 회중이 그들의 교회를 치유로 이끌고자 한다면, 하나님이 계획하신 고백, 회개, 용서, 화해의 과정을 건너뛰어서는 안 된다. 오히려 하나님의 은혜로우신 사랑을 의지하며 과거를 똑바로 직시해야 한다.

진실을 명확하게 밝히려는 정신으로, 우리는 교회들이 고백의

기도문(litany)[*]을 작성해 사용할 것을 권한다. 이를 통해 목사와 리더, 회중은 하나님과 서로에게 그동안 교회에서 학대나 착취를 당해온 **모든 사람들**에 관해 그들이 지은 공모와 죄와 실패를 고백하고 인정할 수 있다. 다음은 윌로우 크릭—우리에게 가장 친숙한 예—과 같은 교회가 사악한 상황에 관한 진실을 규명한 뒤 사용할 수 있는 기도문의 한 예시다.

> **자비로우신 주님, 우리의 기도를 들어주소서.**
> 빌 하이벨스의 고발자들이 그에 관한 진실을 말했고,
> 그가 그의 행위와 말로 그들을 학대했다는 증거가 있습니다.
> 우리는 빌이 잘못했다고 믿습니다.
> 우리는 학대적 행위가 일어나고 지속될 수 있었던 문화를
> 지지하는 잘못을 저질렀다고 믿습니다.
> 우리는 그를 고발한 이들이 받았던 대우를 애통해합니다.
> 우리는 그들에게 사과하고, 그들의 용서를 구하고,
> 공개적으로 그들을 지지합니다.
> **자비로우신 주님, 우리의 죄를 용서해 주소서.**
>
> **자비로우신 주님, 우리의 기도를 들어주소서.**
> 우리는 팻 바라노브스키가 빌 하이벨스에 관해
> 진실을 말했다고 믿습니다.

---

[*] 이는 기독교 전통에서 사용하는 특정한 형식의 기도문으로, 한 사람이 기도문을 읽으면 회중이 응답하는 반복적인 형식이다.

우리는 팻이 받았던 대우를 애통해하며,

그로 인해 겪어야 했던 수년에 걸친

우울증, 가난, 고독을 애통해합니다.

우리는 회개하고, 팻에게 사과하고, 그녀의 용서를 구합니다.

우리는 팻이 앞으로 나서며 보였던 용기를 공개적으로 인정하고,

그녀를 공개적으로 지지합니다.

자비로우신 주님, 우리의 죄를 용서해 주소서.

자비로우신 주님, 우리의 기도를 들어주소서.

우리는 본다 다이어가 빌 하이벨스에 관해

진실을 말했다고 믿습니다.

우리는 본다가 받았던 대우를 애통해합니다.

우리는 그녀가 앞으로 나섬으로써

겪어야 했던 일들을 애통해합니다.

우리는 회개하고, 본다에게 사과하고, 그녀의 용서를 구합니다.

우리는 본다가 목소리를 내며 보였던

용기를 공개적으로 인정하고,

그녀를 공개적으로 지지합니다.

자비로우신 주님, 우리의 죄를 용서해 주소서.

자비로우신 주님, 우리의 기도를 들어주소서.

우리는 낸시 비치가 빌 하이벨스에 관해

진실을 말했다고 믿습니다.

우리는 그녀가 앞으로 나섬으로써

겪어야 했던 일들을 애통해합니다.

우리는 회개하고, 낸시에게 사과하고, 그녀의 용서를 구합니다.

우리는 낸시가 목소리를 내며 보였던

용기를 공개적으로 인정하고,

그녀를 공개적으로 지지합니다.

자비로우신 주님, 우리의 죄를 용서해 주소서.

자비로우신 주님, 우리의 기도를 들어주소서.

우리는 줄리아 윌리엄스가 빌 하이벨스에 관해

진실을 말했다고 믿습니다.

우리는 줄리아가 받았던 대우를 애통해합니다.

우리는 그녀가 앞으로 나서며 보였던

용기를 공개적으로 인정하고,

그녀를 공개적으로 지지합니다.

자비로우신 주님, 우리의 죄를 용서해 주소서.

자비로우신 주님, 우리의 기도를 들어주소서.

우리는 모린 기킨스가 빌 하이벨스에 관해

진실을 말했다고 믿습니다.

우리는 모린이 받았던 대우를 애통해합니다.

우리는 그녀가 앞으로 나서며 보였던

용기를 공개적으로 인정하고,

그녀를 공개적으로 지지합니다.

자비로우신 주님, 우리의 죄를 용서해 주소서.

자비로우신 주님, 우리의 기도를 들어주소서.

우리는 케리 라두서가 빌 하이벨스에 관해

진실을 말했다고 믿습니다.

우리는 그녀가 앞으로 나섬으로써

겪어야 했던 일들을 애통해합니다.

우리는 회개하고, 케리에게 사과하고, 그녀의 용서를 구합니다.

우리는 그녀가 앞으로 나서며 보였던

용기를 공개적으로 인정하고,

그녀를 공개적으로 지지합니다.

자비로우신 주님, 우리의 죄를 용서해 주소서.

자비로우신 주님, 우리의 기도를 들어주소서.

우리는 베티 슈미트가 빌 하이벨스에 관해

진실을 말했다고 믿습니다.

우리는 베티가 목소리를 냄으로써

겪어야 했던 일들을 애통해합니다.

우리는 회개하고, 베티에게 사과하고, 그녀의 용서를 구합니다.

우리는 그녀가 앞으로 나서며 보였던

용기를 공개적으로 인정하고,

그녀를 공개적으로 지지합니다.

자비로우신 주님, 우리의 죄를 용서해 주소서.

자비로우신 주님, 우리의 기도를 들어주소서.

우리는 지미와 레안 멜라도가 빌 하이벨스에 관해

진실을 말했다고 믿습니다.

우리는 그들이 목소리를 냄으로써

겪어야 했던 일들을 한탄합니다.

우리는 회개하고, 지미와 레안에게 사과하고,

그들의 용서를 구합니다.

우리는 그들이 이런 사건들을 밝히며 보였던

용기를 공개적으로 인정하고,

그들을 공개적으로 지지합니다.

자비로우신 주님, 우리의 죄를 용서해 주소서.

자비로우신 주님, 우리의 기도를 들어주소서.

우리는 마냐 브래처 패쉬맨, 제프 코엔, 그리고 밥 스미에타나가

언론인의 성실함을 지닌 사람들이라고 믿습니다.

우리는 마냐와 제프가 「시카고 트리뷴」에서

빌 하이벨스에 관해 진실을 말했다고 믿습니다.

우리는 밥이 「크리스채너티 투데이」에서

빌 하이벨스에 관해 진실을 말했다고 믿습니다.

우리는 그들이 받았던 대우를 애통해합니다.

우리는 회개하고, 마냐, 제프, 그리고 밥에게 사과하고,

그들의 용서를 구합니다.

우리는 그들의 언론인의 기술과 성실성을

공개적으로 인정합니다.

자비로우신 주님, 우리의 죄를 용서해 주소서.

위의 예시를 이용해 당신의 교회, 기관, 혹은 상황에 맞는 기도 문을 만들어 기도하기를 권한다. 만약 학대자가 여러 명이고, 사건이 여러 번 일어났고, 피해자가 여러 명이라면, (우리가 위에서 했듯이) 당신의 교회나 사역에서 고백, 회개, 그리고 사과의 말을 들어야 하는 여성과 남성, 소녀와 소년들 모두를 다룰 수 있을 때까지 필요한 이름들을 바꿔 부르면서 기도문의 적절한 부분을 단순하게 반복하라. 기도문은 사건의 영향을 받은 모든 사람을 다루기 위해 필요한 만큼 길어질 수 있다. 표현은 필요에 따라 적절하게 수정할 수 있지만, 다음과 같은 핵심적 요소들은 분명하게 포함시켜야 한다.

① 진실을 말하는 사람(들)을 지지하라.
② 가해자(들)의 이름을 적시하고 모든 잘못을 상세하게 밝히라.
③ 다른 리더들과 회중의 모든 공모(고의든 과실이든)를 고백하라.
④ 피해자(들)가 입은 피해를 공개적으로 인정하고, 그것에 대한 슬픔, 한탄, 고백, 회개를 표현하고, 그(들)의 용서를 구하라.
⑤ 변화에 대한 갈망/의도를 공개적으로 인정하라.

토브 써클의 핵심은 진실을 말하는 것에 있다. 하지만 가짜 내러티브가 횡행하는 유해한 문화에서는 진실을 말하는 것이 본능적으로 이루어지지 않는다. 그것은 개발되고 훈련되어야 한다. 토브 처치에서는 진실을 말하는 것이 삶의 방식이 되고, 예수 그리스도 안에서 자신을 계시하시는, 우리의 토브이신 하나님께 자신을 끊임없이 노출시키는 방식이 된다. 하나님의 은혜 안에서 성령께서 우리에게 진실을 열어주신다. 우리가 그 진실을 받아들일 때, 성령께서는 우리를 진실을 말하는 헌신된 무리로 변화시켜 정의를 추구하게 하신다. 이 정의가 토브 써클에서 살펴볼 다음 속성이다.

10장
토브 처치는 정의를 키운다

토브 처치의 문화에서 정의—옳은 일을 행하는 것—는 아주 중요한 주제다. 유해한 문화에서는 종종 리더나 브랜드에 대한 충성이 우선한다. 때로는 정의와 충성의 차이가 미묘하게 보일 수 있지만, 그것들이 서로 대립할 때, 그 차이는 엄청난 것이 된다. 안타깝게도 오늘날 많은 교회들에서 신자들은 충성과 정의 중 하나를 택하라고 강요받고 있다.

저항의 영웅

전직 체조선수 레이첼 덴홀랜더는 미국 체조선수단에서 유명하고 존경받던 팀 닥터 래리 나사르를 성폭력 혐의로 공개적으로 고발한 첫 번째 여성이 됨으로써 세계적인 주목을 받았다. 나사르는 미시간 주립대학교에 사무실이 있는 유명한 접골사였다. 그곳에서 그는 자신의 환자였던 레이첼과 다른 수백 명의 어린 여자 선수들을 치료하면서 반복적으로 학대해왔다. 현재 나사르는, 레이첼과 다른 이들이 그를 어린이와 젊은 여성들을 대상으로 한 연쇄적인 성폭력 가해자로 심판대에 세우려고 노력한 결과, 종신형을 선고받고 수감 중에 있다.[1] 레이첼은 자기가 대중 앞에 나선 이유는 "그것이 옳았기 때문"이라고 말했다.[2]

과연 누가 레이첼이 TV에 출연해서 증언했던 것과 그녀가 법정에서 나사르를 마주하면서 자신을 학대한 자를 용서하는 것에 관해 다음과 같이 가슴 아프게 진술했던 순간을 잊겠는가?

> 당신은 용서를 얻기 위해 기도한다고 말했어요. 그러나 래리, 만약 당신이 들고 다니는 성경을 읽었다면, 당신은 용서가, 마치 선행이 당신이 행한 일을 지울 수 있기라도 한 것처럼, 선한 일을 한다고 해서 오는 것이 아님을 알 거예요. 그것은 회개를 통해 오는 거예요. 회개는 당신이 완전한 타락과 공포 속에서 행한 일에 관한 진실을, 조금도 완화하지 않고, 변명하지 않고, 마치 선행이 오늘 이 법정에서 당신이 본 것을 지울 수 있기라도 한 것처럼 행동하지 않으면서, 똑바로 직시하고 인정할 것을 요구해요. …
> 성경은… 하나님의 모든 진노와 영원한 공포가 당신 같은 사람들에게 쏟아지는 최후의 심판에 대해 말하고 있어요. 만약 당신

이 자신이 행한 일을 진정으로 직면하게 된다면, 그로 인한 죄책 감은 엄청날 거예요. 하지만 바로 그것이야말로 그리스도의 복 음을 그토록 달콤한 것으로 만드는 거예요. 왜냐하면 복음은 은 혜와 소망, 자비가 결코 있을 수 없는 곳에까지 그것들이 베풀어 지도록 하는 것이니까요. 그리고 그것은 당신을 위해 거기에 있 을 거예요.

저는 당신의 영혼이 죄책감에 짓눌리는 경험을 하고, 그로 인해 언젠가 참된 회개를 경험하기를, 그리고 제게서 오는 용서보다 당신에게 훨씬 필요한—물론 저 역시 당신을 용서하겠지만—하 나님에게서 오는 참된 용서를 경험하기를 기도해요.[3]

여기서 우리의 목적은 레이첼이 래리 나사르를 법정에 세우는 데 성공했다는 것에 있지 않고—물론 그것도 중요하기는 하다—그 녀가 소버린 그레이스 처치(SGC) 네트워크 내에서 일어났던 성적 학 대를 폭로하기 위해 보인 불굴의 노력을 강조하려는 것이다.[4] 그 과정에서 레이첼이 발견한 것은 학대당한 어린이, 남성, 여성을 위 해 정의를 추구하려는 의지가 아니라, SGC라는 기관에 대한 강렬 하고 굽힐 수 없는 충성이었다. 안타깝게도 그녀는 SGC의 여러 목 사들과 리더들의 죄를 폭로한 것보다 래리 나사르를 법정에 세운 것 때문에 더 많은 지지를 받았다.

나사르의 재판 때 레이첼은 법정 증언을 통해 이렇게 말했다. "저는 성폭력 피해자들을 옹호했습니다. 저는 그 일을 아주 소중히 여겼습니다. 덕분에 저는 경찰에 신고하기 3주 전에 저의 교회와 가장 가까운 친구들을 잃었습니다. 저는 혼자 남았고 고립되었습니다."[5] 이때 그녀가 말한 것은, SGC의 리더인 C. J. 마하니(Mahaney)가 켄터키 주 루이빌에 있는 임마누엘 침례교회에 설교자로 초청받은 후, 그녀가 그 교회를 떠나기로 한 결정에 관한 것이었다.[6]

그 초청이 있기 전에 레이첼은 교회 장로들에게 마하니와 그의 교회 리더들이 SGC 교회 네트워크 내에서 발생한 성적 학대를 은폐하고 있다는 의혹을 제기하면서, 그를 설교자로 초청하는 것에 우려를 표명했다. 그때 그녀는 교회 리더들로부터 "분열적"이라는 지적을 받았고, 임마누엘 침례교회 목사로부터 "당신은 당신의 입장이 교회 지도부와 다르다는 것을 다른 구성원들이 들을 수 있는 어떤 상황에서도 SGC에 관해 이야기하지 말아야 합니다"라는 말을 들었다.[7] 이것은 진실보다 충성을 우선시하는 전형적인 예다.

대부분의 경우에 충성은 미덕이다. 하지만 그것이 정의를 가로막고 하나님 앞에서 옳은 일을 행하지 못하게 할 때는 미덕이 아니다. SGC 네트워크의 유해한 문화 안에서 자기 목소리를 내는 사람들은 종종 충성하지 않는 자들로 묘사된다. SGC 네트워크 소속의 여성들은 자신들을 학대하는 남편과 이혼하지 말라는 권고를 받았고, 학대 혐의로 고발된 목사들이 교회 지도부의 자리에 그대로 남아 있었다고 말했다.[8] 학대에서 살아남은 사람들이 용감하게 목사와 리더들에게 자신들의 이야기를 했을 때, 그들은 그들의 '갈등'을 마태복음 18장과 고린도전서 6장에 따라 해결하라고, 또한 그런 학대를 시민 당국에 신고해서는 안 된다고 권고받았다. 그들은 당국을 찾아가는 것은 충성스럽지 않고 '비성경적인' 일이 될 것이라는 말을 들었다. 이런 문화를 지배했던 것은 무엇이었을까? 목사들, 리더들, 그리고 교회와 교회들의 네트워크에 대한 충성이었다(2019년에 SGC는 "우리는 우리가 학대를 은폐하고, 학대자를 보호한다는 혐의를 단호하게 부인한다"라는 성명을 발표했다).[9]

2018년에 「크리스채너티 투데이」와의 인터뷰에서 레이첼 덴홀랜더는 "교회는 학대를 인정하기에 가장 안전하지 않은 장소 중 하나"이며, 또한 "교회는 도움을 받기에 최악의 장소 중 하나"라고 믿는다고 말했다.[10] 그녀의 회고록에서 레이첼은 어린 시절에 교회에서 어느 한 대학생에게 학대당한 경험을 밝혔다. 상담사들은 그 대학생이 보인 유인 행위(grooming)와 과도한 신체적 친밀성의 징후를 알아차리고 교회 리더들에게 경고했으나, 그들은 상담사들이 "성경 밖에 있는" "심리학자들과 자격증 있는 치료사들이 작성한 자료를 사용했기 때문에" 신뢰할 수 없다면서 그 학생에 대한 우려를 일축했다.[11] 그녀는 어린 시절에 다녔던 교회에서 다른 학대 사건들도 보고되었으나, 교회의 명성을 유지하기 위해 이를 비밀에 부쳤다고 말했다. 다시 충성이 정의를 이겼던 것이다.

성인이 된 레이첼이 SGC에서 학대 의혹이 다뤄지는 방식에 우려를 제기했을 때, 교회의 리더들은 레이첼의 신뢰성을 떨어뜨리기 위해 그녀가 과거에 학대를 경험했었다는 점을 이용했다. 임마누엘 침례교회의 한 목사는 그녀에게 "자신의 과거 경험을 투사하고 있다"

라고 말했다.[12]

레이첼과 그녀의 남편 제이콥이 직면한 것은 성적 학대 피해자들을 위한 정의를 희생하면서까지 기관에 충성하려는 태도였다. 그녀의 회고록에서 레이첼은 제이콥이 교회의 자원봉사자 자리에서 물러나라는 요구를 받았고, 교회가 그들의 돌봄 그룹을 폐쇄했다고도 말했는데, 이는 단지 그녀가 장로 위원회에 의문을 제기했기 때문이었다.[13]

> 내가 교회를 잃은 것은 특별히 내가 목소리를 높여서가 아니었다. 그것은 우리가 복음주의 공동체 안에서 발생한 성폭력, 즉 교회 내부 사람들에 의해 저질러지고 복음주의 공동체의 저명한 리더들이 명백하게 방조했기 때문에 가능했던 범죄의 다른 피해자들을 옹호했기 때문이다. 그것은 복음주의 리더들이 듣고 싶어 하지 않는 메시지다. 왜냐하면 공동체에 대해 목소리를 내는 것은 대가를 치러야 하기 때문이다. 우리가 다루고 있는 상황이 성폭력에 대한 복음주의의 은폐 사건에서, 비록 최악은 아닐지라도, 매우 나쁜 사례 중 하나임이 분명한데도, 이런 저명한 리더들에게 맞서는 것은 대가가 따른다. 내가 그런 입장을 취했기 때문에, 그리고 우리가 그런 조직과 리더들에 대한 교회의 지지에 동의하지 않았기 때문에 우리는 비싼 대가를 치러야 했다.[14]

결국 SGC의 저명한 리더들은 서로를 방어했고, C. J. 마하니도 보호되었고, 임마누엘 침례교회의 목사들은 SGC 리더들이 거짓 주장 앞에서 인내할 수 있게 해달라고 기도했다.[15] 이 싸움에서 패자는 누구일까? 진실과 정의, 그리고 상처 입은 사람들이다.

유해한 충성

이 책을 위해 연구하는 과정에서 우리는 충성을 요구하는 리더들의 사례를 너무나도 많이 접했다. 놀랄 것도 없이, 빌 하이벨스의 이름이 자주 등장했다. 기독교리더포럼(Form of Christian Leaders) 대표 그렉 프릿차드(Greg Pritchard)가 진행한 윌로우 크릭 교회에 관한 광범위한 연구는 하이벨스의 리더십 아래에서 나타났던 억압적인 충성의 문화를 보여주었다.

> 그 교회에서는 충성이 가장 칭찬받는 덕목이 되었고, 불충성은 가장 큰 악의 하나가 되었다. 한 직원은 내게 교회의 지도부가 신입자에게 던지는 핵심적이지만 말로 하지 않는 질문은 "당신은 정말로 교회와 이 사역을 아끼고 있습니까?"였다고 말했다. 그러나 내가 이 문제를 더 깊이 파고들자, 한 핵심적인 리더는 솔직하게 인정했다. "맞아요. 충성에 대한 필요가 매우 큽니다." 직원들과 인터뷰하는 동안 나는 그들이 충성스럽지 않다는 꼬리표가 붙는 것을 매우 두려워하는 것을 발견했다. … 내가 만났던

유일하게 불만을 드러냈던 직원은 이렇게 말했다. "그들[교회 지도
부]은 정직보다 충성을 높이 평가해요."[16]

충성을 위한 씨앗은 윌로우 크릭 교회의 역사 초기부터 심어졌
고, 신속하게 그 교회 문화의 중요한 특징이 되어 깊이 뿌리내려졌
다. 어떤 리더십이든 그 위치에 있는 사람은 누구나 깊은 충성을
보였다고 말할 수 있다.

하베스트 바이블 채플 역시 충성에 우선권을 부여했다. 이것이
그 교회의 문화에서 어떻게 나타났는지를 보여주는 충격적인 예가
있다.

제임스 [맥도널드]가 그 교회 지도부와 함께 캠프나 야외에서 모일
때 즐겨하는 게임은 "이름 부르기 게임"이다. 그는 모든 참가자
들에게 전직 HBC 직원 세 사람의 이름을 적어 모자에 넣게 한
다. 이어서 돌아다니며 이름을 하나 뽑게 한 후 그 사람이 누구
인지 알아맞힐 때까지 그/그녀가 했던 형편없는 일들에 관해 설
명하게 한다. 이제 와서 돌아보니, 그 게임은 다음과 같은 두 가
지 목적이 있었던 것 같다.

- 모든 사람이 교회를 떠난 직원을 공개적으로 조롱하게 하는 것.
- 하베스트 직원 문화에서 충성이라는 기둥을 강화하는 것. 즉,
  떠나는 사람은 나쁜 사람이며, 당신은 결코 그런 사람 중 하나
  가 되고 싶지 않을 것이다.[17]

하베스트 교회 네트워크에 소속되어 사역했던 목사 마이크 브라이언트가 제임스 맥도널드의 눈 밖에 났을 때, 그의 교회는 그 네트워크에서 쫓겨났다. 3백여 명에 이르는 회중 가운데 절반을 잃고 교회 이름을 바꾸는 데만 수만 달러를 쓰고 난 후, 브라이언트는 하베스트의 지도부에 관해 이렇게 말했다. "그들은 의로움보다 충성을 원했어요."[18] (여기서 의로움이란 '옳은 일을 행하는 것'을 의미한다.)

왜일까?

목사나 다른 리더들의 사악한 행위를 용인했던 교회 리더들과 회중에 관한 수많은 예를 접하면서, 우리는 이렇게 묻지 않을 수 없었다. **왜일까?**

왜 그렇게 많은 사제와 주교들이 소년과 소녀들을 성추행한 혐의로 기소된 사제들을 옹호했을까? 로마 가톨릭 제도에 대한 충성심 때문이었을까?

왜 그렇게 많은 장로들—그 숫자를 들으면 놀랄 것이다—이 하베스트 바이블 채플에서 제임스 맥도널드가 행한 상스러움, 도박, 그리고 권력 남용을 알고서도 그를 옹호했을까? 그 사람에 대한 충성심 때문이었을까?

왜 윌로우 크릭 교회의 리더들이 빌 하이벨스가 교회 직원에게
자신의 하드 드라이브를 부숴버려 증거를 인멸하라고 지시했음
을 알고서도 여전히 그를 옹호했을까? 그에 대한 충성심 때문이
었을까?

왜 남침례회 리더들이 마크 아더홀트의 죄를 알고서도 그에 대
한 조사를 거절하고 여전히 그를 여러 리더십 자리에 지명하고
임명했을까? 남침례회와 그 기관의 리더들의 명성에 대한 충성
심 때문이었을까?

카리스마를 지닌 리더에 대한 충성, 사역의 명성, 그리고 교회
의 브랜드가 옳은 일을 행하지 못하게 하는 주된 장애물들이다. 유
해한 문화는 잘못되고 부패한 충성심을 낳는다. 토브 문화는 설령
그것이 카리스마적인 목사, 유명한 교회, 그리고 권력의 내부 집단
에 대한 **불**충성으로 보이는 것을 요구할 때조차 옳은 일을 행하도
록 장려한다. 토브 문화는 보다 높은 권력, 곧 전능하신 하나님께
충성하는데, 이것은 더 높은 수준의 정직, 진실, 정의, 그리고 의로
움을 의미한다.

정의란 무엇인가?

정의는 토브 처치가 형성하는 문화의 핵심이다. 그러므로 그 개념에 대한 적절한 정의가 필요하다. 우선 그 단어의 일반적인 용례 몇 가지를 살피는 것으로 시작해 보자.

> "이 범죄자들을 정의의 심판에 넘깁시다."
> "정의를 위해 싸웁시다."
> "제게 투표해 주십시오. 정의에 투표해 주십시오."
> "재판장님, 제 의뢰인을 위해 정의를 요구합니다."

범죄자와 관련된 경우, 정의는 종종 잘못된 행위에 대한 복수 혹은 보복을 의미한다. 두 번째 예에서 정의는 종종 인종주의나 경제적 문제와 관련해 사회 안에서 균형을 유지하는 것을 가리킨다. 세 번째 예에서 정의는 누군가의 정치적 발판을 의미하는데, 가령 "제게 투표하는 것은 제가 지지하는 정의로운 활동에 투표하는 것입니다"와 같은 것이다. 네 번째 예에서 정의는 법의 형평성 혹은 공정성을 가리킨다.

그렇다면 정의란 무엇인가? 동등함, 공정함, 불편부당함, 선함, 중립성, 결정할 권한을 가진 자에 의한 법적 결정? 어떤 면에서는 이 모든 게 옳을 수 있다. 그런데 이런 용어들 각각이 어떤 **기준**에 따라 작동하고 있음에 주목하라. 그렇다면 **정의의 토대는 정의로**

운 것 혹은 옳은 것을 헤아리는 어떤 기준이라고 말할 수 있을 것이다. 따라서 정의를 미국의 헌법과 관련해 말하든, 법조문과 관련해 말하든, 혹은 서구 자유주의의 모호한 의미와 관련해 말하든, 그때 우리는 어떤 기준을 염두에 두고 있는 셈이다.

물론 그리스도인은 정의를 성경에 따라 규정한다. 기독교의 기준은 하나님의 말씀—살아 계신 말씀(예수 그리스도)과 문서화된 말씀(성경)—을 통해 드러난 그분의 계시다. 그러므로 정의는 하나님이 그리스도와 성경을 통해 우리에게 계시하신 것에 부합하거나 일치하는 행동으로 규정될 수 있다. 우리의 법률 체계에는 사랑을 요구하는 법이 없다. 하지만 그리스도는 그것을 요구하신다. 우리의 법률 체계에는 은혜를 요구하는 법이 없지만, 그리스도는 그것을 요구하신다. 그리스도가 우리에게 요구하시는 것 때문에 그리스도인으로서 정의에 대한 우리의 인식은 세상의 이해와는 근본적으로 다르다.

기독교적 정의는 예수께서 하신 이런 강력한 경고를 통해 표현된다. "너희 의가 서기관과 바리새인보다 더 낫지 못하면 결코 천국에 들어가지 못하리라"(마5:20). 다시 말해, 예수께서는 우리가 세상의 가르침이 아니라 그분의 가르침에 부합하고, 그것에 일치하는 방식으로 행동하기를 요구하신다.

여기에 작은 비밀이 있다. 이 구절에서 '의'(righteous)에 해당하는 그리스어는 디카이오쉬네(dikaiosune)인데, 그것은 '정의'(justice)로도 번역될 수 있다. 예수께 의로운 사람은 그분의 가르침을 따르는 사람이다. 마찬가지로 정의로운 사람도 그리스도의 가르침을 따르는 사람이다. 그분의 가르침을 따르지 않는 사람은 의롭지 않고 정의롭지 않은 사람이다. 토브 문화는 가장 어려운 순간에도 옳은 일을 행하려는 본능을 가지고 있다. 반면, 유해한 문화는 옳은 일을 행하지 않을 핑계를 찾는다.

디카이오쉬네에는 우리가 주목해야 할 추가적인 요소가 하나 더 있다. 디카이오(dikaio-)라는 어근이 그것인데, 그것은 다른 맥락에서 '의롭게 함'(justification)으로도 번역될 수 있다. 이것은 옳은 일을 행하는 것의 또 다른 측면을 보여준다. 기독교 신학에서는 늘 하나님이 먼저 나온다(하나님은 좋으시고, 의로우시고, 은혜가 충만하시다). 오직 하나님의 은혜, 그리스도 안에서의 구원과 의롭게 하심, 그리고 성령의 선물을 통해서만 우리는 ① 하나님의 은혜를 알 수 있고, ② 하나님 앞에서 정의롭거나 의로울 수 있고, ③ 토브(선)할 수 있고, ④ 옳은 일을 할 수 있다.

바울은 에베소서에 있는 유명한 구절에서 이것을 잘 설명한다. "너희는 그 은혜에 의하여 믿음으로 말미암아 구원을 받았으니 이것은 너희에게서 난 것이 아니요 하나님의 선물이라 행위에서 난 것이 아니니 이는 누구든지 자랑하지 못하게 함이라 우리는 그가 만드신 바라 그리스도 예수 안에서 선한 일을 위하여 지으심을 받은 자니 이 일은 하나님이 전에 예비하사 우리로 그 가운데서 행하게 하려 하심이니라"(엡2:8-10).

공식적으로 말하자면, 정의는 **성령을 통해 능력을 얻어 옳은 일을 행하는 것**을 의미한다. 그리고 '옳은 일'은 **예수께서 가르치신 것**

이다. 우리는 이미 이 주제를 살펴보았기에, 여기서는 간략하게 상기만 해보자. 하나님의 뜻은 우리가 예수의 가르침—예수께서는 그것을 하나님 사랑과 이웃 사랑으로 요약하셨다—을 따르는 것, 혹은 바울의 가르침에 따르자면, 하나님의 성령 안에서 사는 것이다(갈5:13-26). 우리는 다른 사람들을 사랑하고 옳은 일을 행함으로써 하나님을 사랑한다.

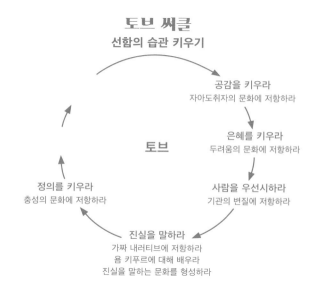

정의의 문화를 세우는 방법

교회가 충성의 문제에 사로잡힐 경우, 그것은 옳은 일을 행하는 것에 관심을 잃어버리게 된다. 그렇다면 교회 문화에 경건한 정의의 기준을 세우기 위해서는 무엇을 가르쳐야 할까?

① 정의가 무엇인지 알라

정의의 문화는 정의가 무엇**인지** 잘 안다. 그것은 옳은 일을 적절한 때에 행하는 것이다. '옳은 일'은 언제나 예수의 성품과 삶 그리고 세상에 하나님 나라를 세우려는 그분의 사명에 부합할 것이다. 토브 문화는 선함, 의로움, 그리고 정의를 예수와 비교하여 판단한다. 여러 해 전에 많은 젊은이가 WWJD(What would Jesus Do?)라는 문구가 새겨진 팔찌를 차고 다녔다. 그것은 여전히 좋은 기준이며, 좋은 상기물이다.

몇 해 전 내(스캇)가 시카고랜드에 있는 또 다른 신학교에서 가르칠 때, 그 학교에 루스 터커(Ruth Tucker)라는 개성과 재치가 넘치는 동료가 있었다. 루스는 선교에 관해 널리 읽히는 책의 저자였고, 나의 또 다른 동료인 월트 라이펠드(Walt Liefeld)와 함께 성경과 교회의 여성들에 관한 책을 집필하고 있었다. 그것도 인기 있는 책이 되었다.

그런데 루스가 결혼생활에서 끔찍할 정도의 학대를 당했다는 사실이 그 당시에는 널리 알려지지 않았었다. 그녀는 늘 긴소매와 목이 긴 스웨터를 입어 학대 사실을 감추었기 때문이다. 나는 (로라와 내 아내 크리스가 그랬던 것처럼) 루스가 쓴 『블랙 앤 화이트 바이블, 블랙 앤 블루 와이프(Black and White Bible, Black and Blue Wife)』라는 제목의 책을 읽고서야 비로소 학대받은 그녀의 결혼생활에 관해서뿐 아니라 그녀를 침묵시켰던 수치심에 관해서도 알게 되었고, 크게 슬퍼했었다. 그러나 그 책을 읽으면서 한 가지 자랑스럽게 느낀 것은, 당시 그 신학교의 총장이었던 켄 메이어(Ken Meyer)가 루스가 겪고 있던 일을 알게 되었을 때 옳은 일을 행했다는 것이다. 그는 루스의 이야기를 들었고, 슬퍼했고, 보호를 약속했으며 실제로 제공했다.

루스는 결국 학대적인 결혼에서 벗어났고, 여전히 개성과 재치가 넘치는 선생과 저자로서 멋진 경력을 쌓아가고 있다. 그녀의 이야기는 읽을 만한 가치가 있다.

예수의 유명한 비유에 나오는 선한 사마리아인처럼 켄 메이어는 옳은 일을 행했다. 그는 불의를 보았고, 적절하게 개입했고, 그것이 필요했을 때 동정 어린 돌봄을 제공했다. 선한 사마리아인은 기성 종교의 리더들이 일련의 규율과 규례에 충성함으로써 자신들의 명성과 외적 정결을 지키는 일에 더 관심을 두었던 상황에서도 무엇이 옳은지를 살폈다. 아마도 가장 중요한 것은 켄이 루스를 **믿었다**는 사실이었을 것이다. 이것은 내(로라)가 학대를 경험한 사람들로부터 매우 자주 들었던 말이다. 그들은 무엇보다도 사람들이 자신들의 말을 믿어주기를, 그리고 보호해 주기를 원했다.

② 불의를 인식하라

정의의 문화는 불의를 인식하는 깊은 도덕적 직관력을 계발한다. 때로 이런 감성은 우리 자신의 경험에서 나온다. 교회사 초기에 유대인 신자들은 힘든 시간을 통과했다. 예수의 형제 야고보는 (거의 틀림없이) 아버지 없이 자라는 것이 어떤 것인지 잘 알았다(대다수의 학자들은 복음서에 요셉이 등장하지 않는 것이 그가 죽었음을 가리킨다고 믿는다). 그래서 야고보는 이렇게 말할 수 있었다. "하나님 아버지 앞에서 정결하고 더러움이 없는 경건은 곧 고아와 과부를 그 환난 중에 돌보고 또 자기를 지켜 세속에 물들지 아니하는 그것이니라"(약1:27). 덧붙여 말하자면, 1세기 이스라엘에서 어린이는 만약 그들의 부모 중 한쪽을 잃으면 고아로 간주되었다. 그러므로 야고보가 "고아와 과부"를 지칭할 때, 그는 틀림없이 자선과 정의에 관해 그의 가족이 겪었던 경험을 떠올리며 말했을 것이다.

야고보의 가족사를 조금 알게 되면, 그가 노동자들에게서 임금을 갈취하는 부자들을 향해 그토록 강력한 말들을 쏟아내야 했던 이유를 알 수 있다. 또한 그의 가족사는 그로 하여금 공적 모임에서 굴욕을 당하는 가난한 유대인 신자들에 대해서도 예민해지도록 만들었다. 야고보서 2장은 오늘날 부유하고 셀럽에 집착하는 교회들이 옳은 일을 행하지 못하는 것에 대해 정확하게 지적하고 있는 것처럼 보인다.

내 형제들아 영광의 주 곧 우리 주 예수 그리스도에 대한 믿음을 너희가 가졌으니 사람을 차별하여 대하지 말라

만일 너희 회당에 금가락지를 끼고 아름다운 옷을 입은 사람이 들어오고 또 남루한 옷을 입은 가난한 사람이 들어올 때에 너희가 아름다운 옷을 입은 자를 눈여겨 보고 말하되 여기 좋은 자리에 앉으소서 하고 또 가난한 자에게 말하되 너는 거기 서 있든지

내 발등상 아래에 앉으라 하면 너희끼리 서로 차별하며 악한 생
각으로 판단하는 자가 되는 것이 아니냐

내 사랑하는 형제들아 들을지어다 하나님이 세상에서 가난한 자
를 택하사 믿음에 부요하게 하시고 또 자기를 사랑하는 자들에
게 약속하신 나라를 상속으로 받게 하지 아니하셨느냐 너희는
도리어 가난한 자를 업신여겼도다 부자는 너희를 억압하며 법정
으로 끌고 가지 아니하느냐 그들은 너희에게 대하여 일컫는 바
그 아름다운 이름을 비방하지 아니하느냐

너희가 만일 성경에 기록된 대로 네 이웃 사랑하기를 네 몸과 같
이 하라 하신 최고의 법을 지키면 잘하는 것이거니와 만일 너희
가 사람을 차별하여 대하면 죄를 짓는 것이니 율법이 너희를 범
법자로 정죄하리라

_야고보서 2:1-9

여기에는 예수를 메시아요 주라고 믿으면서도, 부자들에게는
아늑한 자리를 내어주고, 가난한 사람들에게는 마루에 앉으라고 요
구함으로써 그들을 모욕했던 그리스도인들에 관한 생생한 묘사가
담겨 있다. 야고보는 정의가 무엇인지 알았기 때문에 그것을 불의
로 인식할 수 있었다.

그런데 그는 거기서 그치지 않는다. 그는 용기 있게 학대자들과
그들의 학대를 가능케 했던 방조자들을 불러내 싸움을 건다. 가난
한 사람들을 착취한 자들은 부자들이었다. 예수의 이름을 모욕한
자들도 부자들이었다. 야고보는 교회를 향해 이렇게 말한다. "너희

의 모임에서 부자들을 편애하고 싶은가? 거꾸로 해야 한다. 옳은 일을 행하라!"

야고보는 분명히 옳은 일을 말하고 행한 것에 따르는 대가를 치렀을 것이다. 왜냐하면 그때도 지금처럼 부자들이 모든 권력을 갖고 있었기 때문이다. 그러나 야고보는 불의를 보았고, 가난한 사람들을 위해 옳은 일을 행했다.

③ 여파를 인식하고, 계속 나아가라

정의라는 선함의 문화를 형성하려는 이들은 어떤 결과가 따르더라도 옳은 일을 행할 것이다. 때로 그것은 잘못을 인정하고, 죄를 고백하는 것을 의미한다. 또 때로 그것은 공격을 당하고 얻어맞는 것을 의미하기도 한다. 테이츠 크릭 장로교회에서 벌어진 일에 관해 진실을 말했던 로버트 커닝햄의 경우를 떠올려보라. 레이첼 덴홀랜더가 교회의 학대와 맞서는 과정에서 겪은 일을 떠올려보라. 리더들의 죄를 계속해서 소환하는 과정에서 비난, 저항, 심지어 인신공격까지 당했던 윌로우 크릭 교회와 하베스트 바이블 채플의 모든 이들을 떠올려보라. 옳은 일을 행하려면 용기가 필요하다. 토브 처치는 옳은 일을 행하는 용기 있는 사람들로 가득하게 될 것이다.

④ 옳은 일을 행했던 이야기를 말하라

우리는 모두 정의가 이길 때의 이야기에 관해 말할 필요가 있다. 단지 그 이야기의 승리 부분만이 아니라 **이야기의 전체**를 말해야 한다(나쁜 점까지 모두 말하는 성경의 접근법을 기억하라). 혹시 마르틴 니묄러 (Martin Niemöller)의 이야기를 알고 있는가?

니묄러는 히틀러의 독일 시대를 살았던 유명한 디트리히 본회퍼의 동시대인이자 동료였다. 1차 세계대전 때 유보트(U-boat)의 장교로서 자랑스러운 군 경력을 마친 후 목회를 시작한 그는, 열렬한 독일 민족주의자가 되었고, 바르세이유 조약 아래에서 독일이 겪었던 일에 대해 비통하게 생각했다. 목사로서 그는, 비록 나치 당에 공식적으로 가입한 적은 없으나, 국가사회주의자들을 지지했다. 그는 두 번이나 히틀러에게 투표했다.

유대인들에 대한 탄압이 시작되었을 때, 그는 처음에는 유대인을 유대인으로서 옹호하지 않았고, 오직 그들이 유대인 그리스도인이었을 경우에만 옹호했다가, 점차 자신의 반유대주의를 인식하게 되었다. 그러나 그는 히틀러가 교회와 국가의 경계를 넘어서는 것을 거부했다. 또한 교회와 국가를 불경스럽게 뒤섞는 '독일 그리스도인' 운동에도 반대했다. 마침내 그는 1937년에 교회에 대한 히틀러의 억압에 반대했다는 이유로 나치에 의해 체포되었다. 재판을 위해 8개월간 구금된 후, 징역 7개월을 선고받았기 때문에 곧바로 풀려나야 했지만, 히틀러의 직접 지시로 그는 작센하우젠 강제 수용소와 그 후 다하우 강제 수용소로 보내졌고, 그곳에서 1945년까지 수감되었다. 결국 거의 10년간이나 감옥에 갇혀서 지내야 했다.[19]

전쟁이 끝난 후 그는 자신과 교회가 히틀러에 맞서 싸운 정도를 과장하긴 했지만, 독일 목사 공동체 안에서 최초로 독일 국민이 죄를 지었다는 것과 목사들이 히틀러에 맞서 충분히 자주, 혹은 충분히 분명하게 반대하지 못했다는 것을 공개적으로 고백하였다. 그럼에도 그는 자신의 경험에서 배웠고, 회개했고, 죄를 고백했다. 그는 자신의 욤 키푸르의 순간을 받아들였고, 옳은 일을 행한 것으로 알려졌다.

마르틴 니묄러는 사회적, 정치적, 도덕적으로 변화된 전형적인 예다. 어떻게든 그의 삶을 읽어보면, (특별히) 목사들과 다른 사람들도 자신들과 타인에 대해 더 큰 인내심을 가지도록 도움을 받을 것이며, 아마도 자신들의 이야기—성장과 과정을 바꾸는 이야기, 그리고 옳은 일을 행하는 이야기—를 정직하게 말하도록 격려받게 될 것이다.

니묄러는 자기 인식이 서서히 깨어나는 것을 반영하는 일련의 2행 시구들로 아주 유명하다. 그는 연설에서 다양한 버전으로 이 시구들을 사용했으며, 오랫동안 그의 이름으로 다양한 변형들이 만들어졌다.

나치가 공산주의자들을 잡으러 왔을 때, 나는 침묵했다.
나는 공산주의자가 아니었다.
그들이 노동조합원들을 잡으러 왔을 때, 나는 침묵했다.
나는 노동조합원이 아니었다.
그들이 유대인들을 잡으러 왔을 때, 나는 침묵했다.
나는 유대인이 아니었다.

그들이 나를 잡으러 왔을 때,

나를 위해 말해줄 사람이 아무도 남아 있지 않았다.[20]

오늘날 대부분의 그리스도인들은 2차 세계대전 당시 독일과 교회에 관해 생각할 때, 다른 누구보다도 디트리히 본회퍼를 떠올린다. 그러나 전쟁 후 10년 이상 이야기의 주인공은 본회퍼가 아니라 니뮐러였다.[21] 그는 사람들에게 정의를 알도록 가르침으로써 그들로 하여금 불의를 인식하고 옳은 일을 행할 수 있게 했다.

11장
토브 처치는 섬김을 키운다

로라와 나, 그리고 우리의 배우자인 마크와 크리스는 이틀에 걸쳐 영국 옥스퍼드에서 가장 고풍스러운 코츠월드(Cotswolds)라는 지역을 돌아보려고 계획하고 있었다. 그 영국 시골의 풍경은 노란색 석조건물들과 소와 양 떼가 점점이 박혀 있고 손으로 쌓은 오래된 돌담으로 구분되어 있는, 아름다운 목초지와 농경지가 인상적이었다.

그 지역을 돌아보기 위해서는 차를 한 대 빌려야 했다. 우리가 빌린 차는 고향에 있는 우리 차와 아주 비슷했다. 그 차에는 네 개의 안락한 좌석, 에어컨, 라디오와 CD 플레이어, 파워 핸들, 파워 윈도우, 그리고 운전자뿐 아니라 다른 사람도 모두 볼 수 있는 (그리고 그것을 보면서 운전자에게 무엇을 해야 한다고 말해 줄 수 있는) 네비게이션이 있었다. 다만 한 가지—아니, 두 가지—문제가 있었다. 핸들이 조수석에 있었던 것이다. 그로 인해 우리는 (우리가 생각하기에는) 도로의 반대 방향으로 운전해야 했다. 분명히 이것은 미국인의 편견이겠으나, 아마도 여러분은 나의 이런 편견을 이해해줄 수 있을 것이다. 왜냐하면 모든 것이 **완전히 같으면서도 동시에 완전히 달랐기** 때문이다. 어느 모퉁이에 이르렀을 때, 나는 수십 년간 축적되어 온 습관과 본능을 억누르고 도로의 반대쪽을 보아야 했다. 그 모퉁이를 돌고, 차를 후진시키고, 주차했을 때, 모든 것이 아주 똑같으면서도 여전히 아주 많이 달랐기에, 고작 몇 시간 운전했을 뿐인데도 차 안에 있던 우리는 모두 탈진했다.

자신을 주목하게 하는 목사와 회중을 섬기는 목사는 모두 동일한 표준 장비를 가지고 있다. 그들은 모두 설교하고, 가르치고, 위원회를 만들고, 비전을 공유하고, 선교를 관리하고, 회중에게 동기를 부여하고, 격려하는 등 우리가 목사에게 기대하는 모든 것을 행한다. 그럼에도 두 유형은 그 본질에서 완전히 다르다.

유해한 문화에서는 셀럽 목사가 모든 것을 자신—자신의 비전, 자신의 사역, 자신의 성공, 자신의 영광—을 향한 칭송으로 만들 방법을 찾는다. 물론 그가 이에 관해 노골적으로 말하지 않을 수도 있지만, 그 표면 아래를 살짝만 긁어봐도 사람이 중요하지 않고 기관(교회)이 중요하다는 것을, 권력과 두려움이 문화를 지배하는 것을, 유일하게 말해지는 것은 목사의 비전과 성공을 뒷받침하는 내러티브뿐이라는 것을, 그리고 충성심이 최고의 미덕이라는 것을 발견하게 될 것이다.

반면, 섬기는 목사는 모든 면에서 다르다. 그가 이끄는 섬김의 문화는 모든 사람을 자신이 아니라 서로를 향하도록 만든다. 사람이 먼저이고, 은혜가 중요하고, 공감이 첫 번째 반응이고, 진리가 말해지고, 옳은 일을 행하는 것이 교회의 사명을 형성한다.

분명히 말하지만, 교회의 크기는 문제가 되지 않는다. 중요한 것은 목사 자아의 크기다.

이렇게 생각해 보라. 토브 처치에서 리더들은 **다른 사람들로 하여금** 그들의 재능을 극대화하도록 격려하고 힘을 실어줌으로써 **자신들의** 재능을 극대화한다. 바울은 에베소서 4장에서 "그가 어떤 사람은 사도로, 어떤 사람은 선지자로, 어떤 사람은 복음 전하는 자로, 어떤 사람은 목사와 교사로 삼으셨으니 이는 성도를 온전하게 하여 봉사의 일을 하게 하며 그리스도의 몸을 세우려 하심이라 우

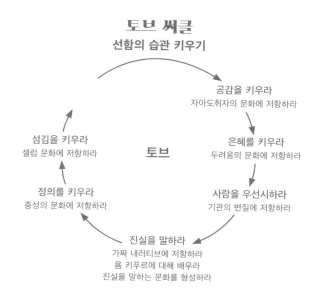

토브 써클
선함의 습관 키우기

공감을 키우라
자아도취자의 문화에 저항하라

은혜를 키우라
두려움의 문화에 저항하라

사람을 우선시하라
기관의 변질에 저항하라

토브

섬김을 키우라
셀럽 문화에 저항하라

정의를 키우라
충성의 문화에 저항하라

진실을 말하라
가짜 내러티브에 저항하라
욥 키푸르에 대해 배우라
진실을 말하는 문화를 형성하라

리가 다 하나님의 아들을 믿는 것과 아는 일에 하나가 되어 온전한 사람을 이루어 그리스도의 장성한 분량이 충만한 데까지 이르리니"(엡4:11-13)라고 말한다. 마찬가지로 토브 처치의 리더들은 그리스도의 몸에 속한 모든 사람이 "서로 돌아보아 사랑과 선행을 격려하도록"(히10:24) 힘을 실어주고 격려할 것이다.

균형을 이루는 섬김의 행위

마가복음에 나오는 네 구절이 우리가 꼭 들어야 하는 메시지를 전해준다. 예수께서는 그분을 따르는 가장 가까운 제자들이 하나님 나라에서 그분과 가장 가까운 자리를 두고 영광과 명성의 경쟁을 벌이고 있음을 아시고는, 그분이 몸소 실천하신 삶에 관해 이렇게 말씀하셨다.

> 이방인의 집권자들이 그들을 임의로 주관하고 그 고관들이 그들에게 권세를 부리는 줄을 너희가 알거니와 너희 중에는 그렇지 않을지니 너희 중에 누구든지 크고자 하는 자는 너희를 섬기는 자가 되고 너희 중에 누구든지 으뜸이 되고자 하는 자는 모든 사람의 종이 되어야 하리라 인자가 온 것은 섬김을 받으려 함이 아니라 도리어 섬기려 하고 자기 목숨을 많은 사람의 대속물로 주려 함이니라
>
> _마가복음 10:42-45

예수께서는 그분을 따르는 가장 가까운 제자들 사이에서 빠르게 형성되고 있던 셀럽 문화에 철저하게 저항하셨다. 특히 야고보와 요한은 자신들을 사도의 무리 중에서 가장 중요한 사람들로 생각하기 시작했다. 그러나 예수께서 그들에게 기준을 다시 설정해 주셨다.

여기서 드러나는 유혹은 분명하다. 자기 관심과 자기 돌봄은 타인 지향을 통해 균형을 이루어야 한다. 그렇지 않을 경우 우리는 자신에게 중독된 셀럽처럼 될 것이다. 그런데 반대로 섬김의 태도에서도 나름의 유혹이 따르기 때문에, 타인 지향은 다시 자기 관심을 통해 균형을 이루어야 한다. 그렇지 않을 경우 우리는 자신을 완전히 잃어버리게 될 것이다.

두 가지 극단, 즉 자신을 위해 사는 사람들과 타인을 위해 사는 사람들을 측정하는 스펙트럼이나 척도가 이미 어딘가에 발표되어 있을지도 모른다. 그러나 이 논의를 위해 우리는 아래와 같이 단순한 다이어그램을 사용해 개인과 집단으로서 목사와 회중이 토브 처치를 만드는 과정에서, 어떻게 자기 돌봄과 타인을 섬기는 것 사이에 균형을 이루어야 하는지를 보여주고자 한다.

목사들

타인을 기쁘게 하는 사람 ————————————— 자기를 기쁘게 하는 셀럽

타인 섬기기 ————————————— 자기 섬기기

교회들
(토브)

어떤 목사들과 회중들은 왼쪽으로 기우는 경향이 있고, 다른 목사들과 회중들은 오른쪽으로 기우는 경향이 있다. 또 어떤 이들은 타인을 섬기고, 다른 이들은 자신을 섬긴다. 어떤 이들은 타인을 기쁘게 하고, 다른 이들은 자아도취와 셀럽 문화에 빠진다. 마찬가지로 어떤 셀럽 교회들은 자기네 교회만이 참으로 훌륭하고 (아마도) 온 세상에서 유일하게 신실한 교회라고 여긴다.

다른 한편으로, 어떤 교회들은 타인을 섬기는 일에 너무 헌신적이어서 사람들을 기쁘게 하느라 자신들을 소진하기도 한다. 그들은 자리에 앉아서 자신들의 위대함을 골몰히 생각하지는 않으나, 자신들을 소진하다가 결국 포기할 지경에 이르는 (혹은 다른 누군가가 타인을 섬기는 도전을 맡아주기를 바라는) 경향이 있다.

토브 처치에는 개인과 교회 전체 사이에 아름다운 균형이 존재한다. 사람들은 섬김을 받고 타인을 섬긴다. 목사들은 섬기고 섬김을 받는다. 교회들은 섬기고 섬김을 받는다. 그것은 균형을 잡는 행위며, 많은 유혹들로 가득한 행위다. 특히 타인을 섬기려는 강력한 (그리고 고귀한) 지향을 지닌 사람들에게 그러하다.

섬김을 지향하는 교회들을 향한 유혹

교회 안에 섬김을 지향하는 문화를 만들려는 갈망에는 커다란 함정이나 잠재적인 덫이 뒤따른다. 그것은 바로 남들에게 **보이기**

위해 혹은 **칭찬받기 위해** 섬기는 것이다.

그런 일이 일어나는 첫 번째 방식은 섬김을 영웅적인 수준으로 극단화하는 것이다. 즉, 모든 돈을 포기하고, 집과 옷을 팔고, 가난한 사람들 중에서도 가장 가난한 사람들을 섬기는 희생적 삶을 살아가는 것이다—물론 그에 상응하는 보도자료와 함께 말이다. 결국 예수께서도 부자 청년 관원에게 그의 소유를 팔아 가난한 자들에게 주라고 말씀하시지 않았는가(마9:21)? 가장 위대한 기독교적 행위가 타인을 섬기는 것이라고 할 때, 어떤 이들은 타인을 섬김으로써 그런 위대함을 추구할 수 있다. 그러나 **위대함**을 추구하는 것은 토브가 아니다.

두 번째 방식은 아마도 보다 일반적인 것일 텐데, 그것은 우리의 섬김이 얼마나 희생적인 것인지를 과시하는 것이다. 그럴 경우 오래지 않아 우리는 사람들에게 (개인으로서 혹은 교회로서) 우리의 희생에 관한 이야기를 자랑삼아 들려주면서 자화자찬의 박수갈채를 유도하게 된다. 섬기는 기독교적 삶에 있어서 이런 식의 접근은 참된 섬김이 아니다. 그것은 셀럽 문화의 파생물에 불과하다. 그것은 영웅적 기준에 반대하는 듯 보임으로써 오히려 영웅이 되고자 하는 유혹이다. 그러는 동안 그는 스스로 자화자찬한다. 그것은 토브가 아니다. 예수께서는 그것에 대해 다음과 같이 직접적으로 말씀하셨다.

> 그러므로 구제할 때에 외식하는 자가 사람에게서 영광을 받으려

고 회당과 거리에서 하는 것 같이 너희 앞에 나팔을 불지 말라 진
실로 너희에게 이르노니 그들은 자기 상을 이미 받았느니라(마6:2)

그렇다면 우리는 어떻게 해야 셀럽, 영웅주의, 그리고 자화자찬
적 나눔이라는 고리 안으로 휘말려 들어가지 않을 수 있을까? 예수
께서는 이에 관해서도 말씀해주셨다.

너는 구제할 때에 오른손이 하는 것을 왼손이 모르게 하여 네 구
제함을 은밀하게 하라 은밀한 중에 보시는 너의 아버지께서 갚
으시리라(마6:3-4)

섬김의 문화를 형성하는 교회들은 예수의 이런 말씀을 엄격하
게 따라야 할 것이다.

비록 우리가 순수한 의도로 기부하고 위에서 설명한 덫을 피한
다고 할지라도, 우리의 섬김이 우리가 섬기는 사람들에게 어떤 영
향을 미치는지 늘 인식해야 한다. 2012년에 세상을 떠난 유명한 저
자이자 목사요 교수였던 캘빈 밀러(Calvin Miller)는 대공황 말기에 아주
심각한 가난 속에서 성장했다. 그 시절에 그와 그의 가족은 누군가
가 베푸는 자선에 감사해야 하는 수혜자였다. 하지만 그들은 자신
들의 곤궁함을 부끄러워했고, 그런 자선의 배후에 숨어 있는 동기
도 알고 있었다. 그 모든 아이러니를 지켜보았던 그는 훗날 그의
회고록『인생은 대부분 가장자리(Life Is Mostly Edges)』에서 다음과 같이

말했다.

나는 12월에 부자들이 찾아와 크리스마스 바구니를 건네주기 전
까지는 우리가 특별히 가난하다고 생각하지 않았다. 그들은 찾
아올 때마다 "우리를 주님께 인도하려고 애썼다." 그들은 분명
좋은 의도를 가지고 있었다. 그들은 단지 다음 휴일이 올 때까지
우리가 지옥에 빠지는 것을 막아주려고 했을 뿐이다.
말할 필요도 없이, 우리 아이들은 바구니를 가져다주는 교회에
가고 싶어 하지 않았다. 자선을 베풀면서 자신들이 부유하다고
느낄 수 있도록 우리 같은 사람이 가난한 상태로 있기를 바라는
곳에서 예배드리고 싶은 사람은 아무도 없을 것이다. 거지에게
한 푼을 건네는 것에는 뭔가 거창한 것이 있을 수 있다. 하지만
그 한 푼을 받는 것에는 거창한 것이라곤 아무것도 없다. 거지들
이 구걸하는 이유는 그것이 그들을 기분 좋게 하기 때문이 아니
라, 비록 스스로 비참한 느낌을 받더라도 그것이 굶주림보다는
덜 고통스럽기 때문이다.[1]

우리가 이런 함정을 피하려면, 우리의 삶과 교회의 삶에 스며드
는 참된 섬김의 문화—특별한 시기에만 하지 않고, 축하나 찬사를
요구하지도 않는, 평범한 섬김의 행위가 표준이 되는 문화—를 만
들어가야 한다.

토브는 평범하다

토브라는 개념은 평범한 것에 그 뿌리를 두고 있다. 우리는 분명 선한 일을 할 수 있다. 그러나 **선함**이란 그것이 평범한 것이 될 때까지, 혹은 시인이자 수필가인 캐슬린 노리스(Kathleen Norris)가 "일상적인 것"(quotidian)[2]이라고 부르는 것이 될 때까지 선한 일을 지속하는 것을 의미한다. 폴라 구더는 우리에게는 "평범함의 영성"[3]이 필요하다고 제안한다.

타인을 섬기는 삶은 영웅적인 것이 아니다. 오히려 그것은 평범한 사람들이 삶을 여행하는 과정에서 마주치는 다른 평범한 사람들을 돕는 것이다. 그것은 어느 한 가정이 다른 가정을 섬기는 것이다. 그것은 어느 한 이웃이 다른 이웃을 돕는 것이다. 그것은 어느 한 목사가 회중 가운데 있는 평범한 사람들을 섬기는 것이다. 그것은 어느 평범한 한 교회가 다른 평범한 교회의 사람들과 교회 밖의 사람들을 돕는 것이다. 그것은 타인을 위해 아주 평범한—그럼에도 중요하고 필요한—일을 하는 것이다. 우리는 영웅이 되고 셀럽을 미화하려는 유혹에 너무 깊이 빠져 있다.

현대 문화에서 **평범함**은 '충분히 좋지는 않음'이라는 뜻으로 받아들이는 경향이 있다. 그러나 사실을 직시하자. 대부분의 사람들은 평균적이다. 왜냐하면 그것이 바로 평균이 의미하는 것이기 때문이다. 그러나 평균적이라는 것은 많은 사람들에게 받아들일 수 없는 것으로 여겨진다. 성적표에서 C는 많은 사람들에게 F처럼 느껴진다. 심지어 B조차 모욕적으로 느낀다. 왜냐하면 모두가 A를 원하고, 또 A를 받을 자격이 있다고 여기기 때문이다. 왜 그럴까? 이는 모든 사람이 자신을 평균 이상이라고 생각하기 때문이다. 잠시 이 문제에 관해 생각해 보라. 그러면 당신은 우리 문화에서 벌어지고 있는 일이 얼마나 비합리적인지 이해할 수 있을 것이다. 우리는 모두가 특별할 수는 없다. 그럴 경우 **특별함**이 곧 평범함을 의미하게 될 것이고, 그렇게 되면 우리에게는 우리를 다른 사람들과 구별해 줄 또 다른 단어가 필요해질 것이다. 게다가 그때는 **특별함**조차 바람직하지 않은 의미로 받아들여질 테니, 결국 우리는 다시 평범함으로 돌아가야 할지도 모른다.

철학자 달라스 윌라드(Dallas Willard)는 "'평범함'이라는 분명하면서도 잘 감춰진 비밀"에 관해 말했는데, 그 비밀이란 "그것[평범함]은 신성을 담기 위한 그릇, 즉 하나님의 생명이 흐르는 곳이 되도록 만들어졌다"는 것이다.[4] 윌라드의 학생이자 친구인 존 오트버그(John Ortberg)는 이렇게 말했다. "[달라스의] 비범함을 그렇게 눈에 띄게 만든 것은 그 안에 분명하게 느껴지는 평범함이었습니다. 이런 비범함은… 그에게 침착함과 경이로움, 장난스러움, 편안함을 주었고, 그로 인해 주변 사람들은 자신들의 비범함을 좀 더 강하게 느낄 수 있었습니다."[5] 그것이 평범함이고, 그것이 괜찮은 것이며, 그것이 타인을 섬긴다는 것이 의미하는 바다.

드와이트 무디(Dwight Moody)는 평범한 일을 했던 셀럽 목사의 좋은 예다.

무디는 메사추세츠 주 노스필드에서 열린 그의 성경 컨퍼런스 중 하나에 대규모의 유럽 목사들을 초청했다. 그 목사들은 어느 한 기숙사에 묵었는데, 유럽의 관습에 따라 그들은 모두 밤에 신발을 방 밖에 내놓았다. 하인 소년이 아침이 되기 전에 그것들을 모아서 청소하고 광을 내줄 것이라고 기대하면서 말이다. 그러나 여기는 메사추세츠 주였지 영국이 아니었다. 하인 소년은 나타나지 않았다.

그런데 무디가 그 신발들을 발견했다. 그는 목사들이 문화적으로 무지하다고 당황스럽게 하거나, 그들이 오만하다고 나무라고 싶지 않았다. 오히려 그는 조용히 그 신발들을 모아서 자기 방으로 가져가 닦았다. 다음 날 아침, 무디의 목사 친구들은 무디가 그들을 위해 한 겸손한 봉사에 대해서는 아무것도 모른 채, 자신들의 빛나는 신발을 그러려니 하며 신었다.

그러나 이야기는 여기서 끝나지 않는다. 섬김에는 전염성이 있다.

그 목사들 중 하나가 무디가 은밀하게 한 일을 목격했다. 놀란 그 목사는 자신의 몇몇 친구들에게 그 이야기를 전했다. 그리고 그날 밤부터 신발을 닦는 섬김의 공모가 이루어졌다. 목사들은 그 컨퍼런스가 끝날 때까지 비밀리에 돌아가며 동료들의 신발을 닦기 시작했다.[6]

이게 바로 토브다. 그렇지 않은가?

셀럽 문화에 저항하기

우리는 이 장 후반부에서 섬김의 문화를 형성하는 것에 관한 토론으로 돌아가겠지만, 여기서는 우리가 저항해야 하는 셀럽 문화에 관해 좀 더 자세하게 살펴보고자 한다. 목사들과 교회들은 259쪽에 있는 기준에서 오른쪽으로 미끄러지려는 유혹을 많이 받는다. 우리가 그 기준의 오른쪽으로 더 많이 이동할수록 우리는 그만큼 더 셀럽 문화를 떠받치는 '셀럽 신드롬'(celebrity syndrome)에 빠질 가능성이 커진다. 그러므로 우리는 셀럽 문화를 막는 방법을 배워야 한다.

'셀럽 신드롬'을 규정하는 열 가지 요소를 살펴보기 전에 셀럽 문화가 교회의 규모와 아무 상관이 없다는 것을 다시 한번 말해 두자. 큰 교회와 대형교회의 목사라고 해서 모두가 셀럽인 것은 아니며, 작은 시골 교회에도 자신을 셀럽이라고 **생각하는** 목사가 있다. 다시 말하지만, 문제가 되는 것은 교회의 크기가 아니라 목사 자아의 크기다.

물론 셀럽들은 자신의 힘만으로 만들어지지 않는다. 모든 셀럽 목사 뒤에는 셀럽 분위기를 사랑하고 지지하는 열렬한 회중이 존재한다. 또한 셀럽 문화의 발전은 하룻밤에 이루어지지 않는다. 그것은 목사가 명성을 향해 강력한 야망을 품을 때 시작되지만, 회중이 그 야심을 지지하지 않는 한 뿌리를 내리지 못한다. 유감스럽게도 많은 사람들이 그들의 목사가 어느 정도 영적 영웅이나 셀럽이 되기를 **바란다**. 아니 그것을 바랄 뿐만 아니라, 종종 그것을 기대하고, 나아가 목사가 그런 존재라고 믿는다. 어떤 목사들은 이런 관심을 게걸스럽게 삼킨 후 그것을 다음 단계로 이끌어간다. 그들의 야망은 자신이 **알려지는** 것이다. 그들은 글렌 캠벨(Glen Campbell)*의 노래 "라인스톤 카우보이"(Rhinestone Cowboy)의 한 구절처럼, "화려한 조명이 나를 비추는 곳"에 있기를 꿈꾼다. 셀럽은 우연히 생기지 않는다. 그것은 의도적으로 만들어진다. 즉, 그것은 어느 정도 이미지, 친목, 네트워크, 홍보자, 그리고 서로를 홍보하는 동료 셀럽들과 관계를 구축하면서 **추구해야만** 가능한 것이다.

그들이 보여주려는 이미지와는 달리, 셀럽 목사들은 너무나 자주 **타인을 실제로 섬기지 않는다**는 점에 주목해야 한다. 이는 그들이 자신을 우월한 존재로 여기기 때문이다. 그들은 그들이 섬기는 교회 사람들 위에, 또는 그 너머에 있다. 그런 자리에 앉아 있는 사람들은 자신이 교인들보다 **낫다**고 생각하지 않을 수 없다. 그들은 그런 존재로 대우를 받다가 결국 실제로 그렇다고 믿기 시작한다. 다음은 2014년과 2018년 사이에 윌로우 크릭 교회의 리더십 문제를 조사했던 「윌로우 크릭 거버넌스 리뷰(Willow Creek Governance Review)」에서 발췌한 부분이다.

> 담임목사는 많은 사람들에게 비범한 인물로 보였다. 대부분의 이사회 구성원들은 그에게 지난친 경의를 표했고, 이로 인해 일

---

* 미국의 싱어송라이터.

부 장로들은 회의에서 그에게 이의를 제기하기가 어려웠다. 몇몇 장로들은 자신도 모르게 그를 특별하게 대우하고 있으며, 갈등을 피하기 위해 중요한 문제들을 피하고 있다고 느꼈다. 어떤 이사회 구성원들은 담임목사가 방에 있을 때면 불안감과 싸워야만 했다. 그들은 자기들이 셀럽과 함께 앉아서 이사회를 하고 있는 것처럼 느꼈다.[7]

이사회 구성원들은 빌 하이벨스를 셀럽으로 대우했던 것일까? 우리가 보기에는, 의심할 여지가 없다. 사람들이 그에게 평범한 것을 기대했을까? 분명히 그렇지 않았다. 장로들은 그를 특별하게 대우했고, 중요한 문제들을 회피했다. 그는 자신이 정한 규칙대로 행동하는 것 같았다. 그들은 그를 셀럽으로 대했을까? 그렇다. 빌 하이벨스는 셀럽이었다. 하지만 그보다 더 주목해야 할 것은 장로회가 실제로 그를 셀럽으로 **대우했다**는 점이다. 이런 상황은 스스로 셀럽이 되고 싶어 하고 그런 존재로 대우받기를 기대하는 다른 대형교회 목사들과 심지어 작은 마을의 작은 교회 목사들에게도 똑같이 해당된다. 이런 셀럽 목사들이 제공하는 '섬김'은, 그것이 무엇이든, 종종 자기 강화로 얼룩지게 된다. 그들은 뒤에서 묵묵히 섬기지 않는다. 그들은 드러나기 위해 그리고 자신들의 자아를 충족시키기 위해 섬긴다.

셀럽 목사들은 비교를 먹고 사는데, 이는 그들이 "누가 더 가졌는가?"(Who's Got?)라는 게임을 하면서 서로 **경쟁**하고 있음을 의미한다.

누가 가장 좋은 설교를 가졌는가?

누가 가장 좋은 설교 개요를 가졌는가?

누가 가장 심오한 신학을 가졌는가?

누가 가장 큰 교회를 가졌는가?

누가 가장 큰 컨퍼런스에서 강연하는 가장 큰 기회를 가졌는가?

누가 가장 많은 트위터 팔로워를 가졌는가?

누가 가장 많은 페이스북 친구를 가졌는가?

누가 가장 많은 베스트셀러를 가졌는가?

누가 가장 좋은 직장 혜택을 가졌는가?

누가? 누가? 누가? 이것은 절대로 끝나지 않는 러닝머신과 같다. 언젠가 나는 어느 복음주의 리더가 자신에게 '협박의 은사'가 있다고 말하는 것을 들은 적이 있다. 슬펐던 것은 그것이 사실이었고, 또 그가 그것을 자랑스러워했다는 것이다. 그는 자기가 "누가 가장 큰 힘을 가졌는가?"라는 게임에서 이기고 있다고 생각하고 싶어 했다. 그러나 "누가 더 가졌는가?"라는 게임에 빠진 사람들은 모두 잘못된 게임을 하고 있는 것이다.

셀럽들은 자신들이 다른 사람들보다 우월하다고 보기에, 또 그들을 우월한 존재로 대우하는 사람들에게 둘러싸여 있기에, 아주 쉽게 자신들이 일반적인 규칙과 기준에서 예외가 된다고 생각하게 된다. 그들은 누군가가 자신들의 잘못을 덮어주고, 자신들의 죄를 해명해 주고, 미래의 성공을 위한 길을 닦아줄 것이라고 확신한다.

그들은 다른 사람들에게 소리치고 비명을 지르지만, 그들의 그런 위협적인 행동은 자주 무시된다. 그런 행동이 무시되지 않을 때는 다른 사람들이 나서서 그를 변호한다. 나는 어떤 조력자들이 셀럽 목사의 악을 변호하면서 이렇게 말하는 것을 들은 적이 있다. "그는 야망이 큽니다."

셀럽 목사들은 **모든** 주일이 시끌벅적한 이벤트가 되기를 바란다. 그들은 그날이 홍해를 건너고, 시내산에서 율법을 받고, 성전을 세우고, 그곳에 하나님의 영광이 임하는 것을 보는 날이 되기를 바란다. 그들은 그리스도의 탄생, 부활, 승천, 그리고 재림이 모두 하나로 통합되기를 바란다. 그들은 모든 주일이 영광과 연기와 나팔 소리로 가득하기를 바란다. 그들은 음악이 역대 최고가 되고, 찬양 가수들이 작년보다 나아지고, 예배 참석자 수가 줄지 않고 증가하기를 바란다. 이것은 참으로 미국적인 공상이다.

메리 디머스는 "영적 학대를 알아차리는 10가지 방법"(10 Ways to Spot Spiritual Abuse)이라는 제목이 붙은 통찰력 있는 글을 쓴 적이 있다. 그녀는 그런 학대의 중심에 목사가 있다고 분명하게 지적하지만, 동시에 문화 역시 교회의 셀럽을 만드는 일에 책임이 있다고 지적한다.

해외에서 살았던, 그래서 멀리서 미국 문화를 보아왔던 사람으로서, 만약 내가 다른 곳으로 떠나지 않았더라면, 나는 이런 셀럽 문화를 결코 깨닫지 못했을 것이다. 우리의 문화는 뼛속까지 상품과 명성에 기반한 문화다. 우리는 구루(guru)들에게 몰려가고, 그들에게 우리의 필요를 투사하고, 멋진 식탁에서 식사하는 사람들에게 매달린다. **우리는 단지 그것을 필요로 하고, 요구하고, 부양함으로써 이런 셀럽 문화에 기여한다.**[8]

섬김을 지향하는 교회에서는 셀럽 목사가 나타나지 않는다. 셀럽 목사에게는 셀럽 중심의 교회 문화라는 유해한 토양이 필요하다. 에이미 심슨(Amy Simpson)은 「크리스채너티 투데이」에 기고한 글에서 셀럽 신드롬에 관해 통찰력 있게 관찰한다.

> 제임스 맥도널드, 마크 드리스콜*, 그리고 다른 사람들의 실패 배후에 있는 요인들로는, 비판자들을 적극적으로 배제하고, 자신들의 셀럽 의식을 강화하고, 장애물을 치워주는 사람들로 자신들을 둘러싸는 습관 등이 있다.[9]

「크리스채너티 투데이」 편집장이자 기독교 리더들에 대한 예리한 관찰자이기도 한 앤디 크라우치는, 강력한 셀럽들은 그들을 친밀하게 알고 있다고 착각하게 만드는 가짜 인격(persona)을 만들어냄으로써 그들과 책임 사이의 거리를 넓힌다고 주장한다.

---

* 미국의 기독교 목사이자 작가이며, 마스 힐 교회(Mars Hill Church)의 설립자다. 그는 권위적인 리더십, 교회 내 영적 학대 및 논란이 되는 발언들로 비판을 받았다.

문제의 그 부분—권력의 거리감과 그것이 권력을 가진 사람에게 미치는 왜곡 효과—은 고대로부터 내려온 것이며, 결코 사라지지 않을 것이다. 그러나 그것은 완전히 새로운 그 무엇, 즉 셀럽 현상으로 인해 더욱 악화된다. 셀럽은 과거의 권력의 거리감을 그것과 정반대처럼 보이는 것—특별한 친밀성 혹은 적어도 매혹적인 가짜 친밀성—과 결합시킨다.

그것이 원샷(프레임을 가득 채우는 얼굴), 클로즈 마이크(연인의 속삭임 수준으로 낮춘 목소리), 회고록(그것이 출판되기 전에는 저자의 목사, 부모, 혹은 때로는 연인이나 배우자와도 논의한 적이 없는 내용의 폭로), 트위터, 셀카, 인스타그램, 스냅 사진의 힘이다. 이 모든 것은 우리에게 누군가를 아는 것처럼 느끼게 한다. 그러나 사실 우리는 그들에 관해 많은 것을 알지 못한다. 왜냐하면 결국 우리가 아는 것은 그들이, 그리고 그들 주변에서 자라고 있는 권력 체계가 우리에게 알려 주고 싶어 하는 것뿐이기 때문이다. [10]

이런 현상을 가장 분명하게 보여주는 표지 중 하나는 오늘날 많은 교회가 목사나 설교자의 이미지를 확대—아니, 초확대라는 용어가 더 적절할 것이다—해서 보여주는 대형 스크린을 사용하는 것이다. 그리고 목사나 설교자들은 카메라를 바라보는 교육을 받는데, 이는 그래야 사람들이 그/그녀가 그들에게 직접 말하고 있다는 느낌을 받을 수 있기 때문이다. 그렇게 하면 아주 친밀해 보인다. (하지만 그렇지 않다.) 척 드그로트(Chuck DeGroat)는 그의 책 『자아도취가 교회에 올 때(When Narcissism Comes to Church)』에서 이것을 "가짜 취약

성"(fauxnerability) 혹은 "취약성의 왜곡된 형태"라고 부른다.[11]

그런 식으로 셀럽들은 그들 주변에 **개인숭배**가 나타나도록 만든다. 케이트 보울러(Kate Bowler)는 복음주의 셀럽 여성들에 관한 그녀의 놀라운 책『설교자의 아내(The Preacher's Wife)』에서 셀럽에 대해 통찰력 있게 정의한다. "셀럽은 언론에 구애하면서, 그리고 대중의 인정을 얻기 위해 지원 기관과 동료 스타들의 네트워크를 형성하면서 적극적으로 대중의 시선을 쫓는 사람입니다."[12] 바로 그것이 모든 셀럽 목사가 원하는 것이다. "대중의 인정." 목표는 명성, 영광, 그리고 무대다.

보울러는 셀럽은 "사람이자 산물"이라고 주장한다.[13] 1964년에 사이먼(Simon)과 가펑클(Garfunkel)이 함께 부른 노래의 가사는, 교회가 유명 목사들을 우상숭배에 가까울 정도로 홀린 듯 바라보는 이 시대를 인상 깊게 예견한 것처럼 보인다. "그리고 사람들은 절하고 기도했다네 / 그들이 만든 네온 불빛의 신에게."[14]

몇 가지 질문을 해보겠다. 데살로니가 교회의 목사는 누구였는가? 고린도 교회의 목사는? 베뢰아 교회의 목사는? 에베소 교회의 목사는? 갈라디아 교회의 목사는? 우리가 그들의 이름을 알지 못하는 데는 정말로 타당한 이유가 있을 수 있다. 그것은 그들이 셀럽이 아니었기 때문이다! 우리는 그들의 이름조차 알지 못한다. 바울, 바나바, 실라, 디도, 그리고 디모데는 그들 자신의 제국을 세우는 목사들이 아니었다. 오히려 그들은 교회를 세우고, 예수에 관한 복음을 전하는 과정에서 극심한 어려움과 시험을 겪었다.

셀럽의 추악한 이면은 자신의 영역을 침범할 수도 있는 누군가를 **시기하고**, 자신의 영광을 위해 **질투하는** 것이다. 그들에게는 이것이 제로섬 게임이다. "셀럽이 될 사람은 나 아니면 그다. 그런데 내가 그 자리에 서고 싶다." 셀럽 주변에서는 교만, 질시, 그리고 질투가 독특한 아우라를 형성한다.

목사의 가시성과 유명세가 커지면, 셀럽의 아우라가 회중에게 옮겨가고, 그들은 스스로를 **셀럽 교회**—유명하고, 다른 대다수의 교회들보다 뛰어나며, 그렇기에 비판의 대상이 될 수 없는—이자 예수의 모범적인 추종자들로 여기기 시작한다. 여기서 중요한 점은 이것이다. 어느 목사와 교회가 셀럽이 되면, 그래서 가시성, 명성, 평판, 브랜딩이 우위를 점하게 되면, 그 교회는 더는 사람을 우선시하지 않고(예전에 그런 것이 있었을지라도), 더는 공감이 문화를 형성하지 않고, 은혜는 전복되고, 더는 진리가 본능적인 것이 되지 않고, 옳은 일을 행하는 것이 교회의 영광을 높이는 일에 의해 중단될 수 있다. 그런 문화는 유해하며, 잠재적으로 학대적이다. 특히 지휘봉을 쥔 자아도취적인 목사와 엇갈리는 길을 가거나, 그와 전선을 형성하는 이들에게 그러하다.

이러한 셀럽 신드롬을 깨뜨리기 위해 할 수 있는 첫 번째 일은 그 회전목마에서 내려오는 것이다. 그 일은 다음과 같은 세 가지 진술을 내면화하는 것으로 시작할 수 있다.

① 어느 교단, 지역, 혹은 나라에서 **가장 중요한 목사** 같은 것은

존재하지 않는다.

② 어느 교단, 지역, 혹은 나라에서 **가장 중요한 교회** 같은 것은
존재하지 않는다.

③ '셀럽 목사'와 '셀럽 교회' 같은 용어들은 예수의 방식과 어긋
난다(덧붙이자면, 그것은 예수의 마음을 아프게 한다).

'가장 중요한' 존재가 되고자 하는 갈망은 헐리우드 놀이를 하는
것이지, 예수가 모범을 보이신 십자가를 지는 삶이 아니다. 당신의
목사―하나님이 그/그녀에게 복 주시기를!―는 가장 중요한 목사
가 아닐 수 있다. 하지만 그/그녀는 당신의 목사이며, 그것이 가장
중요하다.

예수, 안티 셀럽

영광, 영예, 그리고 칭송을 받을 만한 존재는 오직 한 분이시다.
그분은 우리의 주님이요 왕이신 예수시다. 그분은 셀럽 게임을 거
부하셨다. 그분은 당대에 셀럽이 되고자 했던 바리새인들에 대해
완곡하게 말씀하지 않으셨다.

[그들은] 그들의 모든 행위를 사람에게 보이고자 하나니 곧 그 경
문 띠를 넓게 하며 옷술을 길게 하고 잔치의 윗자리와 회당의 높

은 자리와 시장에서 문안 받는 것과 사람에게 랍비라 칭함을 받는 것을 좋아하느니라(마23:5-7)

예수께서는 '유명해서 유명한', 그리고 사람들에게 보이기를 좋아하는 셀럽들을 신랄하게 비판하셨다. 사람들의 눈에 띄기 위해 바리새인들은 보통의 크기 이상으로 경문(경건한 기도 상자)을 만들어 자기들을 좀 더 잘 보이게 했다. 그들은 가장 중요한 자리에 앉는 것과 다른 셀럽들과 어울리는 것을 좋아했다. 그들에게는 '주인님' 혹은 '어르신'을 뜻하는 '랍비'로 불리는 것만큼 중요한 것이 없었는데, 그것은 오늘날 '박사님', '교수님', '신부님', 혹은 '목사님'이라고 불리는 것과 같다.

예수께서는 이렇게 과시적인 홍보에 단호하게 반대하셨다. 그분이 선호하셨던 호칭은 '종' 혹은 '하인'이었다. 그분은 모든 종들의 종이셨다. 사도 바울 역시 이런 종류의 호칭들에 반대했다. 다른 사람들을 '주님의 일꾼들'과 '하나님을 섬기는 동역자들'이라고 부르면서 자신은 '만물의 찌꺼기'라고 부르는 사람이 있다면, 그는 분명하게 호칭에 집착하고 유명세를 만드는 것에 반대하는 사람이다(롬16:12; 고전3:9; 4:3).

예수께서 그분을 따르는 모든 사람들에게 기대하시는 것은 겸손한 섬김이다. 왜냐하면 바로 그것이 그분을 향한 성부 하나님의 계획이었기 때문이다. 그분이 섬김을 가르치신 이유는 제자들이 스스로 셀럽이 되기를 바라고 있었기 때문이다.

명성과 겸손 사이에서 진행되었던 싸움을 보여주는 마가복음 10장 32-45절을 면밀하게 살펴보자.

먼저 상황을 정리해보자.

> 예루살렘으로 올라가는 길에 예수께서 그들 앞에 서서 가시는데 그들이 놀라고 따르는 자들은 두려워하더라 이에 다시 열두 제자를 데리시고 자기가 당할 일을 말씀하여 이르시되 보라 우리가 예루살렘에 올라가노니 인자가 대제사장들과 서기관들에게 넘겨지매 그들이 죽이기로 결의하고 이방인들에게 넘겨주겠고 그들은 능욕하며 침 뱉으며 채찍질하고 죽일 것이나 그는 삼 일 만에 살아나리라 하시니라
>
> _마가복음 10:32-34

정말 정신이 번쩍 드는 이야기다. 그렇다면 다음 구절에서는 무슨 내용이 나올 것 같은가? 아마도 이런 것은 생각하지 못했을 것이다. "세베대의 아들 야고보와 요한이 주께 나아와 여짜오되 선생님이여 무엇이든지 우리가 구하는 바를 우리에게 하여 주시기를 원하옵나이다".

방금 자신의 죽음을 선언하셨던 예수께서 답하신다. "**진심으로 하는 말이냐, 얘들아?** 내가 너희에게 무엇을 하여 주기를 원하느냐?" (물론 "진심으로 하는 말이냐, 얘들아?"는 우리가 덧붙인 것이다. 하지만 우리는 예수께서 이때 무슨 생각을 하셨을지 상상할 수 있다.)

야고보와 요한이 말한다. "우리를 하나는 주의 우편에, 하나는 좌편에 앉게 하여 주옵소서".

그들은 큰 소리로 말한다. "우리는 하나님 나라에서 셀럽이 되고 싶습니다. 우리는 알려지고 싶습니다. 유명해지고 싶습니다. 선생님의 측근이 되고 싶습니다. 선생님의 수행원에 속하고 싶습니다."

예수: "너희는 너희가 무엇을 요구하는지 모르는구나. 너희가 내가 마시는 잔을 마시고 내가 받는 세례를 받을 수 있겠느냐?"

이것은 유도 질문이다. 그분은 그들의 욕망이 더 분명하게 드러나기를 바라신다.

야고보와 요한: "할 수 있습니다."

당신이 하실 수 있는 일이라면 그것이 무엇이든 우리도 할 수 있습니다. 그것이 셀럽이 되기를 바라는 이들의 대답이다.

예수께서는 그들이 예상했던 것보다 훨씬 더 깊이 그들의 욕망을 파고들면서 이렇게 말씀하신다. "너희는 내가 마시는 잔을 마시고 내가 받는 세례를 받을 것이다. 하지만 내 좌우편에 앉는 것은 내가 줄 것이 아니라 누구를 위하여 준비되었든지 그들이 얻을 것이다".[15]

달리 말하면 이런 뜻이다. "너희는 너희가 무엇을 구하고 있는지 알지 못한다. 그것은 내가 곧 직면할 일이 무엇인지 너희가 알지 못하기 때문이다. 그러니 너희에게 분명히 알려주마. '아니, 너희는 할 수 없다!'"

이제 예수께서는 (오늘날의 목사와 교회들을 포함해) 자신을 따르는 모든 사람들에게 자신의 인격, 사명, 길, 삶의 방식의 깊이를 드러내신다.

> 이방인의 집권자들이 그들을 임의로 주관하고 그 고관들이 그들
> 에게 권세를 부리는 줄을 너희가 알거니와 너희 중에는 그렇지
> 않을지니 너희 중에 누구든지 크고자 하는 자는 너희를 섬기는
> 자가 되고 너희 중에 누구든지 으뜸이 되고자 하는 자는 모든 사
> 람의 종이 되어야 하리라 인자가 온 것은 섬김을 받으려 함이 아
> 니라 도리어 섬기려 하고 자기 목숨을 많은 사람의 대속물로 주
> 려 함이니라
>
> 마가복음 10:42-45

셀럽들은 영광과 명성을 바란다. 예수께서는 자신을 따르는 사
람들이 영광과 명성을 거부하고 섬김의 삶을 추구하기를 바라신
다. 목사들은 셀럽이 되어서는 안 되고, 교회들은 셀럽 교회가 되어
서는 안 된다. 목사들, 리더들, 그리고 교회들은 그들의 주님과 구
주께서 알려지신 것과 같은 방식으로 알려져야 한다. 타인을 위한
희생과 섬김과 종됨을 통해서 말이다.

타인을 위한 희생

캘빈 밀러는 그의 회고록에서 한 이야기를 들려주는데, 이 이야

기는 셀럽 문화와 섬김을 지향하는 문화의 차이를 잘 보여주기 때문에 여기서 다시 한번 다룰 만한 가치가 있다. 이는 밀러가 가르치던 신학교의 총장이 해고된 직후에 일어난 일이었다.

> 그는 아주 빠른 시일 내에 다른 총장으로 대체되었다. 새 총장은 분명히 이사회가 좋아하는 인물이었다. 그는 임기를 시작한 지 얼마 되지도 않아서 화가 한 사람을 고용해 자신의 초상화를 그리게 했고, 그것을 학교 원형 홀에 걸게 했다. 그 원형 홀에는 전임 총장들의 초상화가 걸려 있었다. 나는 대학원의 신성한 홀에서 적절한 자리를 찾아 어떤 이의 초상화를 거는 것에 특별히 반대하지 않았다. 그러나 이 초상화는 늘 나의 눈길을 끌었다. 나는 그 초상화 앞을 지나갈 때마다 그것을 면밀하게 살폈다. 그것은 어떻게 선한 사람들이 사라지고, 또 다른 사람들이 나타나 그 자리를 대신하는지에 대한 모든 악을 상징하는 것이 되었다. 교단들은 대개 교단을 운영하는 사람들의 사진을 걸어두곤 한다. 그러나 종종 그들의 삶은 복도를 지나가며 그 사진들을 바라보는 무명의 학생들의 삶보다 더 가치 있다고 할 수 없다. 그 학생들은 위험한 세계에서 목회와 섬김이라는 그들의 사명을 찾아 학교를 떠나가기 때문이다.[16]

이것은 이야기의 첫 번째 부분인데, 저자의 입장에서 잘 구성한 도입부다.

새 초상화가 걸린 직후에 나는 사우스캐롤라이나 주에 있는 컬럼비아 국제대학교를 방문하게 되었다. 그 대학의 복도를 지나가다가 어느 커다란 방 안으로 들어가게 되었는데, 그 방의 벽에는 남자와 여자들의 사진들로 가득했다. 내가 그 사진들을 살피고 있을 때, 마침 한 대학생이 그곳을 지나갔다.

"이것들은 이 대학의 전임 총장들의 사진인가요?" 내가 물었다.

"총장들이요!" 그는 마치 내가 자기를 모독하기라도 한 듯 소리쳤다. "총장들은 거의 없어요. 이들은 이 학교를 졸업한 **가장 중요한 사람들**이에요. 이 방에 있는 사진들은 모두 단순한 졸업생들이 아니라 순교자들의 사진이에요." …

"이 사진 속에 있는 사람들 모두가 실제로 세상 어느 곳에서 박해를 받다가 예수님을 위해 죽었다는 뜻인가요?"

"예, 그런 뜻이에요. 여기 걸린 태그를 읽어보세요."

나는 그렇게 했다. 각각의 사진들 곁에는 그들이 어디에서 죽었는지 그리고 그들이 섬김의 사역을 위해 어떤 대가를 치렀는지를 전하는 작은 태그가 달려 있었다.

"놀라운 일이군요." 내가 말했다. 나는 최근에 우리 신학교의 원형 홀에 걸린 새로운 초상화를 떠올렸다. "우리 학교에서는 총장들의 초상화를 건답니다."

"총장들이라고요! 우리 학교는 우리 학교 출신 순교자들의 사진을 걸어요."[17]

아야! 따끔한 한마디였다.

섬김의 문화를 발전시키기 위한 제안

화려한 새 프로그램이 문화를 형성하는 것은 아니다. 당신의 교회에서 긍휼과 정의의 사역을 시작한다고 해서 자동적으로 섬김의 문화가 나타나는 것도 아니다. 섬김의 문화는 시간을 통해서 발전한다. 섬김의 문화는 목사와 다른 리더들, 그리고 회중이 종됨(servanthood)의 성품을 갖출 때 형성된다. 종됨이란 우리의 명예와 시간과 지위를 다른 누군가를 위해 내려놓는 것을 의미한다. (그렇다고 노숙자가 될 필요는 없다.)

어떤 사람들은 노숙자나 가장 낮은 계층의 사람들에 대해 강박적인 집착을 보이곤 한다. 그들은 예수께서 당대 문화에서 가장 낮은 계층인 나병환자와 가난한 사람들(대부분이 가난했으나, 나병환자는 진정한 소외자들이었다)을 섬기셨으므로, 우리 또한 정말로 다른 사람들을 섬기고자 한다면, 우리 사회에서 가장 곤궁한 사람들을 섬겨야 한다고 생각한다.

물론 노숙자들을 섬기는 것에는 아무런 문제가 없다. 다만 요점을 놓쳐서는 안 된다. 예수께서는 (선한 사마리아인의 이야기에서 표현을 빌려오자면) 그분의 길에서 만나는 **모든 사람**을 섬기셨다. 그분의 자발적인 섬김은 그분의 제자들을 당황스럽게 했지만, 그것이야말로 그분의 **사명**이었다. 섬김은 타인을 위해 우리 자신을 기꺼이 부인할 수 있는가에 의해 평가된다. 그것은 우리가 섬기는 사람들의 (낮은) 지위가 아니라, 타인을 위해 우리의 시간, 자원, 은사, 재능, 그리고 존재 자체를 기꺼이 **포기할** 수 있는가에 의해 평가된다.

① 다른 이들로 하여금 섬기도록 이끄는 리더들

교회 안에서 섬김의 문화를 만드는 것은 **리더들이 섬기는 것**에서 시작된다. 모든 목사, 사역자, 그리고 부서 책임자들은 다른 사람들을 섬겨야 한다. 시간이 지나면서 리더들은 다른 사람들을 섬김으로 이끌게 된다. 그리고 그렇게 시간이 지나면서 섬김은 점차 교회의 습관이 된다.

내(로라) 친구 중 하나가 최근에 자기네 교회 복도를 지나가다가 우연히 보육원 안을 들여다보게 되었다. 그때 그녀는 담임목사가 갓난아기들을 안고 있는 것을 보고는 깜짝 놀랐고, 또 깊은 감동도 받았다. 그는 그 일을 아주 잘하고 있었다! 섬김의 문화를 지닌 교회에서 목사와 다른 리더들이 아주 겸손한 위치에서 다른 사람들을 섬기는 것은 놀라운 일이 아니다.

그것이 리더십이다.

그것이 토브다.

내(스캇)게는 마이크 글렌이라는 좋은 친구가 하나 있다. 그는 오랫동안 테네시 주 내슈빌에 있는 어느 대형교회를 섬겼다. 마이크는 그의 최근작 『엄마와 함께 마시는 커피(Coffee with Mom)』에서 치매를 앓고 있는, 늘 협조적이지만은 않은, 그의 어머니를 자기와 보다 가까운 곳에서 지내시도록 앨라배마 주에서 내슈빌로 이주시킨 것에 관해 이렇게 말한다.

내 아내 제니와 나는 힘든 일을 하고 있었다. 제니는 전화 상담을 하는 간호사였고… 나는 브렌트우드 침례교회의 목사였다. 우리의 아들들은 결혼했고, 그들 나름의 삶을 살아가고 있었다. 제니와 나는 이제 막 할아버지와 할머니가 되었다. 우리의 삶은 충만했고 좋았다.

그리고 그때 우리는 어머니를 모시게 되었다.

우리 가족의 상황상, 내가 어머니의 우선적이고 유일한 돌보미가 되어야 했다. 우리는 브렌트우드의 모닝 포인트 요양원을 택했는데, 그곳이 우리 집에서 가장 가까웠기 때문이다. 우리는 몇 분 이내에 그곳에 도달할 수 있었다. 뿐만 아니라 그곳은 교회로 가는 길가에 있었기에 출근하는 길에 잠깐 들러서 어머니와 커피를 마실 수 있었다.

나는 그렇게 했다. 4년 동안, 비록 매일 아침은 아니었지만, 일주일에 몇 차례는 어머니에게 들렀고, 어머니가 아침 식사를 하시는 동안 함께 커피를 마셨다. 어떤 날에는 어머니의 상태가 좋으셨는데, 그럴 때면 옛날이야기를 하며 함께 웃었다. 어떤 날에는 어머니가 화를 내셨고, 나를 비난하고, 공격하고, 꾸짖으셨다. 때로는 나를 저주하며 내쫓기까지 하셨다. 또 어떤 날에는 어머니가 슬퍼하셨고, 살아갈 이유를 찾지 못하셨다. …

당신이 그곳에 가본 적이 없다면, 당신에게 진실함과 정직함을 가르쳐 준 여인이 못이 박혀 있지 않은 것은 모두 훔치려 하고… 당신이 그것을 가져가려 하면 격렬하게 저항하는 모습을 지켜보는 것이, 당신의 영혼에 어떤 상처를 남기는지 알지 못할 것이다.

알츠하이머 환자를 돌보는 것은 항상 고통을 겪는다는 것을 의미한다.[18]

이는 도움이 필요한 누군가를 돌보는 평범한(그러나 전혀 평범하지 않은) 일이 어떤 것인지 보여준다. 그것이 바로 타인을 위해 자신을 부인한다는 것의 참된 의미다. 4년 동안 매주 성경 벨트(Bible Belt)의 중심에서 크고 문제가 많은 교회의 바쁜 담임목사가 자기 어머니와 함께 시간을 보내고, 다시 차에 올라 눈물을 흘리며 하루를 보냈다. 타인을 섬기는 것은 때로 그런 것일 수 있다.

마이크가 한 일은 그의 교회에서 토브를 위한 토대를 놓았다. 그의 책 『어머니와 함께 마시는 커피』를 읽어 보라. 그리고 알츠하이머가 사람에게 어떤 영향을 주는지 알고자 하는 친구들에게 그 책을 건네주라. 리더들은 섬김으로써 섬김을 위한 토대를 놓는다.

② 스포트라이트가 비추지 않게 하라

교회에서 섬기는 사람들에 관해 공개적으로 이야기하는 것은 금지되어야 한다. 특히 연단이나 강단 혹은 교회 전체가 소통하는 곳에서는 반드시 그렇게 해야 한다. 섬김이 강단에서 자랑스럽게 알려지게 되면, 사람들은 박수를 받기 위해 일하기 쉬워진다. 그리고 그럴 경우 어떤 사람들은 이타적으로 섬기는 사람이라는 명성을 얻고자 하는 유혹에 쉽게 빠지게 된다. 우리는 마태복음 6장 3절에 나오는 예수의 말씀—"오른손이 하는 것을 왼손이 모르게 하라"―을 교회 사무실 벽에 새겨두고 상기해야 한다. 섬기되 이야기하지 말라. 만약 당신이 섬김을 행하는 누군가를 격려하고자 한다면, 그/그녀에게 개인적으로 말하라. 그게 훨씬 더 의미 있는 일이 될 것이다.

③ 자선과 온정주의를 피하라

자선에는 '가진 자'가 '가지지 못한 자들'을 위해 좋은 일을 하는 것이란 의미가 포함된다. (캘빈 밀러가 말했던 크리스마스 바구니를 떠올려 보라.) 온정주의(Paternalism)는 힘 있는 자들이 힘 없는 자들을 돌보고 있다는 것―그러니 그 사실을 잊지 말라는 것―을 암묵적으로 전달한다. 이런 두 가지 태도 혹은 사고방식―그 둘은 사실상 하나다―은 모두 지양되어야 한다. 우리는 하나님 형상의 담지자로서, 또 다른 하나님 형상의 담지자들이 결핍을 겪고 있을 때, 일상적인 삶의 과정에서 그것을 해결하기 위해 할 수 있는 일을 하는 것일 뿐이다. 당신이 하는 일에 주의를 끌려고 하지 말라. 숨은 의도를 가지려고 하지도 말라. 바울이 로마에 있는 교회에 경고했듯이, "마땅히 생각할 그 이상의 생각을 품지 말고 오직 하나님께서 각 사람에게 나누어 주신 믿음의 분량대로 지혜롭게 생각하라"(롬12:3).

④ 섬김을 영적 규율로 삼으라

권력은 사람을 파괴할 수 있고, 성공은 사역자를 셀럽으로 변질시킬 수 있다. 그러므로 목사들은 셀럽이 되고자 하는 유혹에 저항해야 한다. 이것은 그들이 다른 사람들과 동등해질 기회를 애써 찾아야 한다는 것을 의미한다. 섬김이 이를 위한 최적의 균형추가 될 수 있다. 교회에서 높은 지위에 있다고 생각되는 사람들—목사, 사역 리더, 유력한 교인 등—은 반드시 **섬김을 영적 규율로 삼아야** 한다. 목사들은 언제나 접근 가능해야 한다. 목사가 접근 가능하지 않게 될수록 셀럽적 사고방식이 우세해지고 섬김이 약해질 가능성이 커진다. 교회에서 교인들을 목양하기에 너무 바쁜 목사들, 말을 붙이기에 너무 거리가 먼 목사들, 이메일을 주고받는 것조차 힘들 만큼 폐쇄적인 목사들은 자신의 위치를 지나치게 과대평가하는 것이다. 교인들과의 접촉이 없다면 목사가 된다는 것이 무슨 의미가 있겠는가?

⑤ 강단을 공유하라

더 많은 목사들, 특히 자신의 위치를 과대평가하는 목사들은 그들의 지위를 낮추는 수단으로 강단을 공유할 필요가 있다. 권력을 휘두르는 목사들이 쥐고 있는 가장 강력한 기회가 바로 설교다. 목사들은 강단을 지나치게 독점하려 하며, 설교에 능한 사람들을 질투한다. 그런 오만한 성향을 극복할 수 있는 간단한 방법은 다른 사람들에게 설교하고 가르칠 기회를 제공하는 것이다. 분명한 사실은 이것이다. 대다수의 설교자들은 평균적이다(바로 그것이 평균이 의미하는 바다). 그러나 대다수의 설교자들은 자신을 평균 이상이라고 생각한다. 이것은 언젠가 내가 대학교수들에 관해 들었던 재치 있는 농담을 떠올리게 한다. "교수 중 90퍼센트 이상이 자신을 평균 이상의 선생이라고 생각하고, 그들 중 2/3가 자신이 상위 1/4에 속한다고 생각할 때, 교육의 질이 개선될 가능성은 그리 밝지 않다."[19] 만약 대학교수들의 상황이 이러하다면, 목사들의 상황은 어떨까? 아마도 더욱 그러하지 않을까. 강단을 공유하거나 컨퍼런스에 연사들을 초청하는 것은 목사에게 설교가 전적으로 자신만을 위한 것이 아님을 상기시키는 한편, 다른 사람들의 가르침의 은사를 계발하는 좋은 방법이며, 종됨의 정신을 만들어내는 확실한 첫걸음이다.

⑥ 논쟁에서 지는 훈련을 하라

최근에 나의 학생 중 하나—그는 아주 훌륭한 젊은 목사다—가 내게 어떻게 하면 자기가 나이 들었을 때 "X 목사처럼 되지" 않을 수 있겠냐고 물었다. 그는 점점 더 성공하고 있었으며, 스스로 그런 목사처럼 될 가능성이 있다는 것을 인정했다. 나는 그에게 논쟁에서 지는 훈련을 하라고 권했다. 우리의 대화는 다음과 같이 진행되었다.

나: 자네는 자네 교회의 장로, 집사, 그리고 다른 리더들과 무언
　　가를 결정할 때 져본 적이 있는가?
그: 없습니다.
나: 자네는 좀 질 필요가 있네.
그: 무슨 뜻인가요?

나: 모든 결정이 다 중요한 것은 아니네. 어떤 토론에서 자네가
    60퍼센트 정도 확신하는 쪽이 있다면, 의도적으로 40퍼센트
    쪽의 편을 들어보게.

그: 왜 그래야 하죠?

나: 자네 교회의 리더들이 자네가 모든 논쟁에서 이기려 하지 않
    는다는 것을 알게 되면, 그들은 자네보다 교회가 더 중요하
    다는 것을 알게 될 테니 말일세.

우리의 목표는 교회의 리더십이 "나보다 우리가 더 중요하다"라
고 말하는 문화를 만들어내는 것이다. 그런 사고방식이 자리 잡으
면, 서로를 섬기는 문화가 형성될 수 있다.

⑦ 투명하게 이끌라

섬김의 문화는 투명성을 중심으로 결집된다. 내 친구이자 노던
신학교의 동료인 데이비드 피치(David Fitch)는 아프리카계 미국인 동
료들과 여성 동료들 앞에서 이렇게 말한 적이 있다. "만약 내가 여
러분이 생각하기에 인종주의적이거나 성차별주의적인 말을 한다
면, 그 자리에서 즉시 지적해 주세요."

어느 날 그가 실제로 그런 지적을 받았다고 말했을 때, 내가 물
었다. "그래서 자넨 무어라고 대답했나?"

"승복합니다. 그리고 사과합니다!"

데이비드 피치를 아는 사람이라면, 그가 '승복합니다'라는 말을

자주 사용한다는 것을 알 것이다. 따라서 그런 말에는 그만의 특유한 개성이 묻어난다. 그런데 데이비드는 교수의 일과 목회를 병행하고 있는 사람으로, 그가 섬기는 교회에서도 투명한 문화를 형성하려고 애쓰고 있다. 서로에게 투명해지는 것은 서로를 섬기는 또 다른 방법이다.

토브 써클에서는 섬김의 문화가 아주 깊숙이 자리 잡기 때문에, 셀럽과 유사한 기미를 보이는 것은 무엇이라도 즉시 배척된다.

A CHURCH CALLED

TOV

12장
토브 처치는
그리스도 닮기를 키운다

토브 써클에서 공감과 긍휼의 습관을 실천하며, 은혜를 확대하고, 사람을 우선시하고, 진실을 말하고, 정의를 촉진하고, 타인을 섬길 때, 토브가 우리의 문화에서 자연스럽게 나타나게 되고, 우리 또한 더욱더 그리스도를 닮아가게 된다. 선함(토브)이 우리 삶의 모든 측면에 영향을 미치는 동인이 된다. 그리고 우리가 토브를 실천할수록 우리의 문화도 더욱 선한 것이 되고… (이런 식으로) 우리는 계속해서 토브 써클을 따라 돌게 된다! 그러나 교회가 기업이나 법인 또는 기관이 될 때, 목사는 목사이기를 그치고, 교회는 교회이기를 그치고, 교회의 문화는 선한 것이 되기보다 유해한 것이 된다.

지난 50여 년 동안 무언가 아주 다른 것이 교회 안으로 스며들었다. 미국식 능력주의(meritocracy)가 목사와 교회를 다시 형성했고, 거룩함과 그리스도를 닮는 것이 아닌 성취와 업적에 기반한 새로운 문화가 뿌리를 내렸다. 물론 이 새로운 문화가 모두 나쁜 것만은 아니지만, 우리는 그것을 있는 모습 그대로 살펴야 하며, 또한 그것의 한계도 분명하게 인식해야 한다. 그러면 먼저 성취와 업적에 기반한 문화가 뿌리를 내렸다는 것이 무슨 의미인지 정의해보자

성취와 업적이라는 문화의 부상

성취와 업적에 초점을 맞춘 사회에서 우리가 교회에서 직면하게 되는 도전은 그 틀에 압착되어 그 모양대로 형성되는 것을 피하는 것이다. 성취와 업적은 능력주의를 이루는 두 가지 핵심적인 기둥이다. 능력주의(meritocracy)는 개인의 능력에 기반한―즉, 가치나 중요성, 혹은 우리가 받거나 얻을 만한 것에 기반한―권력('크라시'는 권력을 뜻하는 그리스어 '크라토스'에서 왔다)을 가리킨다. 능력주의가 지닌 함의를 이해하기 위해 우리는 우리 사회의 위대한 문화 관찰자 중 하나인 데이비드 브룩스에게 다시 귀 기울일 필요가 있다.

> 능력주의는 오늘날 세계에서 가장 확신에 찬 도덕 체계다. 그것
> 은 우리의 마음을 사로잡고 또 아주 자연스러워 보이기에, 우리
> 는 그것이 어떻게 경제적인 것과 무관한 것에까지 특정한 경제
> 적 언어를 사용하도록 장려하고 있는지 인식하지도 못한다.[1]

이후 브룩스가 하는 말은 매우 놀라우면서도 핵심을 파고든다.

> 단어들은 그 의미가 변한다. '인격'은 더 이상 사랑, 섬김, 돌봄
> 을 중심으로 한 도덕적 자질이 아니라, **근성, 생산성, 그리고 자**
> **기 훈련과 같은 일련의 직장 내에서 요구되는 특성**을 의미하게
> 된다. [2]

공동체 역시 다시 정의된다.

> 능력주의는 '공동체'를 서로 경쟁하는 **재능 있는 개인들의 집단**
> 으로 정의한다. 이는 사회를 중심과 주변이라는 계층 구조로 조
> 직한다. 곧 최고 수준의 성취자들은 다보스 센터*의 중심에 위치
> 하고, 나머지 사람들은 가장자리를 향해 점점 더 넓어지는 원들
> 을 따라 배치된다. 능력주의는 표면적으로는 그렇지 않은 척하
> 지만, 잠재적으로는 더 똑똑하고 성취도가 높은 사람이 그렇지
> 않은 사람보다 실제로 더 가치가 있다는 메시지를 전달한다.
> 영혼을 억누르는 능력주의의 영향력은, 당신이 그것과 경쟁할
> 수 있는 자신만의 도덕 체계를 내면에 가지고 있다면 견뎌낼 수
> 있을 것이다. 그러나 만약 당신이 경쟁할 수 있는 아무런 가치
> 체계를 가지고 있지 않다면, 능력주의가 당신을 통째로 삼켜버
> 릴 것이다. [3]

---

* Davos center-세계경제포럼이 열리는 곳.

브룩스가 앞서 말한 것을 떠올려보자. "당신이 소속되어 일하는 환경이 당신을 점진적으로 변화시키는 힘을 과소평가하지 말라."[4]

오늘날 교회들은 능력주의, 즉 비즈니스 세계의 성취와 업적 중심의 문화에 너무 많은 영향을 받아서 이제는 **목사**조차 성경의 용어 대신 비즈니스 문화의 용어로 정의되고 있다. 비즈니스 용어로 목사는 '리더'이며, 이 **리더**는 미국 문화의 능력주의 시스템에 의해 정의된다. 그러나 목사가 일차적으로 **리더**—혹은 **기업가**나 **비전 제시자**—로 정의될 때, 그는 이미 성경적 의미에서 목사이기를 그만둔 것이다. 더 나아가 교회가 **기관**이나 **조직**—혹은 더 나쁘게 **법인**—이 될 때, 그것은 더 이상 교회(즉, 그리스도의 몸의 중요한 일부)이기를 그만둔 것이다. 또한 '리더로서의 목사'는 교회 안에서 머리됨(headship)의 경계를 흐리게 되고, 사람들은 교회의 참되고 유일한 머리이신 예수 그리스도를 점점 더 인식하지 못하게 된다.

리더들과 비즈니스 세계

다음은 내(스캇)가 **리더**라는 용어가 교회 안에 정착되고, **리더십**이 그에 대한 정의를 비즈니스 세계에서 취하기 시작했을 때부터 관찰한 내용이다.

1. 목사들이 리더, 기업가, 혹은 비전 제시가—그리고 경우에 따라서는 부유한 자—가 되었다.

2. 목사가 되기 위한 준비 과정에서 수세기 동안 대부분의 목사들이 기초 과정으로 통과했던 신학교가 이제 더 이상 필요하지 않게 되었다. 그리고 신학교가 목사가 되기 위한 준비 과정이 아니게 되자 다른 무언가가 그 자리를 대신하게 되었다. 종종 그것은 '경험'이라는 말로 완곡하게 표현되는 비즈니스 세계다.

3. 교회는 이제 **유기체**라기보다는 **조직**으로 불린다. 유기체가 그리스도의 살아 있는 몸을 대표한다면, 조직은 인간적인 기관이다.

4. 성경은 리더십 원리를 찾는 자료가 되었다. 리더로서의 모세, 리더로서의 여호수아, 리더로서의 에스겔….

5. 교회는 하나의 상품을 생산하기 시작했고, 이는 자연스럽게 상품의 포지셔닝, 광고, 그리고 홍보로 이어졌다.

6. 이제 교회는 비전 선언문과 사명 선언문을 필요로 하게 되었다. 그 두 용어 모두 비즈니스 세계의 '모범 사례'에서 가져온 것이다. 이는 교회들의 '브랜드화'로 이어졌는데, 우리는 그것이 비즈니스 세계의 용어임을 잘 안다.

7. 교회는 고객 만족도 조사를 실시하기 시작했다. 아, 구약의 선지자들이 이것을 본다면, 얼마나 신랄하게 비판했을까! 그들의 사명은 고객 만족이 아니라, 고객 **불만족** 또는 **불안**이었던 것으로 보인다.

8. 결론(the bottom line, 이 또한 비즈니스 용어다)은 이제 교회도 최종 기준(a bottom line)이 필요하게 되었다는 것인데, 그것은 일반적으로 좌석 수, '기부 단위', 혹은 기부된 금액 등으로 측정된다.

리더십 문화는 교회를 일련의 경영원리에 의해 관리되는 조직으로 바꾼다. 그것은 목사들을 성과 지표로 평가되고, 조직의 성공을 최우선 목표로 삼는 리더들로 변화시킨다. 리더의 야심이 크면 클수록, 그리고 더 자아도취적일수록 교회는 그만큼 더 교회답지 않게 된다. 이 모든 것은 교회의 문화 형성에 큰 영향을 끼친다.

두 개의 목사 모델, 두 개의 교회 문화

윌로우 크릭 교회가 빌 하이벨스의 후임자를 찾기 위해 직무 설명서를 게시했을 때, 나(스캇)는 그것을 워드 클라우드(Word Cloud)—문서 소통에서 가장 빈번하게 사용되는 단어들을 시각화하는 인기 있는 방법—에 붙여 넣어 보았다. 그 결과에 나는 크게 놀랐다. 그래서 나는 목사들과 미래의 목사들을 가르치는 사람으로서, 목회 혹은 목양에 관한 주요한 성경 구절들을 모아 그것들을 또 다른 워드 클라우드에 붙여 넣은 후, 그 결과를 윌로우 크릭 교회의 직무 설명서와 비교해 보기로 했다. 나란히 붙여 놓은 두 개의 워드 클라우드는 지금 우리 교회들에서 무슨 일이 일어나고 있는지를 극명하게 보여준다.

리더십은 오랫동안 윌로우 크릭 교회의 유행어였다. 이것은 그들이 온라인에 게시한 직무 설명서에도 드러나는데, 거기에서 언급되는 주된 단어가 리더였다.[5] 윌로우 크릭 교회가 차기 담임목사에게서 찾는 것을 설명하기 위해 **리드, 리더, 리딩**, 혹은 **리더십**이라는 표현이 32차례나 등장한다.

> "그/그녀는 높은 역량을 가진 남자와 여자들이 그들의 은사를 사용해 비전을 더욱 발전시킬 수 있도록 동기를 부여할 수 있는 검증된 '리더 중의 리더'여야 한다."
>
> "[담임목사는] 리더십 개발에 역점을 두고 개별적으로 이것을 최고 수준에서 모범을 보여야 한다."
>
> "우리는 여러 현장이나 복잡한 조직에서의 경험을 가진 리더를 강력하게 선호한다."
>
> "이 리더의 과거를 돌아보면, 성장하는 조직을 볼 수 있다."[6]

월로우 크릭 교회의 직무 설명서 워드 클라우드

　　직무 설명서에는 **조직, 비전, 사명,** 그리고 **전략** 같은 단어들도 아주 많이 언급되었다. 월로우 크릭 교회는 그들의 차기 리더가 "**겉으로는 인생에서 성공했지만,** 여전히 삶의 의미를 찾고 있는 사람들과 소통할 수 있는 삶의 경험"[7]이 있기 바란다고 말했다. 그 말은 예수와 사도들은 지원할 필요가 없다는 것으로 해석될 수 있다. 그렇지 않으면 우리는 CEO로서의 목사라는 개념을 완전히 다시 생각해야 할지도 모른다.

목회 혹은 목양에 관한 성경 구절들의 워드 클라우드

그 유명한 『메시지』를 출간하고, 목사들을 위한 최고의 책들이라 할 수 있는 몇 권의 책을 지은 유진 피터슨(Eugene Peterson)은 교회의 생명줄 안으로 비즈니스 세계의 문화가 침투하는 것에 강력하게 저항했다. 특히 그는 목사들이 신앙 공동체의 **영적 지도자**로서 그들의 소명을 보존하기보다 리더, 기업가, 매니저가 되는 현상을 크게 우려했다. 피터슨의 책들 대부분은 어떤 식으로든 영적 성장과 영적 지도의 필요성을 다루고 있으며, 늘 최근에 유행하는 리더로서의 목사라는 개념을 문제 삼고 있다. 그는 "기도하기, 성경 읽기, 영적 지도 제공하기"[8]를 가장 중요한 세 가지 목회 행위로 규정했다. 나는 리더로서의 목사에 초점을 맞추는 목사가 이와 같이 말하는 것을 들어본 적이 없다. 정말로 단 한 번도 없다.

두 개의 워드 클라우드를 다시 살펴보자. 두 명의 목사가 보인다. 한 사람은 리더십 원리에 초점을 맞추고 있고, 다른 한 사람은 영적 성장에 초점을 맞추고 있다. 그 두 개의 분리된 이미지를 중심으로 두 개의 문화가 형성된다. 하나는 (토브의 모든 속성을 지닌) 토브 처치가 될 것이고, 다른 하나는 유해한 교회가 될 것이다(그런 유해한 교회에서 사람들이 학대적이고 무례하게 다뤄지는 것은 놀랄 일이 아니다).

나(스캇)는 목사가 목사이자 영적 지도자였던 시대에서 리더이자 기업가로 변모하는 과정을 지켜보았다. 이를 내 개인사로도 설명할 수 있다. 내가 어렸을 때는 목사와 부모와 주일학교 교사들이 젊은 남자들(대부분)에게 그들의 삶을 그리스도께 바치고 모든 것을 제단에 올려놓으라고 도전했다. 여기서부터 소명의 가치에 대한 순위가 형성되었는데, 그것은 위계가 아니라 열정의 수준이 어느 정도이냐에 따라 정해졌다. 어찌 되었든 가장 높은 지위는 선교사였고, 두 번째는 복음 전도자였고, 세 번째는 목사였다. 아무도, 정말 단 한 사람도 **리더**가 되기 위해 자신의 삶을 바치라고 말하지 않았다.

1980년대와 1990년대에 리더십 열풍이 불기 시작했을 때, 이는 교회 내 많은 사람들에게 반감을 샀다. 그러나 반감을 가진 사람들은 결국 패배했다. 나 역시 그런 개념에 불편함을 느꼈던 사람 중 하나다. 그래서 언젠가 리더십(leadership)에 관한 짧은 에세이를 써달라는 부탁을 받았을 때, 나는 그것 대신 '팔로워십'(followership)에 관한 글을 써서 보내기도 했다. 나는 그 글에서 교회 리더십이라는 개념

전체를 뒤집어엎기 위해, 예수께서는 결코 그 누구에게도 "와서 리더가 되라"고 말씀하신 적이 없다고 지적했다. 오히려 그분은 "와서 나를 따르라"고 말씀하셨다. 그분은 리더들(leaders)이 아니라 따르는 자들(followers)을 원하셨다. 그러므로 우리에게 요구되는 것은 리더십이 아니라 팔로워십이다.

이 문제를 좀 더 살펴보자. 당신은 예수께서 사람들이 리더가 되는 것에 관해 몇 번이나 말씀하셨는지 아는가? 한 번도 하지 않으셨다. 그러면 바울이 리더라는 용어를 몇 번이나 사용했는지는 아는가? 몇 차례 하긴 했지만, 그것은 아주 일반적인 의미에서 그렇게 한 것일 뿐이다. 성경에서 그것들을 찾아보라. '프로히스테미'(prohistemi, '앞에 서다'라는 뜻이다)라는 용어는 장로들 혹은 우리가 교회의 리더라고 부르는 이들을 가리키는데(롬12:8; 살전5:12; 딤전5:17), 그것은 선한 일을 '이끄는' 모든 그리스도인들(딛3:8, 14)과 가정을 이끄는 아버지들(딤전3:4, 12)을 가리키는 것으로 보인다.

교회에 필요한 것은 목사-리더가 아니라 큰 목자이신 예수의 지도하에 목양하는 목사라고 말하는 편이 옳을 것이다. 물론 목사는 어느 정도 리더십을 발휘해야 하지만, 그것은 영적 성장을 향해 이끄는 것이 되어야 한다. 내 경험에서 볼 때 우려되는 것은 만약 우리가 목사를 '리더'라고 부르기 시작하면, 그는 본연의 목회적 소명을 잃어버리고, CEO가 운영하는 기관이나 기업에 필요한 문화를 형성하기 시작할 거라는 것이다.

다시 본론으로 돌아가 보자. 1980년대와 1990년대에 우리는 리더십 잡지와 교회 리더십 컨퍼런스가 갑자기 급증하고, 윌로우 크릭 교회와 애틀랜타 주 노스포인트 교회처럼 유행을 선도하는 교회들이 두각을 나타내는 것을 목격했다. 어떤 의미에서 이 모든 것은 윌로우 크릭 교회가 주관했던, 즉 **누구나** 참석해서 "당신이 있는 곳에서 리더가 되는" 법을 배우라고 독려했던, 글로벌 리더십 서미트(Global Leadership Summit)에서 정점을 찍었다. 서미트 참석자들은 빌 하이벨스가 쓴 리더십에 관한 책들을 읽도록 권유받았고, 교회들은 윌로우 크릭 협회에 가입했고, 그 모든 것은 윌로우 크릭 교회의 리더십 문화를 더욱 확대시켰다.

교회에는 리더가 필요하지만, 여기에는 문제가 있다. 남성이든 여성이든 어떤 젊은이가 교회에서 리더 혹은 '인플루언서'(influencer, 요즘 유행하고 있는 또 다른 용어)가 되기를 바랄 때, 그것은 그 사람의 역할과 정체성에 초점을 맞춘 자기중심적 태도를 내포하게 된다. 어떤 사람이 자신을 리더라고 자처하는 순간, 그것은 그의 직무와 관련해 일정한 기대치를 만들 뿐 아니라, 그의 성취와 업적을 평가하는 어떤 기준을 만들어내게 된다.

이렇게 생각해 보자. 성경이 예수를 리더가 아니라 메시아, 주, 구주라고 부르는 이유가 있다. 그것은 그분의 탁월한 머리 되심과 상관이 있다. 성경이 베드로, 야고보, 요한을 리더가 아니라 제자이자 사도라고 부르는 데도 이유가 있다. 그것은 그들이 예수와 맺은 관계 그리고 그분이 그들에게 위임하신 것과 상관이 있다. 물론 예수께서는 리더셨다. 하지만 그분은 또한 메시아셨다(그것은 리더십이라는 개념을 포함하고 재정의한다). 분명히 베드로, 야고보, 요한도 리더들이었다. 하지만 그들은 무엇보다도 사도들이었다(이것은 그들이 리더였다는 개념을 포함하고 재정의한다).

교회 리더십에 관한 대다수의 논의들은 그 핵심 원리를 비즈니스 세계에서 가져온다. 그리고 비즈니스 리더들은 교회에서 리더십의 역할을 정의하는 데 핵심적 역할을 한다. 교회 리더들에 관한 수많은 책들 중 하나만 집어서 읽어 보라. 그러면 당신은 거기서 비즈니스 세계의 리더십 모델과 원리들이 우위를 점하며, 성경은 피상적으로만 사용되고 있음을 알아차릴 것이다. 간단히 말해, 성경은 리더라는 용어를 오늘 우리가 사용하는 방식으로 사용하지 않는다. 다시 말하지만, 우리에게는 리더들이 필요하다. 하지만 그보다 더 적절한 용어는 **목사**일 것이다. 그러니 그 용어(목사)의 특성이 리더가 무엇인지를 다시 정의하게 해야 한다!

'리더십 개발'에 초점을 맞추는 대신, 우리는 우리의 모델이신 그리스도에게, 그리고 모든 그리스도인(그리스도인 목사도 포함)의 핵심적 정체성인 그리스도 닮기(Christlikeness)에 초점을 맞춰야 한다. 그러므로 목사의 역할은 사람들을 그리스도와 같은 존재가 되도록 지도하는 것이다.

그렇다면 목사란 무엇인가?

어느 한 목사가 했던 말로 시작하자. 그 목사는 많은 사람들에게 목사들의 목사로 존경받았던 유진 피터슨이다. 그의 아름다운 회고록『목사(The Pastor)』에서 피터슨은 성취와 업적의 문화가 교회 안으로 침투한 현상에 대해 다룬다.

> 목사라는 내 직업적 정체성을 깨달아가는 과정에서, 나는 목회적 정체성에 관해 커다란 혼란과 불만족이 내 주변에 가득하다는 사실을 알게 되었다. 많은 목사들이 회중에게 실망하거나 환멸을 느낀 나머지 몇 년 후 목회를 사임하고 자신에게 더 적합한 일을 찾아 떠난다. 반면, 목사에게 실망하고 환멸을 느낀 많은 회중은 목사를 해고한 후, 그들에게 더 적합한 목사를 찾는다. 내가 목사로서 살아온 지난 50여 년 동안 이런 이탈과 해고는 어떤 교회의 분파나 형태를 막론하고 거의 유행병 수준에 이르렀다.
> 나는 이런 이탈의 뿌리에는, 모든 리더는 "일을 잘 완수하고" "(새로운) 일을 창출하는" 사람이어야 한다는 문화적 가정이 있는 것이 아닌가 생각한다. 그것은 문화에서 우리의 인식 안으로 스며든 주된 리더십 모델들—정치인, 사업가, 광고주, 홍보 담당자, 유명인, 운동선수 등—과 관련해서는 확실하게 그러하다. 물론 목사가 되는 것에도 이런 요소들 중 일부가 분명히 포함될 수 있다. 하지만 지난 2천 년간 지속되어 온 우리의 목회 전통에서 지배적인 요소는 "일을 잘 완수하는" 누군가가 아니라, 공동체—이

는 하나님 나라로서, 주로 지역적이고, 끊임없이 개인적이고, "쉬
지 않고" 기도하는 나라—안에 세워져 남자와 여자들 사이에
서, 그리고 서로와의 관계 및 하나님과의 관계에서 "지금 일어나
고 있는 일"에 관심을 기울이고 주의를 환기시키는 사람이다.[9]

만약 우리가 교회 안에 토브 문화, 곧 상처받은 사람들을 치유
할 수 있는 문화를 형성하고자 한다면, 우리는 최신의 리더십 모델
이 아니라 하나님의 계획에 따라 움직여야 한다. 목사를 위한 하나
님의 계획은 이것이다. 곧, **목사는 자신과 다른 사람들 안에서 그리
스도를 본받는 삶을 키우기 위해 부르심을 받은 사람이다.**

토브 써클
선함의 습관 키우기

그리스도 닮기를 키우라
리더의 문화에 저항하라

공감을 키우라
자아도취자의 문화에 저항하라

섬김을 키우라
셀럽 문화에 저항하라

토브

은혜를 키우라
두려움의 문화에 저항하라

정의를 키우라
충성의 문화에 저항하라

사람을 우선시하라
기관의 변질에 저항하라

진실을 말하라
가짜 내러티브에 저항하라
욤 키푸르에 대해 배우라
진실을 말하는 문화를 형성하라

그리스도를 본받는 삶(Chritoformity)은 '그리스도께 순응하는 것'을 의미한다. 다시 말해, 그것은 그리스도 닮기(Christlikeness)다. 본질적으로 목사는 자신부터 그리스도를 본받음으로써 목회를 한다.[10] 어떤 목사도 완벽하지 않다. 그것은 분명하다. 하지만 목사는 스스로 그리스도를 닮아가면서 다른 사람들이 그리스도를 닮아가도록 이끌 수 있을 만큼 충분히 성숙한 그리스도인이 되어야 한다. 우리는 이 일에서 모두 하나다.

목사의 목표는 그/그녀가 목양하는 각 사람이 예수처럼 되도록 돕는 것이다. 바로 그것이 목양이 의미하는 것이다. 그러므로 교회에서 여성과 어린이를 학대하고, 권력을 남용하고, 가짜 내러티브를 만들어내는 것은 정말로 터무니없는 일이다.

안타까운 사실은 많은 목사들(그리고 따라서 많은 회중들)이 주일 아침 예배의 주된 목적을 설교하는 (혹은 듣는) 것으로 생각한다는 것이다. 물론 설교는 예배 목적의 일부다. 하지만 그것이 핵심적이거나 모든 것을 포괄하는 목적이 될 때, 주일 아침 예배는 그저 "와서 내가 하는 설교를 들으라"는 것이 될 뿐이다. "와서 내가 하는 설교를 들으라"는 문화는 토브가 아니다. 지금 나는 설교를 비판하려는 게 아니다. 다만 목사는 무엇보다 설교자라는 개념을 비판하려는 것이다. 설교는 목회라는 포괄적인 과업의 한 가지 요소일 뿐이다.

솔직히 나(로라)도 설교에 그렇게 집착했던 적이 있었다. 윌로우크릭 교회에 다니던 시절에 마크와 나는 너무나 자주 "이번 주 설교자의 설교가 듣기 싫어서" 토요일 저녁 예배를 건너뛰곤 했었다.

혹은 어쩌면 그때 시카고 컵스 경기가 있었고, 마침 그들이 플레이오프 진출권을 확보할 수도 있는 경기여서 그 경기를 놓칠 수 없었기 때문인지도 모른다. 혹은 이웃들이 자전거를 타고 저녁 식사를 하러 가는데, 마침 날씨가 너무 좋아서 그들과 함께하는 재미를 놓치고 싶지 않았기 때문일 수도 있다. 우리는 포모(FOMO, fear of missing out, 놓칠 것에 대한 두려움) 증후군에 빠져 있었다. 우리는 끝없이 변명을 늘어놓았다. 그러나 문제는 여전히 남아 있었다. 우리는 교회 예배에 참석해야 할 이유를 찾지 못했는데, 대개는 설교하는 사람을 비난하느라 그랬다. 내가 교회 예배에 참석하는 주된 목적은 설교를 듣는 것이 되었다. 그리고 그 주에 운이 좋으면, 좋아하는 찬양을 들을 수도 있었다! 마크는 좀 더 의도적으로 공동체에 참여했는데, 이는 그의 실제적인 필요처럼 보였고, 설교자에 대한 나의 과도한 집중보다 훨씬 더 적절해 보였다. 그런데 혹시라도 우리의 친구들이 그곳에 없다면, 그날의 예배 참석은 완전히 실패한 것처럼 느껴졌다. 우리는 설교의 소비자와 평가자가 되었고, 깊은 침체 상태에 빠져 여러 주 동안 토요일 저녁을 두려워하면서 보냈다.

나는 많은 사람들이 매주 윌로우 크릭 교회나 다른 대형교회들에 신실한 마음으로 참석하고 있으며, 나처럼 설교자에게 과도하게 집중하지 않고 있다고 생각한다. 나는 내가 빠져 있던 침체와 관련해 윌로우 크릭 교회를 비난하지 않는다. 그러나 우리가 다른 교회 문화로 옮겨간 것이 내 영혼을 일깨우고 교회에 참여하는 보다 순수한 목적을 깨닫게 해주었다고 나는 믿는다. 우리는 리디머 교회에 참여하기 시작하면서부터 점차 교회의 목적이 특정한 설교자의 설교를 듣는 것에 있지 않다는 것을 깨닫게 되었다.

우리는 지금 사순절과 부활절, 오순절과 강림절, 그리고 일상적인 시기(Ordinary Time)를 포함한 교회력을 지키고 있다. 하지만 그것들은 단순히 설교 '주제들'이나 '시리즈들'이 아니다. 우리의 목사인 제이(Jay)가 말하듯이, 그것들은 우리에게 예전적 리듬이 주는 치유의 과정(healing arc)을 제공한다. 매주 주일에 우리는 구약에서 뽑은 예전 문을 단순하지만 신실하게 읽고, 이어서 시편, 서신서, 사복음서 중 하나에서 뽑은 구절을 읽는다. 찬양과 메시지 선포도 있지만, 그것이 중심이 되지는 않는다. 이어서 니케아 신경의 암송, 공동 기도, 죄의 고백, 평안의 선포, 그리고 모든 것의 절정이 되는 성찬이 뒤따르는데, 성찬은 우리를 위한 그리스도의 희생을 기억하는 것이다.

만약 예배가 무언가를 향해 '나아가는 것이라면', 그것은 아마도 우리 교회 가족이 함께 주님의 만찬을 나누는 것이 될 것이다. 이 순간은 어린아이들이 주일학교 교실에서 돌아와 부모들과 함께하는 시간이다. 가족들이 함께 앞으로 나아가 빵과 포도주를 받거나 애정 어린 축복을 받는다.

"오세요," 제이는 종종 성찬의 빵을 떼기 전에 말한다. "있는 모습 그대로 오세요."

우리는 한 가족으로서 함께 성찬을 받는다. 1세기와 초기 교회 때, 가족들이 아이들을 부모들의 믿음 안에서 기르겠다고 약속하면서 함께 그렇게 했던 것처럼 말이다. 목사가 우리의 손에 생명의 빵을 놓고, 각 사람의 눈을 바라보고 이름을 부르면서 예수의 몸이 우리를 위해 부서졌다고 말한다. (매주 듣는 이 말에는 감동적인 무언가가 있다.) 레슬리나 캐롤, 혹은 알 같은 자원봉사자들이 우리의 눈을 바라보며 구원의 잔을 건네면서 예수께서 우리를 위해 죽으셨다는 것을 상기시킨다.

참고로, 우리의 교회 출석은 훨씬 더 꾸준해졌다. 우리는 '교회'가 어떤 이벤트가 아니라는 것, 그리고 목사의 설교가 전부가 아니라는 것을 이해하게 되었다. 교회에 출석하는 것은 신자들의 공동체에 연합하는 것이고, 신앙 안에서 양육되는 것이다. 교회란 본래 영혼의 일과 죄의 고백을 위한 곳이다. 교회는 관계와 공동체를 중요시하는 곳이며, 이를 구축하는 데는 시간이 필요하다. 교회의 본질은 알고 알려지는 것, 사랑하고 사랑받는 것, 섬기고 섬김을 받는 것이다. 우리의 교회 출석이 정기적인 것이 될 수 있었던 것은 우리가 더 이상 특정인의 설교에 초점을 맞추지 않기 때문이라고 나는 믿는다. 우리는 대개 주중에 누가 주일에 설교하는지조차 알지 못한다. 이제 그것은 우리에게 가장 중요한 문제가 아니다. 우리는 우리의 목사를 사랑한다. 그것은 그가 좋은 설교자이기 때문이 아니라(물론 그는 좋은 설교자다), 그가 온유하고 겸손하며, 우리의 이름을 알고, 우리를 기쁘게 맞아주기 때문이다.

목회한다는 것은 개인들과 회중 모두를 영적으로 양육하는 것을 의미한다. 목사들은 '영혼의 치유'라고 불리는 것과 유진 피터슨이 "사소한 대화의 사역"[11]이라고 부르는 것을 위해 계획되었다. 이것의 핵심은 평범한 삶이다. 다른 맥락에서 피터슨은 "바울이 삶에서 실천하고, 또 글로도 남겼듯이, 목회 신학은 관계적이다. 즉, 사람들은 관계 속에 있는 존재들로서 서로 얽혀 있다"[12]라고 말했다.

바울은 "날마다 모든 교회를 위하여 염려하는 것"(고후11:28)에 관해 말한다. 에베소 교회의 장로들에게 바울은 "그러므로 여러분이 일깨어 내가 삼 년이나 밤낮 쉬지 않고 눈물로 각 사람을 훈계하던 것을 기억하라"(행20:31)고 말한다. 바울은 연약했다. 그는 디도가 드로아에 도착하는 일이 늦어지자 "심령이 편하지 못했다."(고후2:12-13) 또한 고린도 교인들이 자기에게 마음을 열어주기를 원했다(고후7:2). 목사의 감정은 사람들이 그리스도 안에서 성장하는 방식에 의해 영향을 받는다. 더 많이 이야기할 수도 있지만, 이 정도로도 충분할 것이다.

교회란 무엇인가?

교회를 조직(또는 기관)으로 보는 것은 목사를 리더로 보는 것과 마찬가지로 위험하다. 어떤 단어를 선택하냐가 중요하다. 교회는 기업이 아니다. 교회는 상품을 생산하지 않는다. 교회는 성공을 평가할 때 측정 가능한 것을 기준으로 삼아 평가하지 않는다. 교회는 회중으로서나 개인으로서 그리스도처럼 되고자 노력하는 신자들의 공동체. 교회의 리더십이 특별한 것은 교회가 위계나 보고 체계를 기반으로 기능하지 않는 곳이기 때문이다. 오히려 교회는 오직 예수 그리스도의 머리 되심 아래에서 성령의 능력과 영감을 받아 하나님을 영화롭게 하며 예배하고 섬기기 위해 함께 일하는, 재능 있는 개인들의 상호의존을 기반으로 기능하는 곳이다.

교회가 **예수 그리스도**—히브리어와 그리스어를 엮어 만든 영어식 이름—를 주님이라고 부르는 것에서 교회가 어떤 존재가 되어야 하는지를 알 수 있다. **예수**는 히브리어 이름 '여호수아'(Yehoshua, 이는 조슈아[Joshua]로 번역될 수도 있다)에서 온 것인데, 이는 하나님이 건지시고, 구원하시고, 구출하신다는 것을 의미한다. **그리스도**는 히브리어 '마쉬아흐'(Mashiach, 여기서 메시아[Messia]라는 단어가 나온다)에서 온 것인데, 그것은 '기름 부음을 받은 자'를 의미한다. 그러므로 교회는 우리가 이스라엘의 하나님, 곧 언약의 약속에 충실하시고, 그분의 백성을 구속하시기 위해 기름 부음을 받은 자, 곧 그의 아들을 보내신 하나님을 따르는 사람들이라고 선언한다. 그런 이유로 교회는 이스라엘의 이야기를 성취하는 공동체다. 예수 그리스도에 대한 우리의 충성이 우리의 정체성을 세우고, 우리가 어떻게 살아야 하는지를 알려주고, 우리가 가야 할 곳을 제시하고, 우리를 기억과 소망으로 충만하게 한다.

교회는 조직이나 사업, 혹은 기업이 아니라 사람들이며, 다른 사람들을 하나님의 가족 안으로 포섭하는 수단이다. 우리의 목적은 이익이나 지위나 권력을 얻는 것이 아니라, 구속하는 것이며 회복하는 것이다. 주님이신 예수를 머리로 모시고 그 아래 모이는 사람들은 예수께서 십자가에서 이루신 (그리고 그분의 부활과 승천을 통해 완성하신) 구원의 구속 사역에 공감하며, '구원하시는 하나님'과 회복된 관계 안으로 들어간다. 예수께서는 우리를 죄에서 해방하시고, 사탄의 손아귀에서 구출하시고, 세상에서 작동하는 구조적 악에서 자유롭게 하신다. 이런 일들을 포괄하는 비즈니스 모델은 존재하지 않는다.

하나님의 언약은 이스라엘과 맺으신 것이지만, 이제 그분의 백성은 더 이상 이스라엘만이 아니다. 우리(교회)는 그 안으로 접붙여졌다(롬11:1-31; 엡2:11-3:6). 그런데 부끄럽게도 교회는 종종 하나님이 이스라엘과 맺으신 언약을 과거의 일인 것처럼 말해 왔다. 그러나 예수를 주님으로 여기는 사람이라면 누구도 하나님과 이스라엘 사이에 체결된 언약의 역사를 잊어서는 안 된다. 그들의 이야기는 곧 우리의 이야기다. 그렇다고 해서 교회가 단순히 이스라엘의 연장선에 머무는 것은 아니다. 교회의 놀라운 점은 이방인들, 즉 이전에 언약 밖에 있었고, 약속과는 무관했던 사람들을 포함하는 확장성에 있다. 교회는 한 분의 왕이신 예수 아래에 모인 구속된 사람들로서, 다민족적이고, 다국가적이고, 다부족적인—그로 말미암아 다문화적인—공동체다.

복음은 오늘날 성취 지향적이고 능력주의적인 세상—그곳에서는 성공이 성취와 숫자로 측정된다—속으로 침투한 후, **아니오, 아니오, 아니오**라고 선언한다. 복음은 성공이 숫자에 의해 측정되는 것이 아니라고 말한다. 그것은 목사와 교회에게는 완전히 다른 의

제, 즉 다른 사람들이 그리스도를 닮고 그 안에서 성장하도록 돕는 것이 있다고 말한다. 그것은 일생에 걸친 과정이자 열망이다. 우리는 모두 서로 다른 지점에서 그 길을 걸어가고 있다. 그것은 비즈니스 경영이나 리더십 원리가 아니라 사랑에 기반한 과정이다.

사도 요한의 말에 주목해보자.

> 하나님이 우리를 사랑하시는 사랑을 우리가 알고 믿었노니 하나님은 사랑이시라 사랑 안에 거하는 자는 하나님 안에 거하고 하나님도 그의 안에 거하시느니라 이로써 사랑이 우리에게 온전히 이루어진 것은 우리로 심판 날에 담대함을 가지게 하려 함이니 **주께서 그러하심과 같이 우리도 이 세상에서 그러하니라** 사랑 안에 두려움이 없고 온전한 사랑이 두려움을 내쫓나니 두려움에는 형벌이 있음이라 두려워하는 자는 사랑 안에서 온전히 이루지 못하였느니라
>
> _요한1서 4:16-18

성공의 재정의

목사의 소명과 교회의 소명은 사람들을 그리스도를 본받는 삶에서 성장하도록 키우는 것, 즉 사람들을 토브 안으로 양육하는 것이다. 하나님은 선하시고, 그리스도도 선하시다. 그러므로 그리스

도처럼 되는 것은 토브를 이루는 것이다. 이제 우리는 완전한 서클에 이르렀다. 토브 써클 전체는 그리스도 닮기 안에서 흡수되고 포괄적으로 표현된다.

그리스도 닮기라는 측면에서 성장은 숫자, 권력, 위신, 돈을 기준으로 삼아 측정되는 성취와 날카롭게 대조된다. 교회와 목사가 지속적으로 받는 유혹은 그리스도를 닮는 문화로부터 멀어져 세상의 문화 속으로 흡수되고자 하는 것이다.

그러나 토브라는 그리스도를 닮은 문화는 세상의 문화와 완전히 다른 무언가로 가득 차 있는데, 그것은 역설적이고 상식을 뒤엎는 그야말로 경이로운 것이다. 예수께서는 사람들을 불러 자신을 따라 십자가를 지게 하신다. 그리고 사도 바울은 그 십자가를 지는 삶으로 참된 성공의 의미를 다시 정의한다.

너희 안에 이 마음을 품으라 곧 그리스도 예수의 마음이니
　　그는 근본 하나님의 본체시나
　　　　하나님과 동등됨을 취할 것으로 여기지 아니하시고
오히려 자기를 비워
　　종의 형체를 가지사
　　　　사람들과 같이 되셨고
사람의 모양으로 나타나사
　　자기를 낮추시고
　　　　죽기까지 복종하셨으니
　　　　　곧 십자가에 죽으심이라

이러므로 하나님이 그를 지극히 높여

모든 이름 위에 뛰어난 이름을 주사

하늘에 있는 자들과 땅에 있는 자들과 땅 아래에 있는 자들로

모든 무릎을 예수의 이름에 꿇게 하시고

모든 입으로 예수 그리스도를 주라 시인하여

하나님 아버지께 영광을 돌리게 하셨느니라

_빌립보서 2:5-11

예수의 방법은 십자가를 지는 삶이다. 그러므로 예수와 연합한 사람들, 곧 예수를 따르고자 하는 사람들의 방법 역시 십자가를 지는 삶이어야 한다. 십자가를 지는 삶, 혹은 우리가 그리스도를 본받는 삶이라고 부르는 것은 타인을 위해 예수께 굴복하는 삶이다. 그것이 우리가 세우고, 격려하고, 양육하도록 부르심을 받은 토브 문화다.

토브 처치의 문화는 목사와 교인들이 이러한 추구와 소명을 지향하는 것이다. 토브는 목사에게—이것을 잘 이해하라—자신에게 속하지 않은 사람들이 아니라 자신에게 속한 사람들을 목양하라고 외친다. 그것이 어떤 형태든 성장이란 목사, 리더, 혹은 교회의 노력으로 이루어지는 것이 아니라 성령의 역사로 이루어지는 것이다.

어떤 목사와 교회의 리더, 그리고 회중들은 숫자에 중독되어 있고, 그래서 자신들과 타인들을 비교하며 평가한다. 그러나 오직 하나의 교회만 있을 뿐이다. 성장은 좋은 것이다. 하지만 교회의 목

적은 양적 성장이나 자리를 채우는 게 아니다. 교회의 목적은 그리스도께 순응하는 것이다. 그것이 하나님의 계획의 전부다. 바울이 로마의 교인들에게 한 말을 읽어보라. "하나님이 미리 아신 자들을 또한 그 아들의 형상을 본받게 하기 위하여 미리 정하셨으니"(롬 8:29). 이 단순한 말 속에 교회와 목사의 사명이 모두 들어 있다. 그것은 자신이 먼저 그리스도를 닮고, 또 다른 사람들이 그리스도를 닮도록 양육하는 것이다.

우리는 각 사람이 영적 은사를 활용하여 공동체 전체와 서로를 섬김으로써 서로가 좀 더 예수처럼 되도록 돕는다(고전12-14장). 그렇게 해서 우리는 성경이 "육체"라고 부르는 사악한 습관을 벗어던지고, 바울이 "성령의 열매"라고 부르는 토브의 습관을 입게 된다(갈5:13-25).

토브 처치에서 수행되는 매일의 사역에서 모든 성도의 영적 은사와 역할에 관해 한마디 하자면 다음과 같다. 모든 성도는 사역자이며, 모든 성도는 성령을 통해 은사를 얻으며, 모든 성도에게는 계속해서 수행해야 할 사역이 있다. 그 사역은 하나님이 각 사람에게 행하도록 준비시키신 것이다. 옥스퍼드 대학교에서 고대 그리스와 로마에 관해 가르치는 탁월한 학자이자 영국 성공회의 사제인 테레사 모건(Teresa Morgan)은 자신의 삶을 하나님이 주신 은사를 활용하는 과정으로 바라보게 된 배경에 대해 이렇게 말한다.

저는 스스로 교구에서는 사제로, 직장에서는 강사로 구분해서 보지 않고, 여러 장소에서 하나의 신앙의 삶을 살아가는 사람으로 생각했습니다. 그러면서 조금씩 한 사람이 어떻게 자신이 속한 직장 공동체 안에서, 그리고 그 공동체를 위해서, 사제의 역할을 감당할 수 있을지에 관해 몇 가지 아이디어가 떠오르기 시작했습니다.

거기에는 다른 사람들이 원하지 않을 경우 종교에 관해 많이 말하지 않는 것이 포함되었습니다. 제 동료들 대다수는 신앙이 없거나, 신앙은 있어도 그리스도인이 아니었습니다. 저는 개인적으로 그들을 존중했습니다. 저는 그들의 종교적 헌신뿐 아니라 다른 헌신들도 존중했습니다. 저는 점심을 먹을 때 내가 믿는 바를 강요함으로써 그들에게 소화불량을 일으킬 생각이 전혀 없었습니다. 저는 직장에서의 사역은 '말하는 것'보다 '보이는 것'에 중점을 두어야 한다고 생각했습니다.

저는 매일 제 주변 사람들에게 주의를 기울이려고 노력했습니다. 특히 그들이 실제적인 도움을 필요로 하거나, 격려 또는 단지 누군가의 경청을 필요로 할 때 그렇게 하려고 했습니다. 저는 필요한 경우에는 불평등이나 불친절, 혹은 불의에 대해서도 맞서서 말하고 행동했습니다. 저는 제 동료 및 학생들과 화목하게 지내고, 우리가 처한 모든 곳에서 용서와 화해를 키우고자 노력했습니다. 저는 교육을 하거나, 글을 쓰거나, 회의에 참여하거나, 또는 일상적인 행정을 수행하는 것을 통해, 제가 속한 기관이 더욱 사랑스럽고, 평화롭고, 즐거운 곳이 되게 하고, 나아가 그 특성을 더 넓은 세상과 공유하도록 돕는 방법을 모색했습니다. 마지막으로 저는 매일 하나님께 말씀드렸습니다. "저의 뜻이 아니라 당신의 뜻을 이루소서." 그리고 저는 하나님께서 저의 순종을 통해 이루시는 일을 지켜보았습니다.[13]

토브를 위한 청사진이 아닌가!

만약 우리가 사도 바울이 그의 교회들에서 집중했던 목표들에 똑같이 초점을 맞춘다면, 우리의 교회에서 어떤 일이 일어날까? 우리가 성공을 그리스도 닮기를 기준으로 측정하게 된다면, 어떤 일이 일어날까? 우리의 장로회와 집사회와 리더들의 모임에 어떤 일이 일어날까? 우리의 프로그램 운영과 설교와 음악에 어떤 일이 일어날까? 우리가 교회를 그리스도의 길을 점차 배워가는 죄인들의 학교로 재구상한다면, 어떤 일이 일어날까?

우리 모두가 알고 있듯이, 어떤 교회도 완전하지 않다. 우리가 앞서 언급한 기대에 부응하는 교회를 찾으려는 사람들은 곧 실망하게 될 것이다. 그럼에도 모든 교회는 토브 처치가 되기 위한 여정을 걸어야 한다. 토브 써클은 오늘날 우리 교회들에게 꼭 필요한 몇 가지 중요한 성경적 주제들을 보여준다.

우리는 무엇을 할 수 있는가?

당신은 이 책의 초반에서부터 이 질문을 염두에 두었을 것이다. **우리는 무엇을 할 수 있는가?** 기본적인 틀을 얻기 위해, 우리는 교회의 변화와 관련해 두 명의 전문가인 패트릭 키퍼트(Patrick Keifert)와 웨슬리 그랜버그-마이클슨(Wesley Granberg-Michaelson)의 연구를 참고했다. 그들은 지난 수십 년 동안 문화를 변화시키고자 했던 회중들과 함께 일하면서 그들의 접근법을 배우고 다듬었다.[14] 그들의 제안은 다섯 가지였는데, 우리는 이를 채택하고, 개작하고, 조정해서 우리의 토브 써클을 만들었다.

첫째, 당신의 교회를 향한 하나님의 사명을 토브(tov)로 표현하라. 그것은 예수를 더욱 닮아가기 위해 함께 일하는 것에서 완벽하게 드러난다.

둘째, 당신의 교회를 토브 안으로 이끄시는 하나님의 영의 창조적인 사역을 위해 공간을 마련하라. 그때 하나님의 영의 창조적인 사역을 프로그래밍하거나, 통제하거나, 제약하려고 하지 말라.

셋째, 모든 단계에서 토브가 당신의 교회 안에 뿌리를 내릴 수 있는 방법과 관련해서 성령이 밝히 보여주시는 것에 열려 있으라.

넷째, 말씀 안에 **거하라**. 즉, 정기적으로 함께 성경을 읽고, 그것을 통해 하나님이 당신들을 토브로 이끄시는 방식에 관해 듣는 시간을 가지라.

다섯째, 당신의 교회에서 유해한 문화를 제거하고 토브 처치로 형성해 가는 과정에서 다른 교회들과 협력하라.[15]

마무리 기도

자비로우신 아버지,

당신은 당신의 모든 백성의 마음과 생각과 행위를 아십니다.

당신은 모든 것을 알고 계시고,

그리스도 안에서 당신의 진리를 계시하십니다.

이 책에 언급된 목사들과 교회들을 포함해

당신의 백성인 우리에게

복음의 진리(그것은 우리의 가식과 권력욕과 죄를 벗깁니다)를 알게 하시고,

우리를 그리스도를 닮는 삶 속으로 이끄시는

당신의 은혜의 진리를 알게 하소서.

더 나아가, 오 주님,

교회에서 일어나는 이런 파괴적인 사건들에서

서로 반대편에 서 있는 사람들 가운데

풍성한 화해의 은총을 허락하소서.

그리하여 우리가 당신의 용서와 능력의 은혜를 알고

빛 속에서 살며,

당신께 모든 영광을 돌리는 길을 걷게 하소서.

당신과 그리고 성령과 함께 이제와 영원히 살아계시며,

한 분 하나님이신 예수 그리스도를 통해 기도합니다.

아멘.

감사의 글

무엇보다 먼저 우리는 윌로우 크릭 교회의 용기 있는 여성들인 본다 다이어, 케리 라두서, 낸시 비치, 낸시 오트버그, 줄리아 윌리엄스, 모어 기킨스, 팻 바라노브스키, 그리고 이름을 밝히기를 원하지 않는 다른 모든 사람들에게 경의를 표한다. 또한 리앤 멜라도, 지미 멜라도, 그리고 베티 슈미트에게 깊은 존경을 표한다.

옳은 일을 행하기 위해 모든 것을 포기했던 스티브와 사라 카터에게도 경의를 표한다. 그것은 쉬운 일이 아니었고, 지금도 여전히 쉽지 않다. 우리는 이 책의 내용이 그들에게 용기를 주기를 바란다. 당신들의 희생을 잘 알고 있다. 당신들을 알게 되어 정말 감사하다.

이 책은 많은 분들의 아낌없는 지지가 없었다면 결코 쓰일 수 없었을 것이다.

크리스, 그녀는 이 여정의 모든 순간에 우리와 함께 있었고, 조언을 아끼지 않았고, 수많은 대화를 곁에서 들었으며, 우리가 임상 심리학자인 그녀의 전문지식을 듣고자 계속 질문할 때마다 기꺼이 대답해 주었다. 여성들에 대한 그녀의 지속적인 옹호와 학대적 권력을 꿰뚫어 보는 그녀의 통찰력 덕분에 이 책이 좀 더 나은 내용으로 채워질 수 있었다.

마크, 그 역시 매 순간 우리와 함께하며 수많은 대화에 참여했다. 사고를 자극하는 그의 질문들 덕분에 이 책에 담긴 더 깊고 의미 있는 생각들을 발전시킬 수 있었다. 내가 2019년 여름 내내 우리 집 부엌 테이블에 앉아 원고를 쓰고 있을 때, 그는 무심코 옆으로 지나가다가 이 책의 또 하나의 장을 위한 영감을 주기도 했다. 때로는 이름으로, 하지만 항상 지혜로 그렇게 해주었다.

마이크 브로, 그는 우리의 원고를 읽은 후 아주 소중한 조언과 통찰을 제공해 주었다. 그가 나눠준 지혜에 감사드린다. 그가 원고를 읽고 정직한 피드백을 주었기 때문에 이 책이 훨씬 나아졌다.

나(로라)는 윌로우 크릭 교회의 이야기가 공개된 후 몇 달간 내 주변의 관계들이 황폐해지는 것을 경험했다. 그러나 베키 벨리토, 브리나 윌리암슨, 그리고 루스 그릭슨, 그들의 우정은 계속되었고, 지금도 그들은 내게 안식처가 되고 있다. 아만다 바네코와 제이미 패트릭, 그들에게 감사를 전한다. 그리고 로리 존슨과 도나 클래피, 그들이 끊임없는 인내를 가지고 내 이야기에 귀를 기울여준 것에 감사한다.

마냐 브래치어 패쉬먼과 밥 스미타나가 보여준 언론인으로서의 전문성과 헌신적인 취재는 우리에게 큰 용기와 영감을 주었다. 그들은 윌로우 크릭 교회의 이야기를 세상에 알린 공로를 인정받을 만하다.

리디머 교회가 우리가 기뻐하는 토브의 문화를 만들어준 것에 감사한다.

조엘 웨버와 미치 리틀, 그들의 우정과 지혜에, 그리고 이 책에 대한 조언에 깊이 감사한다.

나(스캇)는 나와 함께 교회 문화에 관해, 토브에 관해, 리더들에 관해, 그리고 교회가 잘못되어 가고 있는 것과 그 이유에 관해 대화를 나눴던 수많은 친구들을 일일이 기억할 수조차 없다. 나의 학생들은 종종 날카로운 질문을 던졌는데, 그 질문들 덕분에 나는 불편하더라도 깊이 고민해야 했고, 결국 이 책의 내용을 더 나은 방향으로 이끌 수 있었다. 어떤 학생들은 옳은 것을 옹호하는 데 매우 단호했고, 거듭해서 내게 용기를 북돋워 주었다. 나의 동료인 데이비드 피치는 여러 해 동안 내 앞에서 대형교회들에 대한 불만을 신랄하게 쏟아냈다. 그러나 그런 비판을 넘어 그는 미국의 대형교회들에서 벌어지고 있는 일의 복잡성과 (때때로) 그런 교회들의 부패를 이해하는 몇 안 되는 사람 중 하나다. 라이언 마호니와 스콧 브리언트에게 감사한다. 그들은 몇 차례에 걸쳐 내게 하베스트 바이블 채플에 관해 말해 주었다. 당신들은 혼자가 아니다.

여기서 거명할 수 없는 사람들도 있다. 하지만 그들의 의견 덕분에 우리의 이해가 더 넓고 깊어졌다. 특히 두 사람에게서 나는 내가 알고 싶었던 것보다 훨씬 더 많은 것을 배웠다.

교회 문화의 붕괴를 처리하는 방법에 대해 아이디어를 제공해 준 다이앤 챈들러에게 감사한다.

우리는 틴데일 출판사의 아주 멋진 편집팀원들인 존 파라, 얀 롱 해리스, 질리안 슈로스버그에게 감사한다. 데이브 린드스테트, 그는 놀라운 세심함으로 우리를 대해주었고, 우리의 말을 경청하며, 책을 편집해 주었다.

마지막으로, 우리는 잘못된 교회 문화에 저항하는 과정에서 상처를 입은 모든 사람들에게 경의를 표한다.

A CHURCH CALLED

TOV

טוב 토브: 선함

A CHURCH CALLED

TOV

주(主)

들어가면서

1) *Glory Descending: Michael Ramsey and His Writings*, ed Douglas Dales et al. (Grand Rapids: Eerdmans, 2005), 102.

2) Jacques Ellul, *Money and Power*, trans. La Vonne Neff (Eugene, OR: Wipf and Stock, 2009), 18.

서론: 우리가 처한 상황

1) Manya Bracher Pashman and Jeff Coen, "After Years of Inquiries, Willow Creek Pastor Denies Misconduct Allegations," *Chicago Tribune*, March 23, 2018, www.chicagotribune.com/news/local/breaking/ct-met-willow-creek-pastor-20171220-story.html.

2) Pashman and Coen, "After Years of Inquiries."

3) Pashman and Coen, "After Years of Inquiries."

4) Pashman and Coen, "After Years of Inquiries."

5) Scot McKnight, "About Willow Creek: What Do I Think?" *Jesus Creed* (blog), June 27, 2018, https://www.patheos.com/blogs/jesuscreed/2018/0627about-willow-creek-what-do-i-think.

6) Harvest Bible Chapel, "November 3, 2019 Elder Update," www.harvestbiblechapel.org/2019/11/03/november-3-2019-elder-update.

7) Kate Shellnutt, "Sovereign Grace Calls Outside Investigation 'Impossible,'" *Christianity Today*, April 18, 2019, https://www.christianitytoday.com/news/2019/april/sovereign-grace-churches-sgc-sgm-independent-investigation-.html.

8) Alex Johnson, "Tennessee Pastor Andy Savage Resigns Weeks after Admitting 'Sexual Incident' with Minor," *NBC News*, March 20, 2018, https://www.nbcnews.com/storyline/sexual-misconduct/tennessee-pastor-andy-savage-resigns-weeks-after-admitting-sexual-incident-n858541;

그리고 Leonardo Blair, "Megachurch Pastor Resigns over Allegations of Sex with 18-Year-Old Members of Youth Group 17 Years Ago," Christian Post, November 29, 2019, https://www.christianpost.com/news/megachurch-pastor-resigns-over- allegations-of-sex-with-18-year-old-members-youth-group.html.을 보라.

9) Sarah Pulliam Bailey, "Mark Driscoll Removed from the Acts 29 Church Planting Network He Helped Found," *Washington Post*, August 8, 2014, https://www.washingtonpost.com/national/religion/mark-driscoll-removed-from-the-acts-29-church-planting-network-he-helped-found/2014/08/08/e8e6137c-1f41-11e4-9b6c-12e30cbe86a3_story.html.

10) Plaintiff 's Amended Original Complaint and Jury Demand, *Jane Roe v. Leighton Paige Patterson and Southwestern Baptist Theological Seminary*, Civil No. 4:19-cv-00179-ALM-KPJ, document 8, filed 5/22/19, page 8 of 34, PageID#: 77, item 25, https://baptistblog.files.wordpress.com/2019/06/amended-complaint.pdf.

1장 모든 교회는 문화다

1) David Brooks, *The Second Mountain: The Quest for a Moral Life* (New York: Random House, 2019), 22.

2) David Brooks, *The Second Mountain*, xxxi.

3) Andy Crouch, *Culture Making: Recovering Our Creative Calling* (Downers Grove, IL: IVP, 2008), 23. 볼드체는 덧붙인 것임.

4) Crouch, *Culture Making*, 69. 볼드체는 덧붙인 것임.

5) "Uncovering and Facing Spiritual Abuse," The Barnabas Ministry, 2006, www.barnabasministry.com/recovery-uncovering.html.

2장 유해한 문화의 조기 경고 신호

1) "Narcissistic Personality Disorder," Mayo Clinic, www.nayoclinic.org/diseases-conditions/narcissistic-personality-disorder/symptoms-causes/sys-20366662.

2) "Narcissistic Personality Disorder," Mayo Clinic.

3) James C. Galvin, *Willow Creek Governance Review*, 2014-2018, April 14, 2019: 3, https://gallery.mailchimp.com/dfd0f4e0c107728235d2ff080/files/6d3bafc4-0b43-450c-8e1e-4eb1c80771e2/Report_on_Governance_Review_2014_2018_FINAL.pdf.

4) Ronald M. Enroth, *Churches That Abuse* (Grand Rapids: Zondervan, 1992), 202-203.

5) Galvin, *Willow Creek Governance Review*, 3, 5.

6) Galvin, *Willow Creek Governance Review*, 3-5.

7) Galvin, *Willow Creek Governance Review*, 4.

8) Galvin, *Willow Creek Governance Review*, 5.

9) Julie Roys, "Hard Times at Harvest," *World magazine*, December 13, 2018, http://world.wng.org/2018/12/hard_times_at_harvest.

10) "James MacDonald Harvest Bible Chapel Excommunication," Internet Archive, September 19,

2013, https://archive.org/details/JamesMacDonaldHarvestBibleChapel, 3:28-3:33.

11) Roys, "Hard Times at Harvest."

12) Roys, "Hard Times at Harvest."

13) Anthony Everitt, *The Rise of Athens* (New York: Random House, 2016), 68.

14) Ellen F. Davis, *Proverbs, Ecclesiastes, and the Song of Songs* (Louisville, KY: Westminster John Knox, 2000), 27.

15) Ronald Enroth, Churches That Abuse (Grand Rapids: Zondervan, 1992), 196.

16) Jerry Useem, "Power Causes Brain Damage," *The Atlantic*, July/August 2017, www.theatlantic.com/magazine/archive/2017/07/power-causes-brain-damage/528711.

17) David Owen and Jonathan Davidson, "Hubris Syndrome: An Acquired Personality Disorder? A Study of US Presidents and UK Prime Ministers over the Last 100 Years," *Brain* 132, no. 5, May 2009, 1396-1406, https://academic.oup.com/brain/article/132/5/1396/354862

18) Owen and Davidson, "Hubris Syndrome."

19) https://bakerbookhouse.com/products/what-do-they-hear-bridging-the-gap-between-pulpit-pew-9780687642052.에 실려 있는 제품 설명에서.

20) Bill Hybels, *Axiom: Powerful Leadership Proverbs* (Grand Rapids: Zondervan, 2008), 145.

21) Hybels, *Axiom*, 145-146.

22) Jill Monaco, "Detoxing after Working at Harvest Bible Chapel," http://jillmonaco.com/detoxing-after-working-at-harvest-bible-chapel.

3장 유해한 문화가 비판에 대응하는 방식

1) Bob Smietana, "Bill Hybels Accused of Sexual Misconduct by Former Willow Creek Leaders," *Christianity Today*, March 22, 2018, www.christianitytoday.com/news/2018/march/bill-hybels-misconduct-willow-creek-john-nancy-ortberg.html.

2) Bob Allen, "Paige Patterson claims First Amendment defense in abuse lawsuit," *Baptist News Global*, August 27, 2019, https://baptistnews.com/article/paige-patterson-claims-first-amendment-defense-in-abuse-lawsuit/#.XWpcf5NKgn1. 볼드체는 강조를 위해 덧붙인 것임.

3) Boz Tchividjian, 2019년 10월 3일에 있었던 남침례회의 Caring Well Conference에서 행한 연설. Tchividjian은 또한 이 책의 저자들에게 타이핑하거나 손으로 쓴 메모들을 전해 주었다. 그의 연설 비디오는 www.facebook.com/flyingfreenow/videos/1136635310058916에서 찾아볼 수 있다.

4) Jim Van Yperen, "How Can a Church Witness Well in the Aftermath of Sexual Abuse?" *Misio Alliance*, February 28, 2018, www.missioalliance.org/can-church-witness-well-aftermath-sexual-abuse.

5) Van Yperen, "How Can a Church Witness Well"

6) Robert Cunningham, 2017년 11월 17일자 트위터, http://twitter.com/tcpcrobert/status/931593423010975744.

7) Robert Cunningham, "Addressing Our Past," Tates Creek Presbyterian Church, June 24, 2018, https://tcpca.org/addressing-our-past.

8) Cunningham, "Addressing Our Past."

9) Morgan Eads, "Lexington Church Releases Findings of Investigation into Ex-pastor Accused of Rubbing Feet," *Lexington Herald Leader*, June 10, 2019, www.kentucky.com/news/local/counties/fayette-county/article231381283.html

10) Cunningham, "Addressing Our Past."

11) Cunningham, "Addressing Our Past."

12) Cunningham, "Addressing Our Past."

13) Cunningham, "Addressing Our Past." 볼드체는 덧붙인 것임.

14) Robert Cunningham, "Addressing Our Present & Future," Tates Creek Presbyterian Church, June 8, 2019, https://tcpca.org/addressing-our-present-future?fbclid=IwAR2RQVocpSiZeNKrE1NQelR ASWKm_DGLi57LTmyYk5hGRqUlbb2KIbbIOWc.

15) 이 구절의 영어 번역은 다양하다. 그리스어는 '형제' 혹은 '형제자매'다. 그러므로 '교회의 구성원'은 타당한 번역이다.

16) 마태복음 18장에 대한 오용은 기관의 배신의 한 사례로, 여기서는 피해자와 고발자를 처벌하려는 시도로 간주된다. 기관의 배신에 관해 더 읽고자 한다면, Carly Parnitzke Smith and Jennifer J. Freyd, "Institutional Betrayal," *American Psychologist* 69, no 6, September 2014, 575-587; https://dynamic.uoregon.edu/jjf/articles/sf2014.pdf를 보라.

17) "04-10-18 Willow Creek Bill Hybels Early Retirement Mtg," Brandy Bo Bandy YouTube channel, www.youtube.com/watch?v=H1M6atmmFe8, 21:43-21:53.

18) Vonda Dyer, 2020년 1월 4일, 이 책의 저자들과 나눈 대화.

19) Jennifer Babich, "Why 2 Women Are Speaking Up about Pastoral Abuse 17 Years after Being Told to Stay Silent," Clarksville(TN), *Leaf Chronicle*, November 7, 2019, www.theleafchronicle.com/story/news/2019/11/05/first-baptist-clarksville-pastor-abuse-wes-feltner-berean-baptist-claims/4158696002.

20) Chris Smith, "Pastor Resigns After Abuse Allegations Derailed Hiring by First Baptist Clarksville," Clarksville, *Leaf Chronicle*, November 26, 2019, https://www.theleafchronicle.com/story/news/local/clarksville/2019/11/26/pastoral-abuse-candidate-rejected-first-baptist-resigns/4311127002.

21) NIV(번역본에서는 개역개정역—옮긴이).

22) "Anne Marie Miller's Victim Impact Statement after Guilty Plea from Mark Aderholt and Other Women Come Forward," http://annemariemiller.com/2019/07/02/anne-marie-millers-victim-impact-statement-after-guilty-plea-from-mark-aderholt-and-other-women-come-forward/?preview=true; "I Was Assaulted. He Was Applauded," New York Times, March 9, 2018, www.nytimes.com/2018/03/09/opinion/jules-woodson-andy-savage-assault.html.

23) Robert Carl Mickens, Frédéric Martel, *In the Closet of the Vatican*, trans. Shaun Whiteside (London: Bloomsbury Continuum, 2019), 423에서 재인용.

4장 가짜 내러티브

1) 나(스캇)는 제2차 세계대전이 끝난 후 홀로코스트의 실체가 밝혀졌을 때 독일의 루터교 교회들이 대응했던 방식에 관한 연구 논문을 읽는 동안 가짜 내러티브의 목록을 편집하기 시작했다. 나는 Mattew D. Hockenos, *A Church Divided: German Protestants Confront the Nazi Past* (Bloomington, IN: Indiana University Press, 2004)를 읽을 것을 추천한다. 또한 Bo Tchividjian, "False Narratives of Christian Leaders Caught in Abuse," *Religion News Service*, August 28, 2015, https://religionnews.com/2015/08/false-narratives-of-christian-leaders-caught-in-abuse를 보라.

2) "기관의 배신"(institutional betrayal)에 관해 더 알고자 한다면, Carly Parnitzke Smith and Jennifer J. Freyd, "Institutional Betrayal," *American Psychologist* 69, no. 6, September 2014, 575-587, https://dynamic.uoregon.edu/jjf/articles/sf2014.pdf를 보라.

3) Morgan Lee, "My Larry Nassar Testimony Went Viral. But There's More to the Gospel than Forgiveness," *Christianity Today*, January 31, 2018, www.christianitytoday.com/ct/2018/january-web-only/rachael-denhollander-larry-nassar-forgiveness-gospel.html. 볼드체는 덧붙인 것임.

4) Nancy Beach, "My Response to the 'Apology,'" personal blog, May 11, 2018, www.nancylbeach.com/blog/myresponsetotheapology.

5) Wade Burleson, "You Can't Forgive Foolishness: James MacDonald on 'Spiritual Authority' Invested in the Church Elders," Istoria Ministries (blog), September 17, 2014, www.wadeburleson.org/2014/09/you-cant-forgive-foolishness-james.html. 볼드체는 원래의 것임.

6) Burleson, "You Can't Forgive Foolishness."

7) Keri Ladouceur, 2019년 9월 11일, 로라 맥나이트 배린저와의 대화.

8) "Prohibited Employment Policies/Practices," US Equal Employment Opportunity Commission, www.eeoc.gov/laws/practices.

9) Keri Ladouceur, 앞에서 언급한 대화.

10) "[하이벨스는] 자신이 [낸시] 비치에게 그녀가 원하는 것만큼 가르칠 기회를 주지 않았다고 회상했으나, 그것이 그녀가 자신에게 불리한 의혹을 제기하도록 만들었는지에 대해서는 알지 못한다고 말했다. 그럼에도 그는 자신이 아무것도 잘못한 것이 없다고 주장했다. 하이벨스는 「트리뷴」에 '2016년에 (의혹이) 제기되었을 때, 나는, 아니, 누가 그것을 왜곡했지? 하고 생각했어요.'라고 말했다." Manya Brachear Pashman and Jeff Coen, "After Years of Inquiries, Willow Creek Pastor Denies Misconduct Allegations," *Chicago Tribune*, March 23, 2018, https://www.chicagotribune.com/news/breaking/ct-met-willow-creek-pastor-20171220-story.html. 에서 재인용.

11) Bill Hybels, Laurie Goodstein, "He's a Superstar Pastor. She Worked for Him and Says He Groped Her Repeatedly," *New York Times*, August 7, 2018, https://www.nytimes.com/2018/08/05/us/bill-hybels-willow-creek-pat-baranowski.html. 에서 재인용.

12) Betty Schmidt, "Shining the Light on the Truth," personal blog, April 10, 2018, https://veritasbetold.wixsite.com/website.

13) 이 글을 쓰고 있는 지금까지도 윌로우 크릭은 베티 슈미트에게 공개적으로 사과하지 않았고, 지도부가 그녀의 말을 특징지었던 방식을 고치지도 않았다.

14) "Gaslighting," Wikipedia, https://en.wikipedia.org/wiki/Gaslighting.

15) Paige L. Sweet, "The Sociology of Gaslighting," *American Sociological Review* 84, no. 5 (2019): 852, https://www.asanet.org/sites/default/files/attach/journals /oct19asrfeature.pdf.

16) Sweet, "The Sociology of Gaslighting."

17) Stephanie Sarkis, "Why Narcissists and Gaslighters Blatantly Lie—and Get Away with It," *Forbes*, June 2, 2019, www.forbes.com/sites/stephaniesarkis/2019/06/02/why-narcissists-and-gaslighters-blatantly-lie-and-get-away-with-it/#7c68c84f43b0.

18) "Silent No More: A Survivor of Sexual Assault by Prominent Memphis Pastor Andy Savage Shares Her Story," Watchkeep (blog), January 5, 2018, http:// watchkeep.blogspot.com/2018/01/silent-no-more-survivor-of-sexual.html.

19) "03-23-18 Willow Response to Hybels Allegations Pt 1," Brandy Bo Bandy YouTube channel, www.youtube.com/watch?v=ojmS_uEhQRo, 9:45-10:35.

20) Pam Orr, Bob Smietana, "Bill Hybels Accused of Sexual Misconduct by Former Willow Creek Leaders," *Christianity Today*, March 22, 2018, www .christianitytoday.com/news/2018/march/bill-hybels-misconduct-willow-creek-john-nancy-ortberg.html.에서 재인용.

21) "03-23-18 Willow Response to Hybels Allegations Pt 1," 11:13-11:39. 볼드체는 덧붙인 것임.

22) Nancy Beach, "Why We Can't Move On," personal blog, April 11, 2018, www.nancylbeach.com/blog/2018/4/11/why-we-cant-move-on.

23) "Defendant Fails to Uncover Desired Scandal, Opting to Publish Old Gossip," Harvest Bible Chapel, December 13, 2018, www.harvestbiblechapel.org/2018/12/13/defendant-fails-to-uncover-scandal.

24) Wade Mullen, "Deciphering the Language of Harvest Bible Chapel," *Medium*, February 20, 2019, https://medium.com/@wademullen/deciphering-the-language-of-harvest-bible-chapel-4a88fa0f83d7.

25) Wade Mullen, "Deciphering the Language of Harvest."

26) Wade Mullen, "Deciphering the Language of Harvest."

27) Rachel Held Evans, "How [Not to] Respond to Abuse Allegations: Christians and Sovereign Grace Ministries," personal blog, February 28, 2013, https://rachelheldevans.com/blog/sovereign-grace-ministries-abuse-allegations.

28) Mark Galli, "We Need an Independent Investigation of Sovereign Grace Ministries," *Christianity Today*, March 22, 2018, www.christianitytoday.com /ct/2018/march-web-only/sovereign-grace-need-investigation-sgm-mahaney -denhollander.html.

29) Mary DeMuth, Twitter, September 3, 2019, https://twitter.com/MaryDeMuth/status/11689009829422595.

30) "Bylaws: 10.4 Formal Dispute Resolution," The Village Church, https:// thevillagechurch.net/about/beliefs/bylaws/#10.4. 볼드체는 덧붙인 것임.

31) Elizabeth Dias, "Her Evangelical Megachurch Was Her World. Then Her Daughter Said She Was Molested by a Minister," *New York Times*, June 10, 2019, www.nytimes.com/2019/06/10/us/southern-baptist-convention-sex-abuse.html.

32) Dias, "Her Evangelical Megachurch."

33) Dias, "Her Evangelical Megachurch."

34) Elizabeth Dias, "An Evangelical Megachurch Is Sued for More Than $1 Million in Child Sexual Abuse Case," *New York Times*, July 26, 2019, nytimes.com/2019 /07/26/us/village-church-texas-sexual-abuse-lawsuit.html.

35) Elizabeth Dias, "Her Evangelical Megachurch."

36) Mitch Little, 2019년 7월 3일, 스캇 맥나이트에게 보낸 문자 메시지.

37) Julie Roys, "Hard Times at Harvest," *World magazine*, December 13, 2018, https://world.wng.org/2018/12/hard_times_at_harvest.

38) Jennifer Babich, "Why 2 Women Are Speaking Up about Pastoral Abuse 17 Years after Being Told to Stay Silent," *Clarksville, Leaf Chronicle*, November 7, 2019, www.theleafchronicle.com/story/news/2019/11/05/first-baptist-clarksville-pastor-abuse-wes-feltner-berean-baptist-claims/4158696002.

39) John Bacon, "Pope: Answer Those Who 'Only Seek Scandal' with Silence, Prayer," *USA Today*, September 3, 2018, www.usatoday.com/story/news/world/2018/09/03/pope-answer-those-who-only-seek-scandal-silence-prayer/1184690002.

40) Bacon, "Pope."

41) Rome Reports, "Pope Francis at Santa Marta: Respond to People Only Seeking Destruction with Silence," YouTube, September 3, 2018, www.youtube.com /watch?time_continue=53&v=haTEtx ImNiQ&feature=emb_title, 0:53-1:08.

42) Keri Ladouceur, 대화.

43) "03-23-18 Willow Response to Hybels Allegations Pt 1," 52:36-52:46. 볼드체는 덧붙인 것임.

44) "03-23-18 Willow Response," 47:52-48:25.

45) "03-23-18 Willow Response," 44:38-46:56.

46) Nancy Ortberg, "Flawed Process, Wounded Women," personal blog, April 12, 2018, www.nancyortberg.com.

47) Ortberg, "Flawed Process."

48) "Sovereign Grace Churches Will Not Seek an Independent Investigation into Abuse Allegations," *Relevant*, April 16, 2019, https://relevantmagazine.com/god/church/sovereign-grace-churches-will-not-seek-an-independent-investigation-into-abuse-allegations.

49) Wade Mullen, "What I've Observed When Institutions Try to Apologize and How They Can Do Better," personal blog, July 19, 2019, https://wademullen.xyz/2019/07/19/institutional-apologies.

50) Wade Mullen, "What I've Observed."

51) Wade Mullen, "What I've Observed."

52) Wade Mullen, "What I've Observed."

53) Wade Mullen, "What I've Observed."

54) Wade Mullen, "What I've Observed."

5장 선한 문화 만들기

1) Scot McKnight, "Willow: Why the Women Went Public?" *Jesus Creed* (blog), July 9, 2018, https://www.patheos.com/blogs/jesuscreed/2018/07/09/willow-why-the-women-went-public

2) 로마서 12:21; 갈라디아서 6:9; 에베소서 2:10; 데살로니가전서 5:15; 데살로니가후서 3:13; 디모데후서 3:17; 디도서 3:8; 히브리서 13:16, 20-21; 야고보서 3:13; 베드로전서 3:11.

3) 선함은 모든 행위를 지배하는 "실행적"(executive) 미덕이며, 하나의 특정한 명령이나 금지로 축소될 수 없다. 선한 사람은 무엇이 선한지 식별하고 오랜 시간 동안 반복적으로 선을 행하는 사람이다. 선함에 관한 통찰력 있는 연구를 위해서는, Christopher J. H. Wright, *Cultivating the Fruit of the Spirit: Growing in Christlikeness* (Downers Grove, IL: IVP, 2017), 특히 97-112를 보라.

4) 창세기 1장에 나오는 토브(tov)에 대한 그리스어 번역은 칼로스(kalos)인데, 그것은 '탁월한'(excellent) 그리고 '아름다운'(beautiful)을 의미한다.

5) Scot McKnight, *The Jesus Creed: Loving God, Loving Others*, 2nd edition (Paraclete, 2019)을 보라.

6) 몇 가지 중요한 예가 있다. 내가 좋아하는 두 구절은 갈라디아서 6:9-10과 로마서 12:9이다. 또한 NIV에 나오는 다음의 구절들을 보라. 고린도후서 9:9; 골로새서 1:10; 데살로니가후서 3:13; 그리고 특별히 디도에게 보낸 바울의 목회서신 중 디도서 1:8; 2:3, 13-14; 3:1-2, 8, 14.

7) NIV. 볼드체는 덧붙인 것임. (같은 단어를 NIV는 generous로, 한글 개역개정역은 '선하다'로 번역했다—옮긴이)

8) 볼드체는 덧붙인 것임.

9) "Virginia Coach Bennett Rejects Raise in New Deal," ESPN, September 16, 2019, https://www.espn.com/mens-college-basketball/story/_/id/27629534/virginia-bennett-rejects-raise-new-deal.

10) 또한 베드로전서 2:20; 3:11, 17도 보라.

11) 히브리 성경의 그리스어 역인 칠십인역(LXX)에서 히브리어 *tov*는 거의 60차례나 그리스어 eu로 번역된다. 예컨대, 신명기 5:16에서 우리는 "부모를 공경하라 그리하면 네 하나님 여호와가 네게 준 땅에서 네 생명이 길고 복을 누리리라"는 말씀을 듣는데, 여기서 "복을 누리리라(잘 되리라)"가 히브리어로 *tov*이고, 이를 그리스어로 *eu*로 표현했다.

12) 예컨대, 마태복음 8:2-4을 보라.

6장 토브 처치는 공감을 키운다

1) Perches Funeral Home Facebook post, August 13, 2019, https://www.facebook.com/PerchesFuneralHome/photos/a.1347174618643225/2867142816646390/?type=3&theater.

2) Audra D. S. Burch, "In El Paso, Hundreds Show Up to Mourn a Woman They Didn't Know," *New York Times*, August 16, 2019, https://www.nytimes.com/2019/08/16/us/el-paso-funeral-basco.html.

3) Tal Axelrod, "Hundreds Join Widower to Attend Funeral of El Paso Shooting Victim," *The Hill*, August 16, 2019, https://thehill.com/blogs/blog-briefing-room/news/457793-hundreds-attend-funeral-of-el-paso-shooting-victim-after.

4) "Supporting Margie Reckard Family," GoFundMe, created August 7, 2019, https://www.gofundme.com/f/1pvhtdot9c?stop=1.

5) Adolfo Flores, "His Wife Died in the El Paso Shooting and He Has No Other Family, So Hundreds Showed Up for Her Funeral," *BuzzFeed News*, August 17, 2019, https://www.buzzfeednews.com/article/adolfoflores/el-paso-funeral-man-no-family-antonio-basco-margie-reckard.

6) Beverly Engel, "What Is Compassion and How Can It Improve My Life?," *Psychology Today*, April 29, 2008, https://www.psychologytoday.com/us/blog/the-compassion-chronicles/200804/what-is-compassion-and-how-can-it-improve-my-life.

7) Beth Moore는 가부장적 상호보완론(complementarianism, 결혼과 가정생활, 그리고 종교 지도자의 측면에서 남성과 여성이 맡는 역할이 상호보완적으로 서로 다르다는 입장―옮긴이)을 교회 내의 여성에 대한 학대와 연관시켜 왔다. 우리는 그녀가 그렇게 하는 것이 옳다고 믿는다. Leah MarieAnn Klett, "Beth Moore Answers: Does Complementarian Theology Cause Abuse within the Church?," *Christian Post*, October 6, 2019, https://www.christianpost.com/news/beth-moore-answers-does-complementarian-theology-cause-abuse-within-the-church.html를 보라.

8) Jen Pollock Michel, "A Message to John MacArthur: The Bible Calls Both Men and Women to 'Go Home,'" *Christianity Today*, October 24, 2019, https://www.christianitytoday.com/ct/2019/october-web-only/john-macarthur-bible-invites-both-men-women-go-home.html.

9) "Memorial to the Women of World War II," *Atlas Obscura*, https://www.atlasobscura.com/places/memorial-to-the-women-of-world-war-ii.

10) 기념물 설계자 John Mills, "Memorial to the Women of World War II"에서 재인용.

11) 다시 말하거니와, 비록 여기서 우리가 여성에게 초점을 맞추고는 있으나, 우리가 하는 모든 말은 주변화되고, 상처를 입고, 침묵을 강요당하는, 혹은 교회 안에서 이름이 없고, 얼굴이 없고, 형체가 없는 모든 자매와 형제들에게 해당한다. 토브 문화의 핵심은 모두가 존중받고 가치 있게 평가되고 자기 목소리를 갖는 것이다.

12) Laceye C. Warner, *Saving Women: Retrieving Evangelistic Theology and Practice* (Waxo, TX: Baylor University Press, 2007), 223.

13) Warner, *Saving Women*, 224.

14) Mary McLeod Bethune, "Closed Doors (2936)," in *Mary McLeod Bethune: Building a Better World*, Audrey Thomas McCluskey and Elaine M. Smith, eds. (Bloomington, IN: Indiana University Press, 1999), 211.

7장 토브 처치는 은혜를 키운다

1) Harold L. Senkbeil, *The Care of Souls: Cultivating a Pastor's Heart* (Bellingham, WA: Lexham Press, 2019), 24-25.

2) John M. G. Barclay, *Paul and the Gift* (Grand Rapids: Eerdmans, 2015), 6, 575.

3) James D. G. Dunn, *The Acts of the Apostles*, Narrative Commentaries (Valley Forge, PA: Trinity Press International, 1966), 12.

4) C. S. Lewis, *Mere Christianity* (New York: Macmillan, 1943), 104.

8장 토브 처치는 사람을 우선시하는 문화를 키운다

1) Fred Rogers, "I Give an Expression of Care Every Day to Each Child," *Current*, May 2, 1969, https://current.org/1969/05/i-give-an-expression-of-care-every-day-to-each-child/.

2) Maxwell King, *The Good Neighbor: The Life and Work of Fred Rogers* (New York: Abrams Press, 2018), 317-318.

3) Tom Junod, *Maxwell King, The Good Neighbor*, 305에서 재인용.

4) King, *The Good Neighbor*, 202.

5) King, *The Good Neighbor*, 9.

6) Mitch Randall, "Theological Malpractice Stands Culpable in Sexual Abuse," EthicsDaily.com, August 15, 2019, https://ethicsdaily.com/ theological-malpractice-stands-culpable-in-sexual-abuse/.

7) Randall, "Theological Malpractice."

8) David Brooks, *The Second Mountain: The Quest for a Moral Life* (New York: Random House, 2019), 60-62에서 재인용.

9) Brooks, The Second Mountain, 62에서 재인용.

10) Communities In Schools 웹사이트, "About Us: Our History," www.communitiesinschools.org/about-us.

11) NLT.

12) NRSV.

13) 마태복음 9:36; 14:14; 마가복음 1:41. (개역개정역에는 모두 "불쌍히 여기다"로 번역되어 있다—옮긴이)

14) Paula Gooder, *Everyday God: The Spirit of the Ordinary* (Minneapolis: Fortress, 2015), 57.

9장 토브 처치는 진실을 키운다

1) C. S. Lewis, *The Lion, the Witch and the Wardrobe* (New York: HarperCollins, 1950), 67-68.

2) Miroslav Volf and Matthew Croasmun, *For the Life of the World: Theology That Makes a Difference* (Grand Rapids: Brazos, 2019), 137.

3) Vonda Dyer, No More Silence conference, Dallas Theological Seminary, September 9, 2019, www.youtube.com/watch?v=tBeGmwW5-v0, 5:50-7:18.

4) Mike Breaux, "Journey through John: Come and See," 2019년 1월 27일 윌로우 크릭 커뮤니티 교회에서 행한 설교, www.youtube.com/watch?v=ISjXhWUyGi0, 19:51-20:06, 20:29-20:36, 22:12-22:21, 25:08-25:20, 25:48-25:56, 26:07-26:12.

5) Keri Ladouceur, 2019년 9월 11일, Laura McKnight Barringer와의 대화.

6) Dietrich Bonhoeffer, Discipleship, Dietrich Bonhoeffer Works, vol. 4, trans. Barbara Creen and Reinhard Krauss (Minneapolis: Fortress, 2001), 43-44.

7) Steve Carter, "A Diverging Path," personal blog, August 5, 2018, www.steveryancarter.com/post/a-diverging-path.

8) Carter, "A Diverging Path."

9) "James MacDonald Harvest Bible Chapel Excommunication," Internet Archive, September 19, 2013, https://archive.org/details/JamesMacDonaldHarvestBibleChapel, 3:28-3:33.

10) Willow Creek Elder Board, "Elder Update and Worship & Reflection Service," July 19, 2019, www.willowcreek.org/en/blogs/south-barrington/elder-update-july-19-2019.

11) Willow Creek Elder Board, "Elder Update."

12) Willow Creek Elder Board, "Elder Update."

13) Willow Creek Elder Board, "Elder Update."

14) 예컨대, Nancy Beach, "The Morning After the 'Final Willow Meeting'," personal blog, July 24, 2019, www.nancylbeach.com/blog/2019/7/24/the-morning-after-the-final-willow-meeting를 보라.

15) Shoji Boldt, Willow Creek Community Church Elder- led Worship & Reflection Service, July 23, 2019. Video embedded in Willow Creek Elder Board, "Elder Update and Worship & Reflection Service," July 19, 2019, www.willowcreek.org/en/blogs/south-barrington/elder-update-july-19-2019, 27:19-27:28.

16) Silvia Escobar, Willow Creek Community Church Elder-led Worship & Reflection Service, July 23, 2019. Video embedded in Willow Creek Elder Board, "Elder Update and Worship & Reflection Service," July 19, 2019, www.willowcreek.org/en/blogs/south-barrington/elder-update-july-19-2019, 35:35-35:37.

17) Wade Mullen, Twitter, July 25, 2019, twitter.com/wademullen/status/11544083008331208706.

18) James Baldwin, "The Creative Process," in *The Price of the Ticket: Collected Nonfiction, 1948-1985* (New York: St. Martin's Press, 1985), 318.

19) Baldwin, "The Creative Process."

20) Baldwin의 글을 각색함. Baldwin이 쓴 원래의 문장은 다음과 같다. "우리는 인종과 계급과 카스트라는 구세계의 개념을 넘어서 마침내 우리가 신세계에 관해 처음 말하기 시작했을 때 염두에 두었던 것을 이루기 위한, 다른 그 어떤 나라도 갖지 못한 기회를 갖고 있다."

10장 토브 처치는 정의를 키운다

1) Maya Salam, "How Larry Nassar 'Flourished Unafraid' for So Long," *New York Times*, May 3, 2019, www.nytimes.com/2019/05/03/sports/larry-nassar-gymnastics-hbo-doc.html.

2) Beth LeBlanc and Matt Mencarini, "Rachael Denhollander, First to Publicly Accuse Nassar, Makes Final Victim Statement," *Lansing State Journal*, January 24, 2018, https://www.lansingstatejournal.com/story/news/local/2018/01/24/denhollander-seeks-harsh-sentence-answers-tough-questions-nassar-sentencing/1060121001/.

3) "Read Rachael Denhollander's full victim impact statement about Larry Nassar," CNN, January 30, 2018, www.cnn.com/2018/01/24/us/ rachael -denhollander-full-statement. See also, "Rachael Denhollander Delivers Powerful Final Victim Speech to Larry Nassar," YouTube, January 24, 2018, www.youtube.com/watch?v=7CjVOLToRJk.

4) 소버린 그레이스 교회들(SGC)은 전에 소버린 그레이스 미니스트리즈(SGM)로 알려져 있었다. 종종 그 명칭은 서로 번갈아 가며 사용된다.

5) "Read Rachael Denhollander's full victim impact statement."

6) 비록 레이첼 덴홀랜더가 그녀의 회고록에서 그 리더의 이름을 확인해 주지는 않으나, *Washington Post*는 그를 C. J. Mahaney로 여긴다. 당시에 마하니는 그가 SGC에서 있었던 성폭력을 덮었다는 의혹을 제기하는 집단소송이 제기된 이후 사역 복귀를 시도하고 있었다. 임마누엘 침례교회는 마하니가 성폭력 의혹을 적절하게 다루는 데 실패했음을 시인하지 않았다는 것을 알면서도 그의 사역 복귀를 지지했다. 또한 Joshua Pease, "The Sin of Silence," *Washington Post*, May 31, 2018, www. washingtonpost.com/news/posteverything/wp/2018/05/31/feature/the-epidemic-of-denial-about-sexual-abuse-in-the-evangelical-church/를 보라.

7) Rachel Denhollander, *What Is a Girl Worth?* (Carol Stream, IL: Tyndale Momentum, 2019), 146.

8) Tiffany Stanley, "The Sex- Abuse Scandal That Devastated a Suburban Megachurch," *Washingtonian*, February 14, 2016, www.washingtonian.com/2016/02/14/the-sex-abuse-scandal-that-devastated-a-suburban-megachurch-sovereign-grace-ministries.

9) Sovereign Grace Staff, "FAQ Concerning Allegations against Sovereign Grace Churches," April 12, 2019, https://sovereigngrace.com/faq.

10) Morgan Lee, "My Larry Nassar Testimony Went Viral. But There's More to the Gospel than Forgiveness," *Christianity Today*, January 31, 2018, www.christianitytoday.com/ct/2018/january-web-only/rachael-denhollander-larry-nassar-forgiveness-gospel.html.

11) Denhollander, *What Is a Girl Worth?*, 58.

12) Denhollander, *What Is a Girl Worth?*, 306.

13) Denhollander, *What Is a Girl Worth?*, 146-148.

14) Lee, "My Larry Nassar Testimony."

15) Denhollander, *What Is a Girl Worth?*, 141.

16) G. A. Pritchard, *Willow Creek Seeker Services: Evaluating a New Way of Doing Church* (Grand Rapids: Baker, 1996), 43.

17) Dean Butters, "My Harvest Bible Chapel Story," January 29, 2019: 4, https://wonderingeagle. files.wordpress.com/2019/03/dbutters-hbc-story.pdf.

18) Julie Roys, "Hard Times at Harvest," *World magazine*, December 13, 2018, https://world.wng. org/2018/12/hard_times_at_harvest.

19) 이 이야기는 Matthew D. Hockenos, *Then They Came for Me: Martin Niemöller, the Pastor Who Defied the Nazis* (New York: Basic Books, 2018)와 Harold Marcuse, "The Origin and Reception of Martin Niemöller's Quotation 'First They Came for the Communists …,'" (July 31, 2014), http:// marcuse.faculty.history.ucsb.edu/publications/articles /Marcuse2016OriginReceptionNiem öllersQuotationOcr.pdf.에서 가져왔다.

20) 니묄러의 2행 연구의 진화에 관한 토론을 위해서는, Marcuse, "The Origin and Reception of Martin Niemöller's Quotation"을 보라.

21) Hockenos, *Then They Came for Me*에 나오는 잘 알려지지 않은 이야기 하나가 있다. 1937년에 투옥되어 있었을 때 니묄러는 지금은 유명한 본회퍼의 책 『나를 따르라(The Cost of Discipleship)』 한 권을 받았다. 책에는 본회퍼가 직접 쓴 글이 적혀 있었다. "1937년 대강절에 형제의 감사를 담아 마르틴 니묄러 목사님께 드립니다. 그분 자신이 저자보다 더 잘 쓸 수 있었던 책입니다."

11장 토브 처치는 섬김을 키운다

1) Calvin Miller, *Life Is Mostly Edges: A Memoir* (Nashville: Thomas Nelson, 2008), 58-59.

2) Kathleen Norris, *The Quotidian Mysteries: Laundry, Liturgy and "Women's Work"* (New York: Paulist, 1998)를 보라.

3) Paula Gooder, *Everyday God: The Spirit of the Ordinary* (Minneapolis: Fortress, 2015), x.

4) Dallas Willard, *Life without Lack: Living in the Fullness of Psalm 23* (Nashville: Nelson Books, 2018), 58.

5) John Ortberg, Gary W. Moon, *Becoming Dallas Willard: The Formation of a Philosopher, Teacher, and Christ Follower* (Downers Grove, IL: IVP, 2018), 255-256의 발문에서 재인용.

6) Ralph E. Enlow Jr., *Servant of All: Reframing Greatness and Leadership through the Teaching of Jesus* (Bellingham, WA: Kirkdale Press, 2019), 67-68.

7) James C. Galvin, *Willow Creek Governance Review, 2014-2018*, April 14, 2019: 3, https://gallery.mailchimp.com/dfd0f4e0c107728235d2ff080/files/6d3bafc4-0b43-450c-8e1e-4eb1c80771e2/Report_on_Governance_Review_2014_2018_FINAL.pdf.

8) Mary DeMuth, "10 Ways to Spot Spiritual Abuse," *Restory* (개인 웹사이트), September 6, 2016, www.marydemuth.com/spiritual-abuse-10-ways-to-spot-it. 강조체는 원래의 것임.

9) Amy Simpson, "When Moral Boundaries Become Incubators for Sin," *Christianity Today*, March 25, 2019, www.christianitytoday.com/pastors/2019/march-web-exclusives/when-moral-boundaries-become-incubators-for-sin.html.

10) Andy Crouch, "It's Time to Reckon with Celebrity Power," TGC, March 24, 2018, www.thegospelcoalition.org/article/time-reckon-celebrity-power.

11) Chuck DeGroat, *When Narcissism Comes to Church: Healing Your Community from Emotional and Spiritual Abuse* (Downers Grove, IL: IVP, 2020), 82.

12) Kate Bowler, *The Preacher's Wife: The Precarious Power of Evangelical Women Celebrities* (Princeton, NJ: Princeton University Press, 2019), xiii.

13) Bowler, *Preacher's Wife*, xv.

14) Paul Simon, "The Sound of Silence," lyrics @ Universal Music Publishing Group, BMG Rights Management.

15) 이 부분에서 인용한 성구들은 마가복음 10:33-40에서 가져왔다.

16) Miller, *Life Is Mostly Edges*, 351.

17) Miller, *Life Is Mostly Edges*, 351-352.

18) Mike Glenn, *Coffee with Mom: Caring for a Parent with Dementia* (Nashville: B&H, 2019), 2, 48-50.

19) K. Patricia Cross, abstract for "Not Can, but Will College Teaching Be Improved?," *New Directions for Higher Education* 1977, no. 17 (Spring 1977): 1, https://onlinelibrary.wiley.com/doi/abs/10.1002/he.36919771703

12장 토브 처치는 그리스도 닮기를 키운다

1) David Brooks, *The Second Mountain: The Quest for a Moral Life* (New York: Random House, 2019), 23.

2) Brooks, *Second Mountain*, 23. 볼드체는 덧붙인 것임.

3) Brooks, *Second Mountain*, 23. 볼드체는 덧붙인 것임.

4) Brooks, *Second Mountain*, 22.

5) Willow Creek Community Church, 담임목사 직무 설명서, www.vanderbloemen.com/job/willow-creek-community-church-senior-pastor. 이 직무 설명서는 2020년 4월 15일에 윌로우 크릭 교회가 새로운 담임목사를 채용했다고 알린 후 삭제되었는데, 저자들은 그것을 2020년 3월 26일에 마지막으로 접속했다.

6) Willow Creek Community Church, 담임목사 직무설명서.

7) Willow Creek Community Church, 담임목사 직무 설명서. 볼드체는 덧붙인 것임.

8) Eugene Peterson, *Working the Angels: The Shape of Pastoral Integrity* (Grand Rapids: Eerdmans, 1993), 3.

9) Eugene Peterson, *The Pastor: A Memoir* (New York: HarperOne, 2011), 5. 이 주제는 *The Pastor* 전체에서 나타난다.

10) 이하는 내(스캇)가 나의 책 *Pastor Paul: Nurturing a Culture of Christoformity in the Church* (Baker, 2019)에서 썼던 내용을 다시 표현한다.

11) Eugene Peterson, *The Contemplative Pastor: Returning to the Art of Spiritual Direction* (Grand Rapids: Eerdmans, 1989), 112-116.

12) Eugene H. Peterson, "Pastor Paul," in *Romans and the People of God: Essays in Honor of Gordon D. Fee on the Occasion of His 65th Birthday*, Sven K. Soderlund and N. T. Wright, eds. (Grand Rapids: Eerdmans, 1999), 283-294.

13) Teres Morgan, *Every-Person Ministry: Reaching out in Christ* (London: SPCK, 2011), 4-5.

14) Patrick Kiefer, *Wesley Granberg-Michaelson, How Change Comes to Your Church: A Guidebook for Church Innovations* (Grand Rapids: Eerdmans, 2019)를 보라.

15) Kiefer와 Granberg-Michaelson, *How Change Comes*, 23-24의 내용을 개작함

A CHURCH CALLED
TOV

A CHURCH CALLED

TOV